Leichter Einstieg für Senioren

Windows

Windows 98
bis Windows XP

GÜNTER BORN

Markt+Technik

Bibliografische Information Der Deutschen Bibliothek
Die Deutsche Bibliothek verzeichnet diese Publikation in der
Deutschen Nationalbibliografie; detaillierte bibliografische Daten
sind im Internet über http://dnb.ddb.de abrufbar.

Die Informationen in diesem Produkt werden ohne Rücksicht auf einen
eventuellen Patentschutz veröffentlicht.
Warennamen werden ohne Gewährleistung der freien Verwendbarkeit benutzt.
Bei der Zusammenstellung von Texten und Abbildungen wurde mit größter
Sorgfalt vorgegangen.
Trotzdem können Fehler nicht vollständig ausgeschlossen werden.
Verlag, Herausgeber und Autoren können für fehlerhafte Angaben
und deren Folgen weder eine juristische Verantwortung noch
irgendeine Haftung übernehmen.
Für Verbesserungsvorschläge und Hinweise auf Fehler sind Verlag und
Herausgeber dankbar.

Fast alle Hardware- und Softwarebezeichnungen und weitere Stichworte und
sonstige Angaben, die in diesem Buch verwendet werden, sind als eingetragene
Marken geschützt. Da es nicht möglich ist, in allen Fällen zeitnah zu ermitteln,
ob ein Markenschutz besteht, wird das ® Symbol in diesem Buch nicht verwendet.

Umwelthinweis:
Dieses Buch wurde auf chlorfrei gebleichtem Papier gedruckt.

10 9 8 7 6 5 4 3 2 1

08 07

ISBN-13: 978-3-8272-4156-6
ISBN-10: 3-8272-4156-1

Lektorat: Birgit Ellissen, bellissen@pearson.de
Herstellung: Monika Weiher, mweiher@pearson.de
Satz und Korrektorat: Ulrich Borstelmann, Dortmund (www.borstelmann.de)
Druck und Verarbeitung: Kösel, Krugzell (www.KoeselBuch.de)
Printed in Germany

Inhaltsverzeichnis

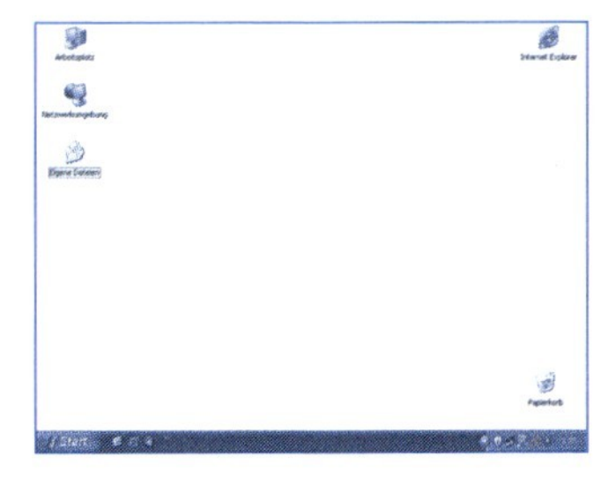

3 So arbeiten Sie mit Programmen 57

4 Dateien, Ordner und Laufwerke 87

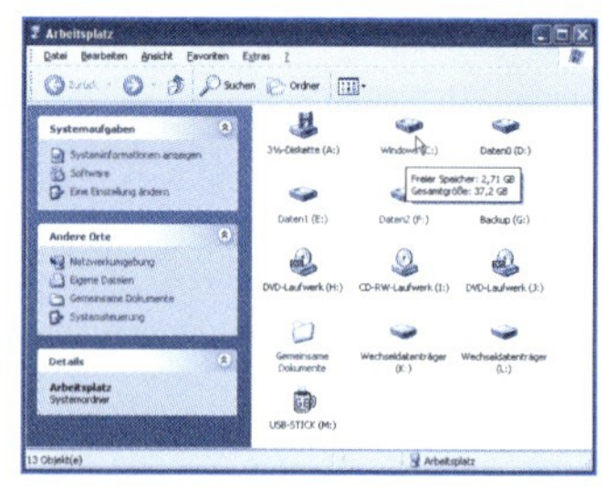

5 Windows-Arbeitstechniken 131

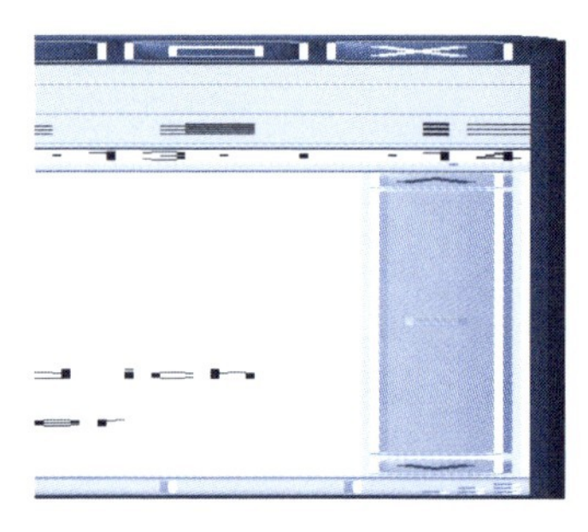

6 Spiel und Unterhaltung 195

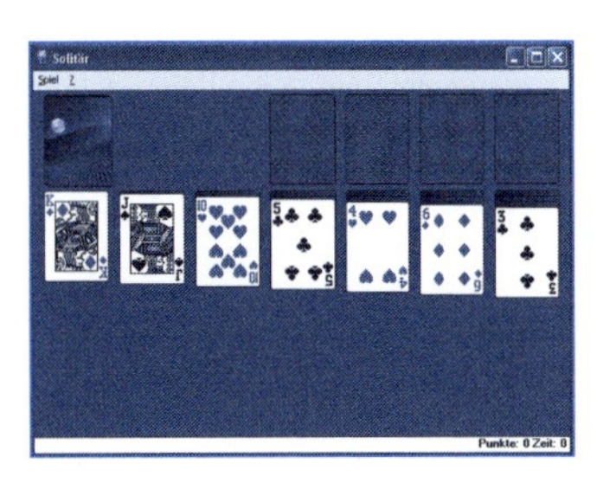

7 Internet – ich bin drin! 229

8 Windows anpassen 265

Liebe Leserin, lieber Leser

Haben Sie sich gerade einen Computer oder ein Notebook zugelegt und wollen jetzt die ersten Schritte mit Windows unternehmen? Dann heiße ich Sie willkommen. In diesem Buch zeige ich Ihnen, wie Sie mit Windows und Ihrem Computer umgehen. Sie lernen auf den folgenden Seiten schrittweise den Umgang mit Tastatur und Maus und erfahren, was Fenster sind und was man damit machen kann.

Sie erfahren auch, was Dateien und Ordner sind, und wie Sie Programme aufrufen. Sobald Sie über diese Grundkenntnisse verfügen, ist es nur ein kleiner Schritt, bis Sie mit dem Computer Musik hören, Bilder bearbeiten, sich mit einem Kartenspiel entspannen und vieles mehr tun. Der Computer ist für Sie dann »kein unbekanntes Wesen« mehr, sondern wird zum Helfer, den Sie nicht mehr missen möchten. Mit den Informationen und Schritt-für-Schritt-Anleitungen dieses Buchs wird der Einstieg ganz leicht und macht sogar Spaß. Gehen Sie die Sache locker an. Vieles lernt sich durch Wiederholen quasi nebenbei.

In diesem Sinne wünsche ich Ihnen viel Erfolg im Umgang mit Windows und diesem Buch!

G. Born

www.borncity.de

Nur Mut!

»Computer und Menschen ab 50? Ja passt denn das zusammen?« Während viele Jüngere mit der Technik aufgewachsen sind und Kids das Wissen quasi nebenbei mitnehmen, sind Computer für Leute ab 50 häufig noch etwas Besonderes. Bei meiner ersten Berührung mit der Thematik im Studium vor mehr als einem viertel Jahrhundert waren Computern noch exotisch. Selbst als ich Mitte der achtziger Jahre Personalcomputer in Unternehmen einführte, wurde diese Technik vorwiegend von den damals Jüngeren angenommen. Irgendwie ist für uns Ältere ein gewisser Respekt vor dieser Kiste mit den vielen Funktionen geblieben. »Es ist schwer, sich das alles zu merken. Für so was habe ich doch wirklich keine Zeit.« Unter diesem Vorwand ist es bisher vielen gelungen, im Berufsleben einen Bogen um den Computer zu machen.

Aber das ist eigentlich schade. Computer mit Windows stehen in vielen Haushalten, sind in der Bedienung sehr einfach geworden und bieten vielfältige Möglichkeiten. Von der Abwicklung der Korrespondenz bis zum Surfen im Internet ist alles möglich. Und Erfahrungsberichte von Seniorinnen und Senioren in meinen Kursen bestätigen mir immer wieder, dass »Computer und Menschen in der Lebensmitte und darüber hinaus« hervorragend zueinander passen. Für viele eröffnet der Computer ganz neue Möglichkeiten als Hobby, zur Unterhaltung oder für anfallende Arbeiten.

Ihnen liebe Leserin – aber natürlich auch jedem interessierten Leser – möchte ich Mut machen. Bisher ist noch kein Meister vom Himmel gefallen. Nehmen Sie sich etwas Zeit und erobern Sie sich den Computer – glauben Sie mir, es lohnt sich!

So arbeiten Sie mit diesem Buch

Als Autor stehe ich natürlich vor dem Problem, dass die Zielgruppe der Leser ab 50 sehr unterschiedliche Interessen und Kenntnisse aufweist. Kurse in Volkshochschulen oder in Seniorengruppen sind hilfreich, leiden aber oft an einem zu hohen Lerntempo. Dann sitzt man zu Hause und fragt sich: »Wie ging das doch noch mal?«

Und genau hier setzt das Buch an und erleichtert Ihnen den Einstieg in die Beschäftigung mit dem Computer. Es möchte vor allem absolute Anfänger(innen) an die Thematik heranführen. Sie können das Buch von vorne bis hinten durchlesen oder einzelne Kapitel herauspicken, die Sie interessieren. Was mir dabei ganz wichtig ist: Sie legen selbst fest, wie schnell Sie vorgehen und was Sie lernen möchten. Schließlich gibt es auch Leser(innen) mit Vorkenntnissen und das Buch will Ihnen Helfer oder Ratgeber sein, wenn Ihre Kenntnisse mit der Zeit zugenommen haben.

Ich habe daher das Buch in mehrere Kapitel gegliedert, die unterschiedlichen Interessen gerecht werden. In **Kapitel 1** erhalten Sie einen kurzen **Überblick** über den Computer und erfahren, was Software ist oder welche Windows-Versionen es gibt.

In **Kapitel 2** beschreibe ich die **ersten Schritte**, **um** den **Computer einzuschalten**, und **erkläre** Ihnen den **Windows-Desktop**. Außerdem **zeige** ich Ihnen den **Umgang mit** der **Maus** sowie das **Arbeiten mit Fenstern**.

Ab **Kapitel 3** lernen Sie dann die Details kennen. Wir **starten die ersten Programme**, **lernen** den **Windows-Rechner kennen** und schauen uns an, wie Sie **Hilfe** zu bestimmten Windows-Funktionen **abrufen**.

In **Kapitel 4** gebe ich Ihnen die notwendigen Mittel an die Hand, um mit **Dateien** und **Ordnern** umzugehen. Sie **lernen**, welche Laufwerktypen es gibt, wie Sie **mit Disketten** und **CD-ROMs umgehen**, wie nicht mehr benötigte Dokumente, z.B. Briefe, gelöscht werden und was es in diesem Zusammenhang sonst noch zu beachten gibt.

Kapitel 5 vermittelt Arbeitstechniken, um **Briefe** oder andere Schriftstücke zu erstellen und **Bilder** mit den Windows-Programmen zu **bearbeiten**, zu **speichern** und zu **drucken**. Weiterhin lernen Sie den Umgang mit der so genannten Zwischenablage kennen. Dieses Wissen lässt sich zur Bedienung der meisten Windows-Programme anwenden.

Windows kann Spaß machen und unterhalten! Möchten Sie Ihre **Musik-CDs** auf dem Computer **abspielen**? Oder wollen Sie einen **Spielfilm auf DVD** mit dem PC **ansehen**? DVDs können Sie sich mittlerweile in jedem Videoladen ausleihen. Lieben Sie **Karten-** oder **Geduldsspiele**? Windows kann auch damit dienen. Wie das alles geht, können Sie in **Kapitel 6** nachlesen.

Viele sind schon drin! Wollen Sie auch wissen, wie das Internet funktioniert? In **Kapitel 7 zeige ich**, was Sie dazu brauchen, **wie Sie** in wenigen Schritten **ins Internet gelangen** und **wie Sie** die ersten **Webseiten besuchen**.

Kapitel 8 enthält noch einige Hinweise, wie Sie **Drucker einrichten** oder **Windows** an Ihre Bedürfnisse **anpassen**.

Im **Anhang** zeigt Ihnen die **Pannenhilfe**, wie Sie kleinere Fehler beheben. Schlagworte werden zwar im Text erklärt, Begriffe aus **der Computertechnik** werden aber noch mal im Anhang im **Lexikon** erläutert.

Ich habe darauf verzichtet, sämtliche Windows-Funktionen darzustellen. Schließlich interessiert nicht jeden alles. Oft gibt es auch mehrere Wege, etwas zu tun, und es reicht, eine Lösung zu kennen. Weiterhin gibt es verschiedene Windows-Versionen, die sich im Aussehen leicht unterscheiden. Aber dies muss Sie jetzt nicht beunruhigen, die Bedienung der grundlegenden Funktionen bleibt gleich. Im Grunde ist es wie beim Autofahren: Haben Sie die Fahrschule erfolgreich abgeschlossen, können Sie mit verschiedenen Autos fahren, auch wenn diese vielleicht unterschiedliche Farben und Formen haben. Dieses Buch vermittelt Ihnen also das Wissen, um alle wichtigen Funktionen zu beherrschen.

TIPP

Bei Bedarf können Sie sich die wichtigsten Schritte in eigenen Worten auf einem Block mitschreiben und neben den Computer legen. Wenn etwas nicht auf Anhieb klappt: Versuchen Sie es später noch mal – vielleicht geht's dann und vieles lernt sich ja auch praktisch nebenbei.

Computer im Überblick

Sie besitzen einen Computer? Möchten Sie sich in Windows und dessen Funktionen einarbeiten? Bevor Sie sich aber mit den Details befassen, ist es sicherlich hilfreich, wenn Sie einen groben Überblick darüber besitzen, aus welchen Teilen der Computer besteht. Darüber hinaus sollten Sie den Unterschied zwischen Hard- und Software kennen und wissen, wozu ein Betriebsprogramm wie Microsoft Windows benötigt wird. Diese Kenntnisse sind in den folgenden Kapiteln bei der Einarbeitung in den Computer hilfreich. Und auch die vielen Fachbegriffe, die man häufig im Umfeld der Arbeit mit dem Computer verwendet, sind dann für Sie keine »spanischen Dörfer« mehr.

Das lernen Sie in diesem Kapitel **1**

- Kleine Computerkunde
- Was ist Software?
- Welche Programme brauche ich?

Kleine Computerkunde

Seit vielen Jahren sind Computer (allgemein als **Personal Computer**, abgekürzt **PC**, bezeichnet) im Bürobereich kaum mehr wegzudenken. Aber auch in vielen Privathaushalten finden sich solche Geräte, die für Spiele, zum Schreiben von Briefen, zum Surfen im Internet und vielem mehr genutzt werden.

Recht beliebt sind als **Notebook** (kommt von Notizbuch) oder als **Laptop** (sprich »Läptopps«) bezeichnete tragbare Computer. Der Vorteil eines Notebooks ist die Größe, denn Bildschirm und Tastatur sind bereits im Gehäuse eingebaut.

Zusammengeklappt lässt sich das Gerät überall mitnehmen und über Akkus auch unabhängig vom Stromnetz betreiben. Ein nicht gebrauchtes Notebook kann in einem Schrank oder in einer Ecke verschwinden. Nachteilig sind der (etwas) höhere Preis, die meist unhandlichere Tastatur sowie die geringere Festplatten- und Rechenkapazität.

TIPP

Für Brillenträger, die Probleme mit der Adaption zwischen Tastatur und Bildschirm haben, kann ein Laptop eine interessante Alternative sein. Bei diesem Gerät befinden sich Tastatur und Flachbildschirm nah beieinander und sollten auch mit Brille scharf zu sehen sein. Sie sollten aber beim Laptop eine (leichter handhabbare) Maus statt des bei vielen Geräten in der Tastatur integrierten »Touchpads« (sprich »Tatschpäds«) verwenden.

Die Alternative zu Notebooks sind stationäre Personal Computer, die aus dem eigentlichen Rechner und weiteren Geräten (Bildschirm, Tastatur etc.) bestehen.

Bildschirm, Tastatur, Maus, Lautsprecher und ggf. weitere Geräte (z.B. Drucker, Kartenlesegeräte etc.) werden über Kabel an den Rechner (im Bild links) angeschlossen. Im Rechnergehäuse sind meist auch die Laufwerke zur Speicherung der Daten untergebracht.

Ob Sie ein Notebook oder einen normalen Computer verwenden, hängt vom persönlichen Geschmack, vom vorgesehenen Einsatzzweck, den räumlichen Verhältnissen und dem Gerätepreis ab. Vorausgesetzt, die entsprechenden Anwendungen und Zusatzgeräte sind vorhanden, können Sie mit allen Computern Briefe schreiben, Grafiken bearbeiten, CDs oder DVDs abspielen, drucken, ins Internet gehen und mehr.

Das sollten Sie auch wissen

Zu einem Computer gehören noch verschiedene Zusatzteile und Erweiterungen. Der **Bildschirm** stellt die Ausgaben des Computers dar, d.h., dort lässt sich ein getippter Brief, ein Video oder etwas anderes anzeigen. Bei Bildschirmen bzw. Computermonitoren gibt es ähnlich wie bei Fernsehgeräten verschiedene Größen. Die Maße für die Bildschirmdiagonale werden üblicherweise in Zoll und nicht in Zentimeter angegeben. Standard sind heute Computermonitore mit mindestens 17 Zoll (40 cm). Einige Computer sind mit besonders flachen Bildschirmen ausgestattet, so genannten TFT-Displays (TFT steht für *Thin Film Transistor*). Neben einem optisch ansprechenden Aussehen haben diese Geräte den Vorteil, dass sie weniger Platz auf dem Schreibtisch benötigen. Bei Flachbildschirmen wird in der Regel eine etwas geringere Bildschirmdiagonale benutzt. Ein Flachbildschirm von 17 Zoll entspricht in der Auflösung einem Monitor mit 19 Zoll.

Über die Tastatur lassen sich Texte eingeben. Ganz wichtig zur Bedienung des Computers ist die Maus.

Hier sehen Sie eine solche Maus mit zwei Tasten und einem Rädchen. Manche Mäuse haben auch drei Tasten. Zur Bedienung von Windows brauchen Sie immer nur die beiden äußeren Tasten.

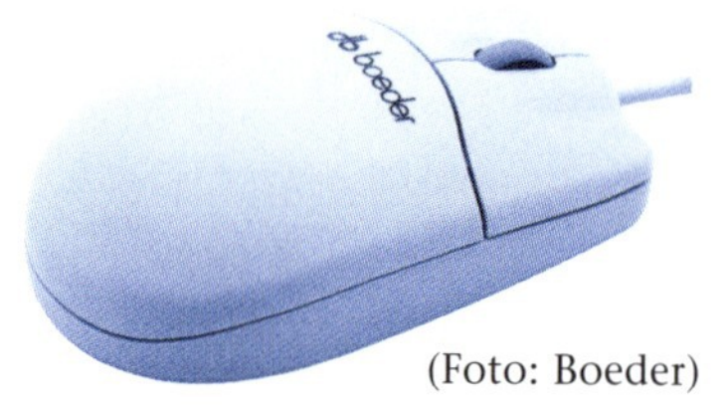

(Foto: Boeder)

Ältere Computermäuse werden meist auf eine als Mauspad (sprich »Mauspäd«) bezeichneten Unterlage aus Gummi bzw. Schaumstoff gestellt. Sie ist erforderlich, damit die Kugel an der Unterseite der Maus die Mausbewegungen auf dem Schreibtisch mitmacht. Es gibt aber auch moderne Mäuse, die mit einem optischen Verfahren die Oberfläche der Tischplatte abtasten und dadurch die Mausbewegungen erkennen.

HINWEIS

Den Umgang mit der Maus und die wichtigsten Arbeitstechniken für die Maus (Zeigen, Klicken, Doppelklicken, Ziehen) lernen Sie in den folgenden Kapiteln. Eine Übersicht über die Tastatur samt den wichtigsten Tasten finden Sie im Anhang.

Ist der Computer mit einer so genannten **Soundkarte** und Lautsprechern ausgestattet, können Sie Musik und Videos wiedergeben.

Zur Speicherung der Daten verwendet der Computer intern die so genannte **Festplatte** (manchmal auch als **Harddisk-Drive** oder abgekürzt **HDD** bezeichnet). Zusätzlich sind im Gehäuse des Rechners meist noch Laufwerke für auswechselbare Datenmedien wie **CDs** oder **DVDs** angebracht. **CD** steht für **C**ompact **D**isk und ist ein Speichermedium für Musik, Daten, Fotos und mehr. Auf einem

CD-Laufwerk lassen sich Musik-, Foto- oder Video-CDs wiedergeben und CDs mit Daten einlesen. Moderne Computer enthalten meist ein **DVD-Laufwerk**, welches neben CDs auch so genannte DVDs lesen kann. Der Begriff **DVD** steht für **Digital Versatile Disk**. DVDs sind Datenträger mit einer Speicherkapazität, die dem Inhalt mehrerer normaler CDs entspricht. Sie werden meist zur Speicherung von Spielfilmen und Videos genutzt. Um eine DVD mit Video auf dem Computer abzuspielen, benötigen Sie aber neben einem DVD-Laufwerk ein spezielles Programm (DVD-Player). Ein CD- oder DVD-Brenner ist ebenfalls ein Laufwerk, welches CDs bzw. DVDs lesen kann. **Brenner werden** aber **verwendet**, **um** Daten, Fotos, Filme etc. **auf** spezielle CD- bzw. DVD-**Rohlinge** zu **speichern**. Weil CDs und DVDs aus dem Laufwerk herausgenommen werden, spricht man auch von **Wechselmedien**. Auf das Arbeiten mit Wechselmedien kommen wir später zurück.

Die meisten Computer sind mit einem Drucker ausgerüstet, mit denen Sie Dokumente wie Briefe, Fotos etc. auf Papier bringen können.

Im Privatbereich kommen heute überwiegend **Tintenstrahldrucker** zum Einsatz (hier sehen Sie ein Modell der Firma Hewlett Packard). Diese Geräte sind in der Anschaffung recht preiswert und erlauben meist auch Farbdruck.

Was bei Tintenstrahldruckern ins Geld geht, sind die Tintenpatronen – häufig müssen gleich zwei Tintenpatronen (eine Patrone mit den drei Farben und eine Patrone mit Schwarz) gewechselt werden. Günstiger ist es, wenn das Modell den Austausch der einzelnen Farbpatronen erlaubt.

Mit Farb-Laserdruckern sind zwar auch farbige Ausdrucke möglich. Diese Geräte erreichen allerdings noch keine Foto-Qualität und das Ganze ist sowohl vom Gerätepreis als auch von den Kosten pro Seite eine recht teure Angelegenheit.

Wer keine Farbe im Ausdruck benötigt, auf **geringe Druckkosten** achtet und einen wischfesten Ausdruck wünscht, ist mit einem **Schwarzweiß-Laserdrucker** in der Regel besser bedient. Ähnlich wie bei einem Kopierer werden Texte und Bilder mit Toner auf Papier fixiert. Hier sehen Sie ein Gerät des Herstellers Kyocera.

Solche Geräte werden bereits ab ca. 200 Euro angeboten. Hier ist darauf zu achten, was die Tonerkartuschen kosten und wie lange die so genannte Belichtertrommel hält. So mancher »Billigdrucker« schlägt nämlich bei den Kosten für das Verbrauchsmaterial zu.

Zusätzlich lässt sich der Computer mit weiteren Geräten ausrüsten. Mit einem **Scanner** lassen sich Bilder und Dokumente in den Computer übertragen. **Digitalkameras** können die aufgenommenen Fotos zur Nachbearbeitung und zum Drucken auf den Computer übertragen.

Falls Sie mit Ihrem Computer auch ins Internet möchten, benötigen Sie ein **Modem** oder eine **ISDN-Karte**. Mit einem solchen Gerät kann der Rechner über die Telefonleitung Daten mit dem Internet austauschen. Was Sie genau brauchen, hängt von der Art des Telefonanschlusses ab.

HINWEIS

An dieser Stelle kann ich aus Platzgründen nicht näher auf diese Themen eingehen. Wesentlich mehr Details zu den einzelnen Teilen des Computers, einen Ratgeber zum Computerkauf, Hinweise, wie der Computer in Betrieb genommen wird oder wie die Geräte anzuschließen sind, sowie Pflegetipps finden Sie im Markt + Technik-Titel »Computer – leichter Einstieg für Senioren«. Wie Sie per Modem, ISDN-Karte oder DSL ins Internet kommen, ist im Buch »Internet – leichter Einstieg für Senioren« beschrieben. Hinweise zum Umgang mit Scanner und Digitalkamera bietet der Titel »Digitale Fotografie – leichter Einstieg für Senioren«.

Was ist Software?

Bei Computern wird zwischen **Hardware** und **Software** unterschieden. Unter Hardware versteht man alle sichtbaren und anfassbaren Teile wie Rechnergehäuse, Tastatur, Monitor, Maus und so weiter. Damit der Computer etwas Sinnvolles tun kann, muss er aber mit Anweisungen gefüttert werden. Hier kommt nun die Software ins Spiel. **Software** stellt den **Sammelbegriff für Programme** dar. Diese Programme enthalten Anweisungen, die vom Rechenwerk des Computers, auch als Prozessor bezeichnet, ausgeführt werden können. Erst durch Programme erhält Ihr Computer die Funktionen zum Anzeigen von Bildern, zum Schreiben von Briefen, zum Ansehen von Videos etc.

HINWEIS

Programme bzw. Software werden auf der Festplatte des Systems, auf Disketten oder auf CDs/DVDs gespeichert. Da die Programme austauschbar sind, lässt sich ein und dasselbe Gerät mit unterschiedlichen Funktionen ausstatten. Einziges Kriterium ist, dass der Computer den Anforderungen des jeweiligen Programms (z.B. im Hinblick auf Rechengeschwindigkeit, Speicherausstattung oder Geräte) entspricht. Die Kriterien sind meist auf der Verkaufsverpackung der Programme abgedruckt.

Welche Programme brauche ich?

Natürlich soll der Computer nicht nur Ihr Haus zieren, sondern Sie wollen ihn auch nutzen. Sie benötigen also verschiedene Programme. Da ja alles auch Geld kostet, stellt sich die Frage, welche Programme Sie wirklich benötigen und welche bloß teure Spielereien sind.

- Der Rechner selbst muss mit einem **Betriebsprogramm**, allgemein als **Betriebssystem** bezeichnet, ausgestattet sein. Ältere Computer sind mit Microsoft **Windows 98, Windows Millennium** oder **Windows 2000** ausgestattet. **Moderne Computer** arbeiten aber mit **Windows XP** oder Nachfolgeversionen. Die Windows-Version spielt, sofern Sie keine speziellen Anforderungen stellen, eigentlich keine große Rolle. Sie können mit Windows 98 also genauso gut wie mit Windows XP arbeiten. Allerdings stellt der Hersteller Microsoft mit der Zeit die Unterstützung für ältere Windows-Ausgaben ein, so dass zwischenzeitlich die Mehrzahl der Benutzer mit Windows XP arbeitet.

- Zusätzlich brauchen Sie noch einige **Anwendungsprogramme**. Dies ist Software, die Ihnen Funktionen zum Schreiben eines Briefs, zum Bearbeiten eines Bilds oder Fotos, zum Abspielen von Musik, zum Ansehen eines Videos etc. bereitstellt. Welche Programme Sie einsetzen und benötigen, hängt von Ihren Wünschen ab.

HINWEIS

In diesem Buch verzichte ich auf die Herausstellung einer bestimmten Windows-Version, denn im Grunde ist es wie beim Auto, wie ich schon gesagt habe: Die wichtigsten Sachen sind alle in gleicher oder ähnlicher Weise handhabbar. Wer sich ein neues Auto kauft, käme nie auf die Idee, noch mal den Führerschein zu machen. Vielmehr reicht eine kurze Einweisung, wo die Schalter für Blinker oder Scheibenwischer sind, und schon kann's losgehen. Daher spreche ich in diesem Buch allgemein von Windows und zeige die wichtigsten Grundfunktionen. Nur in einigen Abschnitten erhalten Sie Hinweise auf Eigenheiten spezieller Windows-Versionen. Sie können dies wieder wie beim Auto sehen; bei Modellen mit Schiebedach sollte dafür eine Bedienungsanleitung vorliegen – wer kein Schiebedach hat, muss halt auf diesen Komfort verzichten, kann aber trotzdem Auto fahren.

Das Betriebssystem Windows hat selbst eine Reihe von Funktionen zu bieten, um den Inhalt von Festplatten, CDs/DVDs etc. anzusehen oder zu bearbeiten. Selbst einfache Programme zum Schreiben von Texten oder zum Bearbeiten einfacher Bilder gibt es. Auch Programme zum Surfen im Internet oder zum Austauschen elektronischer Post sind in fast allen Windows-Versionen enthalten.

In diesem Buch wird davon ausgegangen, dass Windows auf dem Rechner installiert ist – Sie verfügen also bereits beim Einschalten des Computers über die wichtigste Software. Wenn Sie sich bestimmte Geräte wie Scanner, Digitalkameras oder Drucker kaufen, ist häufig eine CD-ROM mit Zusatzprogrammen zur Grafikbearbeitung, zum Faxen, zum Kopieren etc. dabei. Auch die vielen Computerzeitschriften beiliegenden CDs/DVDs enthalten meist kostenlose Software oder Demoprogramme.

Falls Sie spezielle Anforderungen an den Computer haben, z.B. längere Texte verfassen, ein Kassenbuch führen etc. benötigen Sie speziell auf diese Aufgaben zugeschnittene Programme. Diese müssen Sie in der Regel zusätzlich erwerben. Mit dem Produkt **Microsoft Office** erhalten Sie vom gleichen Hersteller, der auch Windows vertreibt, eine Sammlung von Programmen, die viele Funktionen abdecken.

Microsoft Word ist ein **Textverarbeitungsprogramm**, das vom Schreiben eines Briefs über die Gestaltung von Einladungen bis hin zum Verfassen ganzer Broschüren, Bücher oder wissenschaftlicher Arbeiten (fast) alles erlaubt. Dieses Buch wurde beispielsweise mit diesem Programm verfasst. Um Berechnungen wie Kassenbuch, Abrechnungen, Umsatzstatistik, Reisekosten, PKW-Kosten und Ähnliches zu automatisieren, kommen **Tabellenkalkulationsprogramme** zum Einsatz. In diesen Programmen werden alle Zahlen und Berechnungsformeln in einem Tabellenblatt eingetragen. Das Programm kann dann automatisch wiederkehrende Berechnungen ausführen. **Microsoft Excel** ist ein solches in Microsoft Office enthaltenes und recht verbreitetes Programm. Weiterhin enthält Microsoft Office je nach Ausstattung noch das Datenbankprogramm **Access** (zur Verwaltung großer Datenbestände wie Warenmengen, Adressen etc.), das Programm **Outlook** zur Verwaltung von Terminen, Notizen, Kontakten und E-Mails sowie Grafikprogramme bzw. Präsentationsprogramme wie zum Beispiel **PowerPoint**. Da diese Microsoft Office-Programme aber nicht auf allen Systemen vorhanden sind, wird in diesem Buch auf deren Beschreibung verzichtet. Eine Einführung in Word und Excel finden Sie in dem Markt+Technik-Titel »Computer – leichter Einstieg für Senioren«.

TIPP

Häufig gibt es Komplettangebote für Personal Computer, in denen neben Microsoft Windows schon die Software (z.B. Office-Programme) zum Schreiben von Briefen, zum Bearbeiten von Grafiken etc. mitgeliefert wird. Diese Zugaben kosten manchmal auch ein paar Mark mehr, sind aber auf jeden Fall preiswerter als nachträglich gekaufte Einzelprogramme.

Tipps zur Pflege des Computers

Lassen Sie mich abschließend noch ein paar Bemerkungen zur Pflege Ihres Computers machen. Eigentlich sind die Geräte wartungsfrei. Es ist aber sicherlich jedem einsichtig, dass die Teile nicht herumgeworfen werden dürfen. Auch sollten Sie Laptop, Maus oder Tastatur nicht unbedingt vom Tisch auf den Fußboden fallen lassen oder Flüssigkeiten über Tastatur und Teile kippen.

ACHTUNG

Wenn Sie einen Personal Computer verrücken müssen oder in ein anderes Zimmer transportieren wollen, sollte dies immer im ausgeschalteten Zustand passieren. Das verhindert, dass die Festplatten durch Stöße beschädigt werden.

Stellen Sie den Computer so auf, dass er möglichst nicht direkter Sonneneinstrahlung ausgesetzt ist. Die Lüftungsschlitze des Bildschirms sollten nicht durch Papier oder andere Gegenstände abgedeckt werden, um eine Überhitzung des Geräts zu verhindern. Verschmutzungen entfernen Sie mit einem feuchten Lappen.

TIPP

Die Hersteller »vergessen« aus Kostengründen bei vielen Geräten einen richtigen Ausschalter. Auch bei ausgeschaltetem Computer verbrauchen Geräte wie Drucker, Monitor, Scanner etc. weiterhin – und das rund um die Uhr – Strom. Im Handel gibt es Steckdosenleisten mit Schaltern, mit denen Sie alle angeschlossenen Geräte stromlos schalten können. Ganz komfortable Steckdosenleisten bieten sogar eine Master-Slave-Funktion. Wird das an der Mastersteckdose angeschaltete Gerät (hier der PC) abgeschaltet, trennt die Leiste automatisch auch die restlichen Slave-Steckdosen vom Netz, die Geräte sind also wirklich abgeschaltet. Sie sollten diese Möglichkeiten zur Energieeinsparung auf jeden Fall nutzen.

Nutzen Sie ein Notebook im Batteriebetrieb, arbeiten Sie so lange, bis das Akku leer ist. Erst dann sollte das Gerät an die Steckdose angeschlossen und das Akku vollständig geladen werden (die Ladezeiten sind im Handbuch des Notebooks vermerkt). Betreiben Sie das Notebook vorwiegend am Stromnetz, sollten Sie den Akku auf ca. 50 bis 80 Prozent aufladen, aus dem Gerät herausnehmen und bei niedriger Zimmertemperatur lagern. Laden Sie den Akku alle zwei bis drei Wochen nach, um eine Tiefstentladung zu vermeiden. Dies stellt sicher, dass die Akkus möglichst lange halten und die von den Herstellern garantierten 500 bis 1.000 Akku-Ladezyklen erreichen. Achten Sie auch darauf, das Notebook nicht an zu heißen Stellen (Heckscheibe im Auto, Fensterbank, Heizung) abzulegen.

Zusammenfassung

Das war's schon? Wenn Sie dieses Kapitel durchgelesen haben, verfügen Sie über einen groben Überblick über den Personal Computer. Im nächsten Kapitel erfahren Sie, wie Sie mit Windows starten, mit der Maus arbeiten und vieles mehr.

Windows, das erste Mal

Haben Sie noch gar keine oder nur wenig Erfahrung mit Windows? Stehen Sie mit der Maus auf Kriegsfuß oder halten Sie »Klicken« für eine Übung beim Stepp-Tanz? Dieses Kapitel vermittelt Ihnen die ersten Grundlagen zum Umgang mit Windows. Sie können nach der Lektüre den Computer mit Windows starten und wissen, wie Sie das Programm richtig beenden. Außerdem lernen Sie in diesem Kapitel die Maus und ihre Funktionen wie Zeigen, Klicken, Ziehen oder Doppelklicken kennen. Mit diesen Fähigkeiten ist der Umgang mit Fenstern kein Problem mehr: Sie können diese öffnen, verschieben, in der Größe verändern und wieder schließen. Sie werden sehen, mit etwas »Gewusst wie« ist das alles gar nicht so schwer.

Das lernen Sie in diesem Kapitel

2

- So starten Sie den Computer mit Windows
- Was ist ein Desktop?
- Arbeiten mit der Maus
- Der Umgang mit Fenstern
- Windows beenden

So starten Sie den Computer mit Windows

In Kapitel 1 haben Sie gelernt, dass der Computer ohne ein Betriebsprogramm überhaupt nichts kann. Dieses Betriebsprogramm ist auf den meisten Computern Microsoft Windows. Es gibt dabei verschiedene Windows-Versionen, deren Handhabung sich aber kaum unterscheidet (zumindest was die in diesem Buch vermittelten Grundlagen betrifft). Wenn Sie mit dem Computer arbeiten möchten, müssen Sie ihn also einschalten und Microsoft Windows starten.

1 Schalten Sie den Rechner und den Monitor ein.

2 Lehnen Sie sich in Ihren Stuhl zurück und schauen Sie, was passiert.

Nach dem Einschalten des Rechners passiert erst mal alles automatisch! Nach kurzer Zeit sollte sich auf dem Bildschirm bereits etwas tun. Sie sehen vermutlich einige Textzeilen, die aber schnell verschwinden. Dann erscheint meist ein Logo mit dem Hinweis, dass Windows gestartet wird. Spätestens nach einer Minute erscheint entweder die Windows-Anmeldung oder direkt der Windows-Desktop und Sie können loslegen.

HINWEIS

Bleibt bei Ihnen der Bildschirm dunkel? Vielleicht haben Sie vergessen, den Bildschirm einzuschalten. Prüfen Sie bitte auch, ob alle Kabel angeschlossen und die Stecker in die Steckdose eingesteckt sind. Dies gilt auch für den Fall, wenn der Computer nach dem Einschalten rein gar nichts tut.

Wenn Windows eine Anmeldung möchte.

Manche Windows-Rechner sind so eingerichtet, dass sich jeder Benutzer vor dem Arbeiten mit Name und Kennwort anmelden muss.

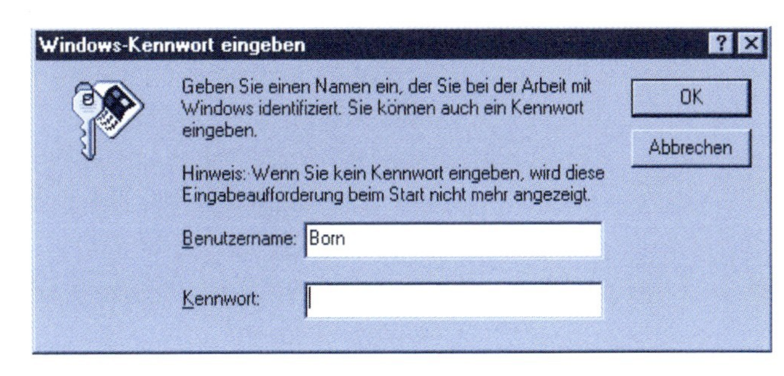

Bei älteren Windows-Versionen erscheint dieses oder ein ähnliches Anmeldefenster (auch als **Anmeldedialog** oder **Dialogfeld** bezeichnet). Der genaue Aufbau hängt von der Windows-Version ab. Benutzen Sie Windows XP, lesen Sie weiter unten, wie die Anmeldung erfolgt.

FACHWORT

Fenster wie dieses Anmeldefenster werden auch als **Dialogfelder** bezeichnet. In einem Dialogfeld zeigt Windows etwas an und erwartet ggf. eine Benutzereingabe. Die kleinen Vierecke im Dialogfeld mit Bezeichnungen wie *OK* nennt man **Schaltflächen**. Ähnlich wie bei den Knöpfen eines Kassettenrekorders kann man durch »Eindrücken« (das hier mit der Maus geschieht) eine Funktion einschalten. In die weißen Rechtecke im Dialogfeld mit Bezeichnungen wie *Kennwort* etc. geben Sie z.B. Benutzernamen und Kennwort ein; sie werden als **Eingabefelder** oder **Textfelder** bezeichnet. Die Elemente eines Dialogfelds fasst man auch mit dem Sammelbegriff **Steuerelemente** zusammen, da sie zur Steuerung von Funktionen dienen.

Windows wartet auf die Eingabe Ihres Kennworts über die Tastatur.

Kennwort: ****

1 Tippen Sie jetzt Ihr persönliches Kennwort ein.

Windows zeigt für jedes eingetippte Zeichen ein Sternchen im Textfeld *Kennwort* an. Dies verhindert, dass andere Ihr Kennwort mitlesen können (ähnlich der Eingabe Ihrer Geheimnummer am Geldautomaten).

2 Wird ein falscher Name angezeigt, drücken Sie die [Tab]-Taste, um zum Feld *Benutzername* zu springen. Dann tippen Sie Ihren Namen ein.

Enthält der Anmeldedialog Ihren Namen und haben Sie das richtige Kennwort eingegeben?

3 Drücken Sie jetzt die [Enter]-Taste, um die Anmeldung abzuschließen.

Wenn alles geklappt hat, sollte der Anmeldedialog verschwinden und Sie gelangen zum Windows-Desktop (siehe folgende Seiten).

TIPP

Haben Sie Probleme mit der Anmeldung oder kennen Sie das Kennwort nicht? Dann lassen Sie sich ggf. von jemandem zeigen, wie die Anmeldung bei Ihrem System genau funktioniert. Manchmal hilft es auch, die auf der Tastatur links oben befindliche [Esc]-Taste zu drücken, um die Anmeldung zu übergehen.

Anmelden bei Windows XP

Verwenden Sie Windows XP auf Ihrem Computer? Dann erscheint diese Anmeldung auf dem Bildschirm. Für jeden Benutzer wird ein kleines Symbol auf der Anmeldeseite angezeigt. Die Zahl der Benutzer und die verwendeten Bilder lassen sich in Windows XP einstellen.

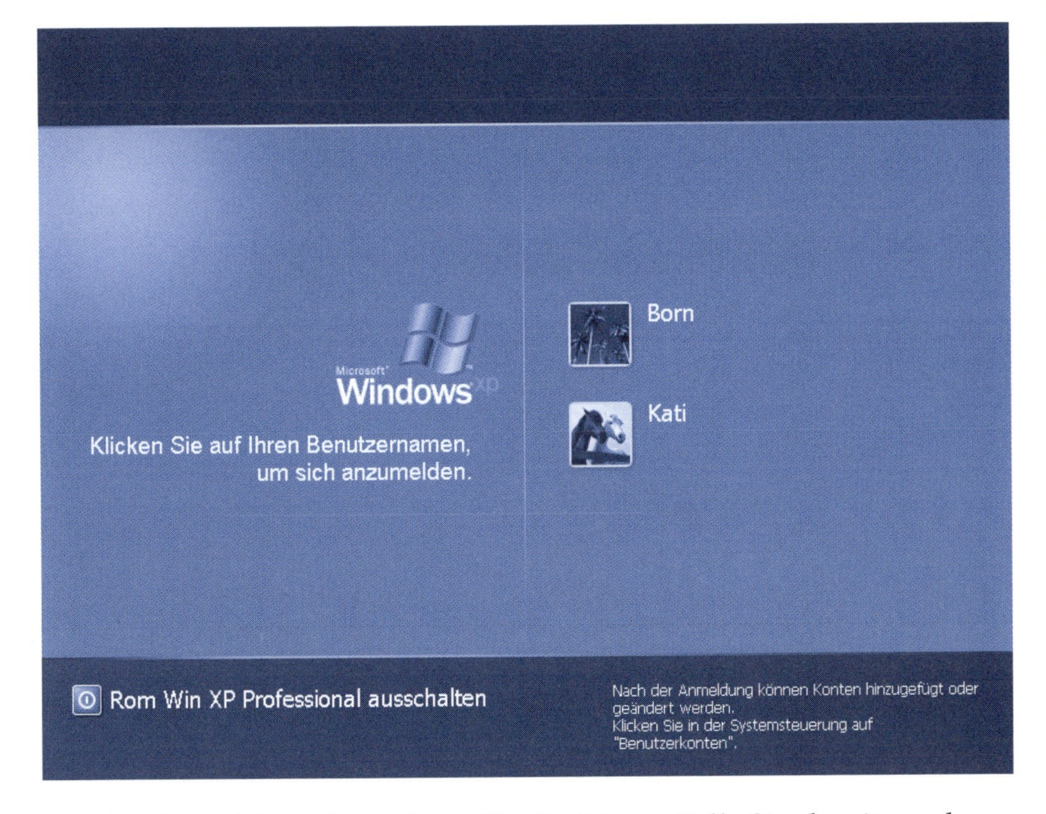

Für die Anmeldung brauchen Sie die Maus. Falls Sie damit noch Probleme haben – auf den folgenden Seiten wird der Umgang mit der Maus detailliert erklärt.

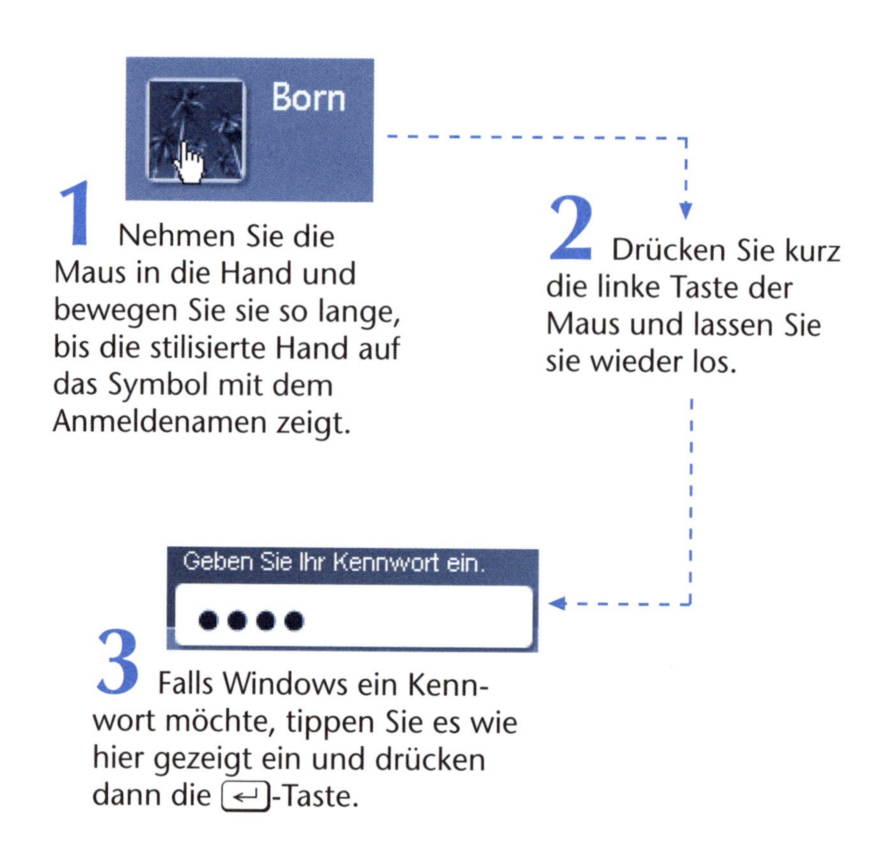

1 Nehmen Sie die Maus in die Hand und bewegen Sie sie so lange, bis die stilisierte Hand auf das Symbol mit dem Anmeldenamen zeigt.

2 Drücken Sie kurz die linke Taste der Maus und lassen Sie sie wieder los.

3 Falls Windows ein Kennwort möchte, tippen Sie es wie hier gezeigt ein und drücken dann die [↵]-Taste.

Ob Windows ein Kennwort abfragt, hängt von den Einstellungen Ihres Computers ab. Bei einer Kennworteingabe werden statt der eingetippten Buchstaben nur Punkte angezeigt.

Was ist ein Desktop?

Spätestens nach der Anmeldung präsentiert sich Ihnen Windows ähnlich dem nachfolgend gezeigten Bild. Das ist der Arbeitsbereich (oder die **Bedienoberfläche**) von Windows, der als **Desktop** bezeichnet wird (Desktop, sprich »Däsktopp«, ist das englische Wort für Schreibtisch). Ähnlich wie auf einem Schreibtisch finden Sie auch hier verschiedene Utensilien (Arbeitsplatz, Papierkorb etc.) vor, mit denen Sie häufig arbeiten.

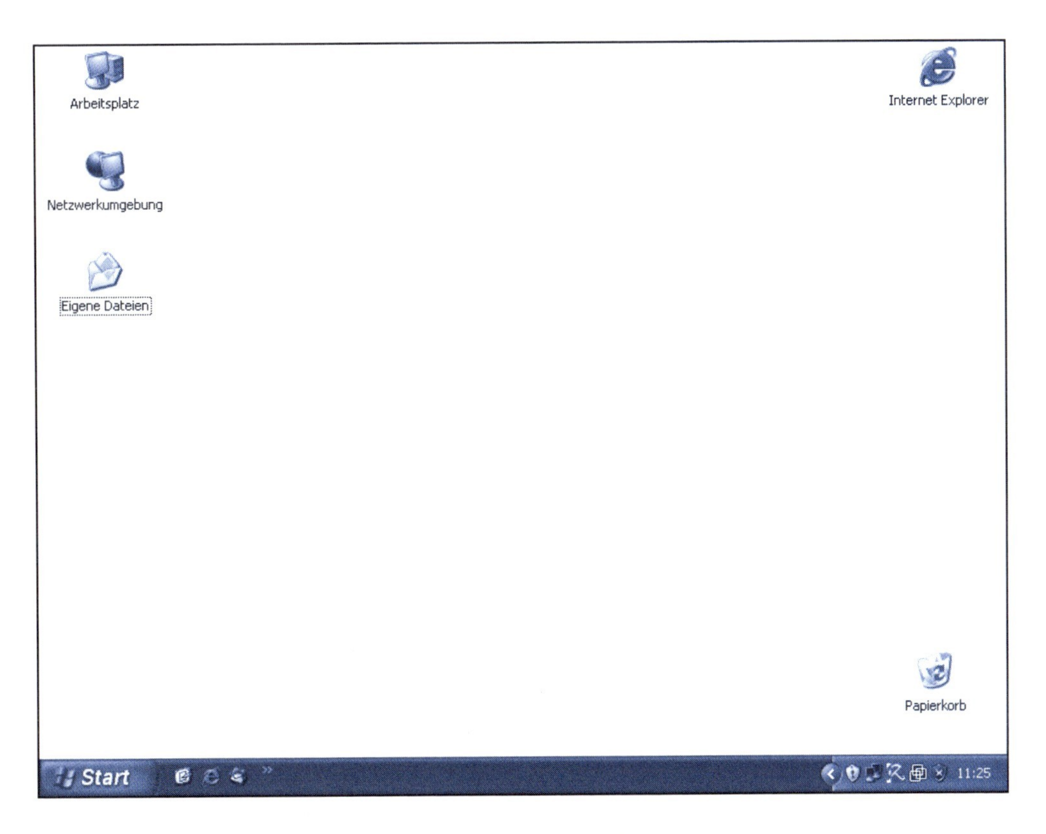

Verschaffen wir uns doch einmal einen Überblick über die Elemente des Desktop.

Das Symbol **Arbeitsplatz** enthält Funktionen, mit denen Sie sich einen Überblick über die auf dem Rechner gespeicherten Dinge wie Briefe, Bilder, Programme etc. verschaffen oder Windows anpassen können.

Die **Netzwerkumgebung** zeigt, dass Ihr Computer über ein Kabel mit anderen Rechnern in einem Netzwerk verbunden ist (was bei privaten Systemen wahrscheinlich nicht der Fall sein wird).

Wenn Sie etwas nicht mehr brauchen, können Sie es (z.B. eine Datei mit einem Brief, einem Bild etc.) aus einem Fenster in den **Papierkorb** ziehen und damit löschen.

Unter diesem Symbol verbirgt sich ein so genannter Ordner (siehe Kapitel 4), in dem Sie Dokumente wie Briefe oder Bilder (als »Eigene Dateien« bezeichnet) hinterlegen und sammeln können.

HINWEIS

Enthält der Desktop bei Ihnen mehr oder andere Symbole, ein abweichendes Symbol für den Papierkorb, einen blauen Hintergrund oder sogar ein Bild? Fehlen bei Ihnen möglicherweise Symbole? Das ist nicht weiter tragisch. Jeder Benutzer kann Windows bzw. den Desktop seinen Bedürfnissen entsprechend anpassen; und bei der Installation von Programmen wird der Desktop ebenfalls häufig verändert. Zudem gibt es verschiedene Windows-Versionen mit leicht voneinander abweichenden Desktop-Inhalten. Bei Windows XP enthält der Desktop standardmäßig sogar nur das Symbol des Papierkorbs. Dies muss Sie nicht verunsichern, die Grundbedienung ist immer ähnlich und die betreffenden Funktionen lernen Sie in diesem Buch kennen.

Der Balken am unteren Rand des Bildschirms wird als **Taskleiste** bezeichnet. In dieser Leiste zeigt Ihnen Windows verschiedene Informationen.

Rechts in der Taskleiste erscheint die **Uhrzeit**. Manchmal zeigt Windows dort auch noch den Zustand verschiedener Geräte über Symbole an. Der Bereich wird auch als **Infobereich** bezeichnet.

Die **Schaltfläche** *Start* in der linken Ecke der Taskleiste wird zum Beispiel verwendet, um Programme aufzurufen.

Diese kleinen Symbole stellen ebenfalls Schaltflächen dar. Sie werden in manchen Windows-Versionen benutzt, um direkt bestimmte Programme oder Funktionen aufzurufen.

Arbeiten mit der Maus

Die Maus stellt in Windows das wohl wichtigste Bedienelement dar. Sie sollten daher den Umgang mit der Computermaus beherrschen. Das ist nicht allzu schwierig und mit den nachfolgend gezeigten Schritten lernen Sie die Techniken recht schnell.

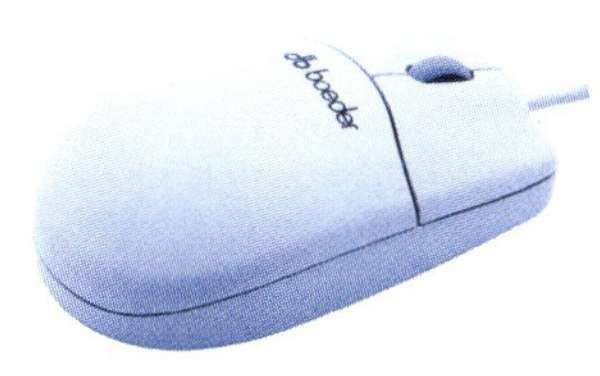

(Foto: Boeder)

Eine **Maus** sieht so oder zumindest so ähnlich aus. Meist besitzt sie zwei **Tasten**, manchmal auch drei. Die Maus lässt sich über den Schreibtisch bewegen und Sie können die Maustasten drücken.

In Windows benötigen Sie nur die beiden äußeren Maustasten. Ein ggf. zwischen den Tasten angebrachtes Rädchen lässt sich zum Blättern in Fenstern verwenden (mehr dazu später).

TIPP

Nehmen Sie die Maus so in die Hand, dass der Zeigefinger auf der linken Taste und der Mittelfinger auf der rechten Taste liegt. Daumen und Ringfinger halten die Maus an den Rändern fest, die Handinnenfläche ruht auf der Maus. Die Maus sollte auf einer Unterlage aus Gummi oder Schaumstoff (auch **Mauspad** genannt) liegen. Diese Unterlage eignet sich besser zum Arbeiten mit der Maus als eine glatte Tischplatte.

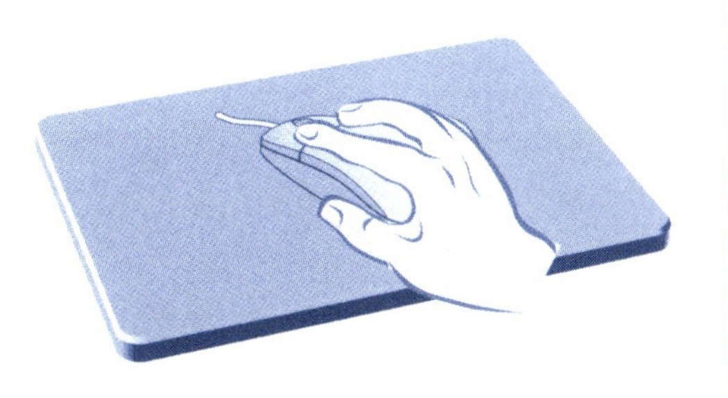

Was ist das – das Zeigen mit der Maus?

So, nun soll es aber losgehen. Wir üben jetzt den Umgang mit der Maus. Keine Angst, dabei kann nicht viel passieren.

1 Nehmen Sie die Computermaus in die (rechte) Hand.

2 Bewegen Sie die Maus auf der Unterlage.

Sie brauchen dabei keine Maustaste zu drücken.

Auf dem Desktop ist ein kleiner Pfeil zu sehen.

Sobald Sie die Maus auf der Unterlage verschieben, bewegt sich der Pfeil auf dem Bildschirm mit. Dieser kleine Pfeil wird auch als **Mauszeiger** (manchmal auch fälschlicherweise als **Mauscursor**) bezeichnet. Gelegentlich ändert der Mauszeiger beim Arbeiten seine Form (und wird z.B. als stilisierte Hand dargestellt). Dazu erfahren Sie später mehr.

Arbeitsplatz

3 Verschieben Sie die Maus so lange, bis der Mauszeiger auf das Symbol *Arbeitsplatz* (oder den *Papierkorb*) zeigt.

Dies wird als **Zeigen** mit der Maus bezeichnet. Sie können mit der Maus auf alle Elemente (z.B. den Papierkorb und die Taskleiste) des Desktop zeigen.

HINWEIS

Eigentlich ist die Anweisung **Zeigen Sie mit der Maus auf ...** sprachlich nicht ganz korrekt. Die Maus verbleibt ja auf dem Schreibtisch und Sie benutzen den Mauszeiger, um auf ein Bildschirmelement zu deuten. Aber dieser Begriff ist allgemein verbreitet und wird deshalb auch in diesem Buch benutzt.

Klicken Sie zum Starten auf diese Schaltfläche.

4 **Zeigen** Sie jetzt mit der **Maus** in der **Taskleiste** auf die Schaltfläche *Start*.

Beim Zeigen auf einige Elemente erscheint ein kleines Textfenster, das als **QuickInfo** bezeichnet wird. Windows gibt Ihnen im **QuickInfo**-Fenster zusätzliche Informationen.

Donnerstag, 7. September 2006

5 **Zeigen** Sie jetzt mit der **Maus** auf die **Uhrzeit** in der rechten unteren Ecke des Bildschirms (auch als **Infobereich** bezeichnet).

Windows öffnet erneut ein QuickInfo-Fenster und blendet den **Wochentag** und das **Datum** ein. Sobald die Maus nicht mehr auf das Element zeigt, schließt Windows automatisch das QuickInfo-Fenster.

TIPP

Sie können solche QuickInfo-Fenster auch bei vielen Programmen abrufen, indem Sie auf ein Element wie eine Schaltfläche zeigen. Dies ist beispielsweise ganz hilfreich, wenn Sie einmal nicht genau wissen, was ein bestimmtes Element macht. Lassen Sie sich nicht stören, wenn die Elemente der Taskleiste bei Ihrer Windows-Version etwas anders aussehen. Die Bedienung bleibt gleich!

Und jetzt kommt das Klicken

Das **Zeigen** mit der Maus ist doch recht einfach, oder? Neben dem Zeigen mit der Maus gibt es noch eine weitere Funktion, die als **Klicken** bezeichnet wird. Auch das geht ganz einfach:

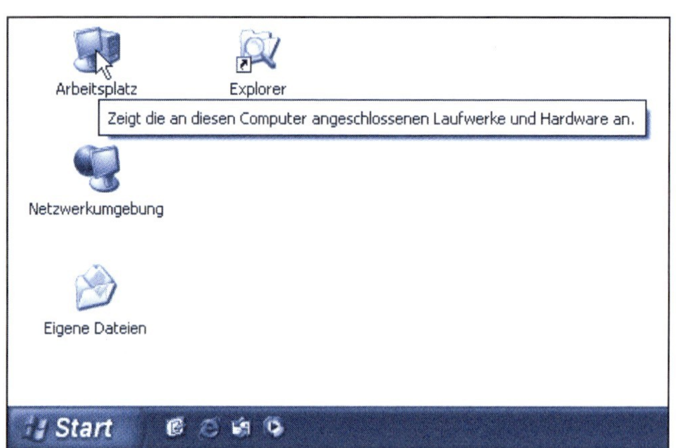

1 Zeigen Sie mit der Maus auf das Symbol *Arbeitsplatz* (bzw. bei Windows XP auf das Symbol *Papierkorb*).

2 Drücken Sie jetzt die linke Maustaste und lassen Sie diese anschließend wieder los.

Das bezeichnet man als **Klicken**.

HINWEIS

Falls Sie Linkshänder sind, werden Sie die Maus auch in der linken Hand führen wollen. In Kapitel 8 finden Sie Hinweise zum Umstellen der Maus auf den Betrieb für Linkshänder. Dann müssen Sie die Tastenangaben in diesem Buch natürlich vertauschen. Wenn hier also vom Klicken mit der linken Maustaste die Rede ist, verwenden Linkshänder die rechte Maustaste der entsprechend umgestellten Maus.

Das Symbol, das Sie gerade angeklickt haben, wird farblich hervorgehoben. Wenn Sie ein Element mit einem Mausklick hervorheben, nennt man das auch **Markieren**.

3 Klicken Sie mit der Maus auf eine freie Stelle auf dem Desktop.

Windows hebt jetzt die farbige Markierung des Symbols auf. Bleibt bei Ihnen eine gestrichelte Umrahmung des Symbolnamens zurück? Diese Umrahmung zeigt bei manchen Windows-Versionen an, welches Symbol zuletzt markiert war.

4 Klicken Sie jetzt versuchsweise mit der linken Maustaste auf die Schaltfläche *Start*.

Es öffnet sich ein kleines Fenster. Dieses Fenster wird als **Startmenü** bezeichnet. Der genaue Aufbau des Startmenüs hängt von der Windows-Version und den installierten Programmen ab (siehe Kapitel 3).

FACHWORT

Der Begriff **Menü** wird Ihnen in Windows häufiger begegnen. Es handelt sich dabei um ein kleines Fenster, in dem Sie verschiedene Begriffe sehen. Ähnlich wie bei einer Speisekarte können Sie auch unter Windows etwas per Mausklick aus einem Menü wählen. Über das **Startmenü** lassen sich Programme oder andere Windows-Funktionen aufrufen (siehe Kapitel 3).

5 Klicken Sie auf eine freie Stelle auf dem Desktop, um das Startmenü wieder zu schließen.

Ziehen, wie geht das?

Neben dem Zeigen und Klicken können Sie mit der Maus auch (etwas) **ziehen**:

1 Zeigen Sie mit dem Mauszeiger auf das Symbol des Papierkorbs.

2 Drücken Sie die **linke Maustaste, halten** diese aber **weiterhin gedrückt** und bewegen Sie die Maus auf der Unterlage.

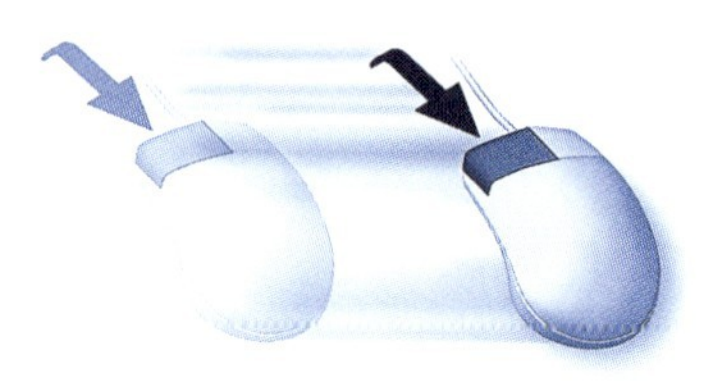

Der Mauszeiger wandert über den Bildschirm.

Unter dem Mauszeiger wird gleichzeitig ein zweites Symbol des Papierkorbs angezeigt, welches mit dem Mauszeiger mitwandert.

3 Sobald Sie das Symbol des Papierkorbs in die rechte untere Ecke des Desktop gezogen haben, **lassen** Sie die **linke Maustaste** wieder **los**.

Windows verschiebt jetzt das Symbol des Papierkorbs an die Stelle, an der Sie die linke Maustaste losgelassen haben. Dieser Vorgang wird als **Ziehen** mit der Maus bezeichnet. Standardmäßig wird mit der linken Maustaste gezogen. Es gibt aber auch ein **Ziehen mit** der **rechten Maustaste** (siehe auch folgende Abschnitte).

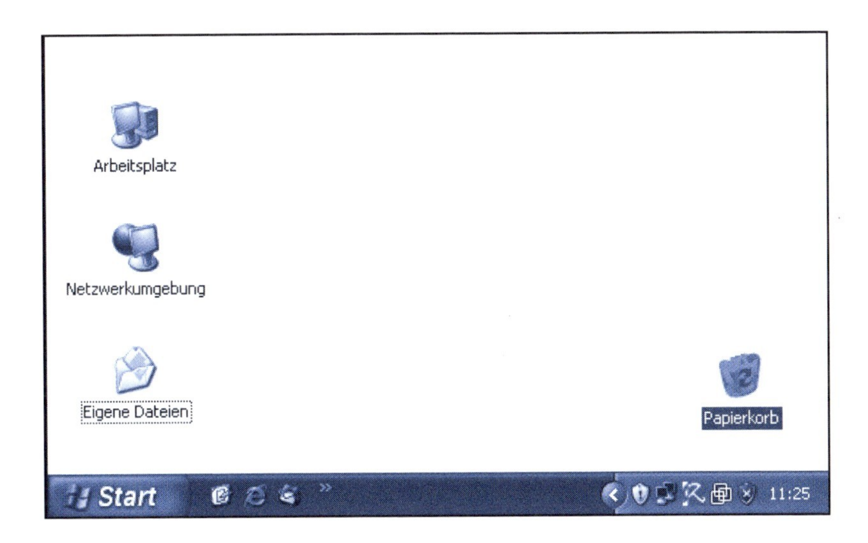

HINWEIS

Nach dem Ziehen eines Symbols oder Fensters ist dieses noch markiert. Um die Markierung des Symbols nach dem Ziehen aufzuheben, klicken Sie mit der Maus auf eine freie Stelle auf dem Desktop.

Sie können ja jetzt etwas üben und den Windows-Desktop aufräumen (bzw. bei Windows XP den Papierkorb verschieben). Ordnen Sie die Symbole so an, wie sie Ihnen am besten passen.

Doppelklicken, das gibt's auch noch!

Die letzte wichtige Funktion, die Sie mit der Maus ausführen können, bezeichnet man als **Doppelklicken**. Mit einem Doppelklick lassen sich Fenster öffnen oder Programme starten.

1 Zeigen Sie auf das Symbol *Arbeitsplatz* (bzw. in Windows XP auf *Papierkorb*).

2 Drücken Sie kurz hintereinander zweimal die linke Maustaste.

Wichtig ist, dass dieses zweimalige Drücken der Maustaste ganz schnell aufeinander folgt (s.u.).

Wenn alles geklappt hat, öffnet Windows jetzt dieses Fenster mit dem Namen *Arbeitsplatz* (bzw. den *Papierkorb*).

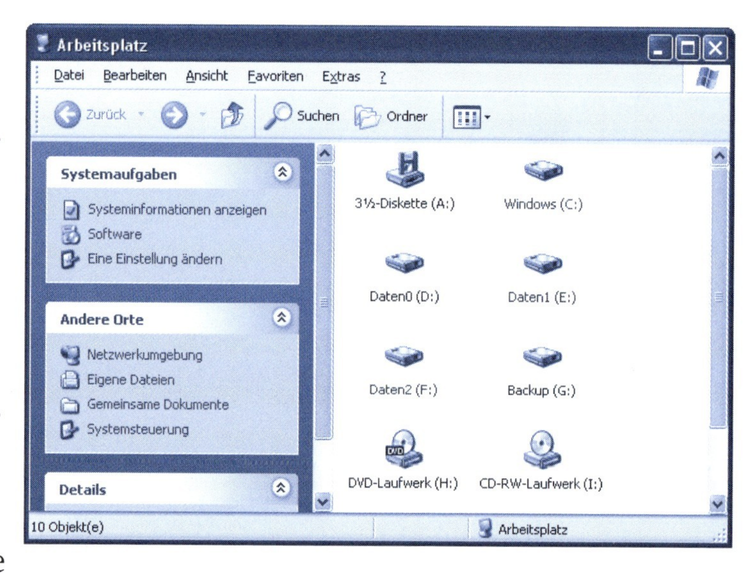

Der Inhalt des Fensters hängt dabei vom jeweiligen mit dem Doppelklick gewählten Symbol ab. Lassen Sie sich nicht stören, wenn bei Ihnen die Symbole kleiner angezeigt werden oder wenn die Schaltflächen der Symbolleisten (s.u.) einen Text enthalten. Dies lässt sich alles unter Windows einstellen.

TIPP

Für Anfänger ist das Doppelklicken etwas schwierig und zwischen dem ersten und dem zweiten Tastendruck verstreicht zu viel Zeit. Versuchen Sie dann den Doppelklick nochmals, wobei Sie die Tasten schneller drücken. Häufig beobachtet man auch, dass die Maus beim Doppelklick ungewollt bewegt wird. Legen Sie den Handballen auf dem Tisch auf, um die Maus fest im Griff zu halten. Falls es partout mit dem Doppelklick nicht klappen will, in Kapitel 8 lernen Sie, wie Sie die Empfindlichkeit der Maus für Doppelklicks anpassen können. Falls Sie sich das selbst (noch) nicht zutrauen, bitten Sie ggf. einen Bekannten dies für Sie zu tun. Und es gibt noch einen Trick: Wenn Sie ein Symbol per Mausklick markieren und dann die ⏎-Taste auf der Tastatur drücken, wirkt dies wie ein Doppelklick.

HINWEIS

Ab Windows 98 wurde eine neue Funktion eingeführt, um die Benutzeroberfläche an das Internet anzupassen. Werden die Desktop-Symbole unterstrichen dargestellt, und erscheint beim Zeigen auf ein Symbol eine stilisierte Hand, ist der so genannte »Webstil« eingeschaltet. Dann reicht ein einfacher Mausklick anstelle des Doppelklicks, um ein Fenster zu öffnen oder ein Programm zu starten. Diese Funktion ist üblicherweise ausgeschaltet und wird hier nicht benutzt.

Arbeitsplatz

Arbeiten Sie mit Windows XP und ist auf dem Desktop kein Symbol *Arbeitsplatz,* sondern nur der Papierkorb sichtbar? Dies lässt sich mit wenigen Mausklicks ändern.

Klicken Sie zuerst in der Taskleiste mit der linken Maustaste auf die Schaltfläche *Start.* Sobald sich das hier gezeigte Startmenü öffnet, klicken Sie mit der rechten Maustaste auf den Befehl *Arbeitsplatz.* Im Kontextmenü wählen Sie den Befehl *Auf dem Desktop anzeigen.* Das Menü schließt sich und Sie sehen das Symbol *Arbeitsplatz* auf dem Desktop. Öffnen Sie das Kontextmenü erneut, ist der Befehl mit einem Häkchen versehen.

Born
Internet
Internet Explorer
E-Mail
Outlook Express
Microsoft Word
Psp
Editor
Acrobat Reader 5.0
Nero Burning ROM
DVBViewer
Alle Programme
Eigene Dateien
Eigene Bilder
Eigene Musik
Favoriten
Arbeitsplatz
Öffnen
MS-DOS
Explorer
Verzeichnis drucken
Suchen...
Verwalten
Netzlaufwerk verbinden...
Netzlaufwerk trennen...
Auf den Desktop anzeigen
Umbenennen
Eigenschaften
Ausführen...
Abmelden
Ausschalten
Start

Wählen Sie den Befehl *Auf dem Desktop anzeigen* ein zweites Mal an, wird das Desktop-Symbol *Arbeitsplatz* wieder ausgeblendet. Der Trick klappt übrigens auch bei den Symbolen *Netzwerkumgebung* und *Eigene Dateien* des Startmenüs.

Der Umgang mit Fenstern

Fenster haben in Windows eine besonders wichtige Funktion. Wenn Sie mit Windows arbeiten wollen, sollten Sie daher die wichtigsten Elemente eines Fensters kennen.

Die Fenster sind unter Windows weitgehend identisch aufgebaut. Das Fenster *Arbeitsplatz* ist deshalb typisch für viele Windows-Fenster.

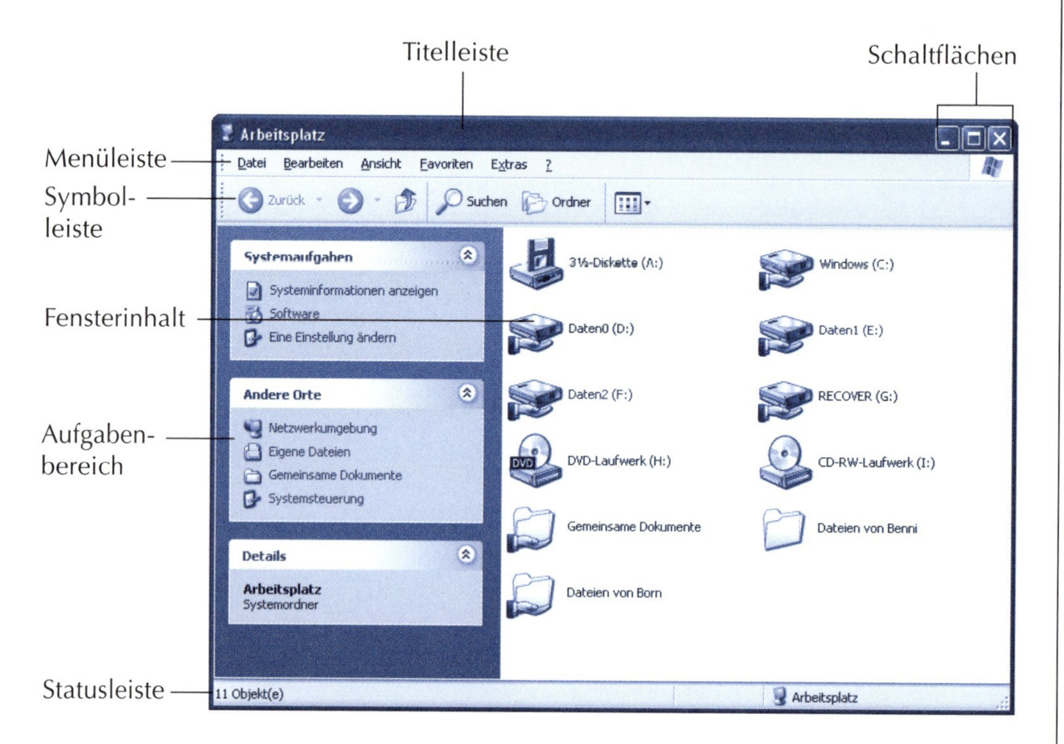

Am oberen Fensterrand finden Sie die so genannte **Titelleiste**, in der Windows den Namen des Fensters anzeigt. Das in der **linken** oberen **Ecke** des Fensters befindliche Symbol des so genannten **Systemmenüs** sowie die Schaltflächen in der rechten oberen Fensterecke dienen zum Abrufen bestimmter Fensterfunktionen (z.B. Schließen).

Unterhalb der Titelleiste ist bei vielen Fenstern eine **Menüleiste** mit Namen wie *Datei, Bearbeiten, Ansicht* etc. zu sehen. Über die Menüs lassen sich Funktionen aufrufen.

Manche Fenster besitzen zusätzlich eine (oder mehrere) **Symbolleiste(n)**, über deren Schaltflächen Sie häufig benutzte Funktionen direkt aufrufen können, ohne den mühsamen Weg über die Menüs gehen zu müssen. Die Funktionen der Schaltflächen werden durch kleine Symbole (auch als Icons bezeichnet) angezeigt.

Am unteren Rand besitzen viele Fenster noch eine **Statusleiste**, in der zusätzliche Informationen angezeigt werden. Im hier gezeigten Beispiel meldet Windows, dass das Fenster acht Symbole (auch als **Objekte** bezeichnet) enthält. Außerdem sehen Sie, dass gerade der Inhalt von *Arbeitsplatz* angezeigt wird.

Innen im Fenster wird dessen Inhalt dargestellt. Darauf werde ich noch bei verschiedenen Gelegenheiten zu sprechen kommen.

HINWEIS

Lassen Sie sich nicht davon irritieren, dass die Fenster bei Ihrem Windows keine runden Ecken aufweisen oder dass im Fenster *Arbeitsplatz* vielleicht einige Elemente fehlen bzw. anders aussehen.

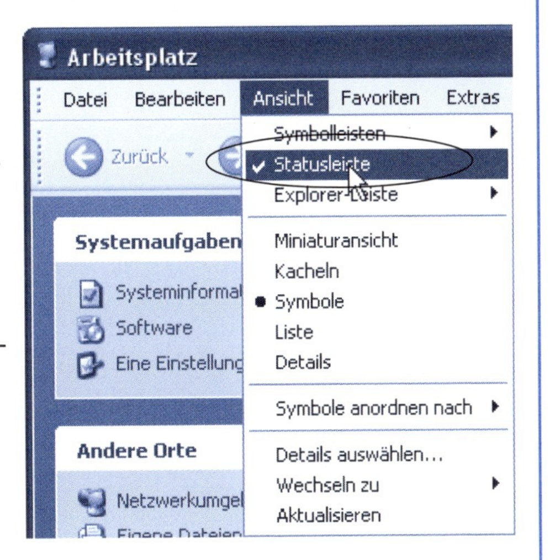

Je nach Windows-Version werden geringfügig andere Symbole verwendet. Selbst Windows XP lässt sich auf den Fensterstil früherer Windows-Versionen umstellen. Fehlen Symbol- oder Statusleisten? Eine fehlende Statusleiste können Sie beispielsweise einblenden, indem Sie in der Menüleiste auf *Ansicht* und dann im Menü auf den Befehl *Statusleiste* klicken.

Zunächst sehen wir uns die drei kleinen Schaltflächen rechts oben in der Titelleiste an. Über diese drei Schaltflächen lässt sich ein **Fenster schließen oder in** der **Größe verändern**. Die meisten Fenster weisen zumindest eine oder zwei dieser Schaltflächen auf.

TIPP

Zeigen Sie mit der Maus auf eine solche Schaltfläche, blendet Windows einen Hinweis auf deren Funktion in einem QuickInfo-Fenster ein.

Fenster maximal vergrößern und wiederherstellen

Ein Fenster lässt sich per Mausklick auf Bildschirmgröße bringen.

1 Klicken Sie auf die mittlere mit **Maximieren** bezeichnete Schaltfläche.

Windows vergrößert das Fenster, bis es den gesamten Bildschirm einnimmt. Man sagt, das Fenster ist **maximiert** oder wird als **Vollbild dargestellt**. Beachten Sie, dass sich das Symbol für die mittlere Schaltfläche verändert hat.

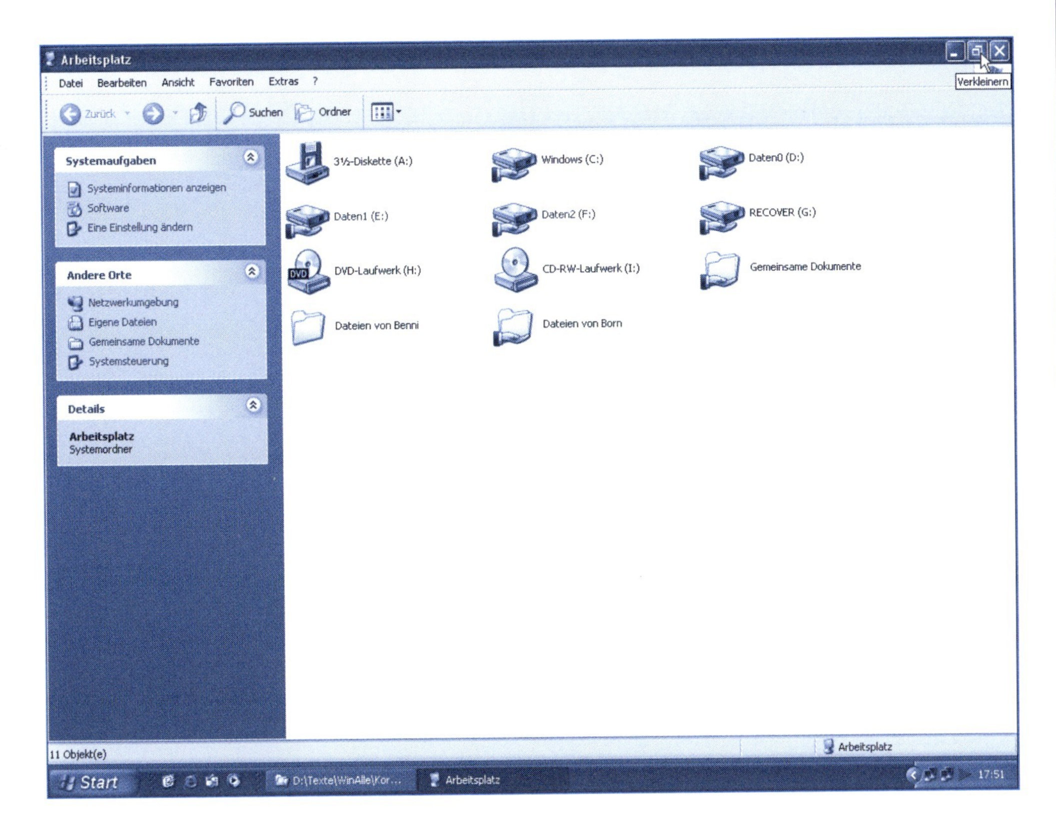

2 Um das Fenster auf die vorherige Größe zurückzusetzen, klicken Sie erneut auf die mittlere Schaltfläche, die jetzt **Wiederherstellen** oder **Verkleinern** heißt.

TIPP

Manchmal hört man von Benutzern, dass ihr »Windows verschwunden ist«. Gemeint ist, dass der Desktop durch ein maximiertes Fenster verdeckt wird. So etwas kann zum Beispiel passieren, wenn jemand zweimal auf die Titelleiste des Fensters klickt und Windows dies als Doppelklick erkennt. Sie wissen jetzt, wie Sie ein solches Fenster aus dem Vollbildmodus zur vorherigen Größe zurückschalten, wenn auch Ihr »Windows Desktop einmal verschwunden sein sollte«.

Ein Fenster zum Symbol verkleinern

Sie können ein Fenster auch zu einem Symbol verkleinern.

1 Klicken Sie in der rechten oberen Ecke des Fensters auf die linke Schaltfläche **Minimieren**.

Das Fenster verschwindet vom Desktop. Wenn Sie aber genau hinsehen, erkennen Sie, dass es lediglich zum Symbol verkleinert wurde. Sie finden das Symbol als Schaltfläche in der Taskleiste.

2 Um das Fenster wieder zu öffnen, klicken Sie in der Taskleiste auf die Schaltfläche *Arbeitsplatz*.

HINWEIS

Windows zeigt in der **Taskleiste** die **Symbole der** meisten **geöffneten Fenster** und **Programme** als Schaltflächen an. Klicken Sie auf eine solche Schaltfläche, holt Windows das zugehörige Fenster auf dem Desktop in den Vordergrund. Sie können also über diese **Schaltflächen zwischen** geöffneten **Fenstern** (und deren Funktionen) **umschalten**. Ist das Fenster bereits im Vordergrund zu sehen, verkleinert ein Mausklick auf die Schaltfläche in der Taskleiste das Fenster erneut zum Symbol.

Windows XP fasst die Symbole gleichartiger geöffneter Fenster unter einer Schaltfläche in der Taskleiste zusammen. Um ein Fenster erneut zu öffnen, klicken Sie erst auf die Schaltfläche in der Taskleiste und dann im Menü auf den Namen des Fensters (z.B. *Arbeitsplatz*).

Ein Fenster endgültig schließen

Bleibt nur noch die Aufgabe, ein geöffnetes **Fenster** endgültig zu **schließen**.

1 Klicken Sie in der rechten oberen Ecke des Fensters auf die Schaltfläche **Schließen**.

Das Fenster verschwindet und das zugehörige Programm wird beendet. Das erkennen Sie daran, dass das Symbol aus der Taskleiste verschwindet.

TIPP

Die meisten Fenster weisen die Schaltfläche ☒ auf. Möchten Sie ein Programm beenden oder ein Fenster schließen, reicht ein Mausklick auf diese Schaltfläche.

Die Fenstergröße stufenlos verändern

Häufig will man ein Fenster gar nicht maximieren oder zum Symbol verkleinern. Vielmehr möchte man das Fenster stufenlos auf eine bestimmte Größe einstellen. Dies ist in Windows ohne weiteres möglich.

1 Öffnen Sie erneut das Fenster *Arbeitsplatz* durch einen Doppelklick auf das gleichnamige Desktop-Symbol oder über das Windows-XP-Startmenü.

2 Zeigen Sie mit der Maus auf den Rand oder eine Ecke des betreffenden Fensters.

Sobald Sie auf die richtige Stelle am Fensterrand zeigen, nimmt der Mauszeiger die Form eines Doppelpfeils an. Notfalls müssen Sie die Maus etwas verschieben, bis dieser Doppelpfeil erscheint.

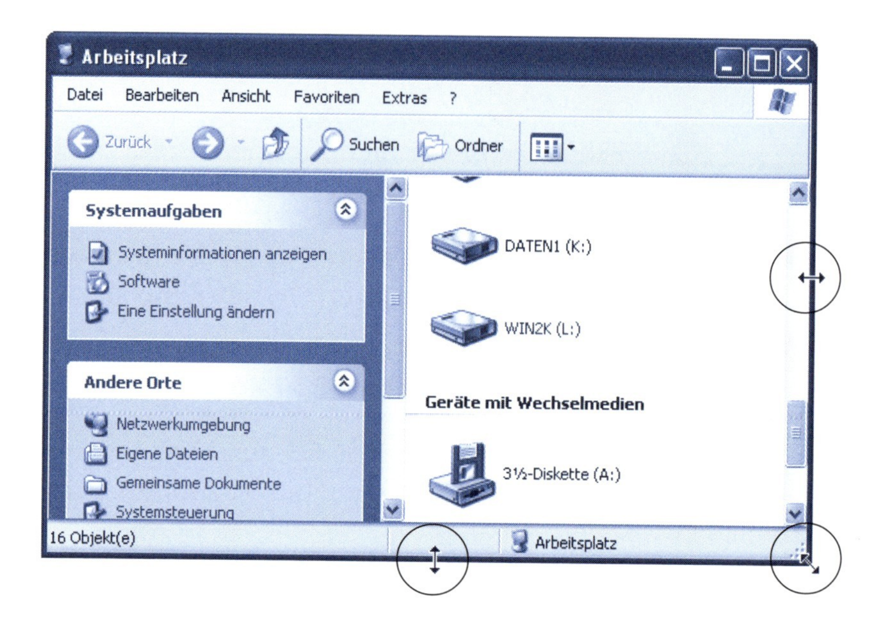

HINWEIS

Der Doppelpfeil zeigt dabei die Richtung an, in der sich das Fenster in der Größe verändern lässt. Sie können den linken und den rechten Fensterrand zum Verändern der Fensterbreite verwenden; der untere und der obere Fensterrand ändert die Höhe und mit den Ecken lässt sich die Fenstergröße proportional einstellen.

3 Erscheint der Doppelpfeil, ziehen Sie den Fensterrand bei gedrückter linker Maustaste in die entsprechende Richtung.

4 Erreicht das Fenster die gewünschte Größe, lassen Sie die linke Maustaste los.

Windows passt jetzt die Größe des Fensters an. Sie können auf diese Weise die Größe (der meisten) Fenster verändern. Ziehen Sie den Rahmen per Maus nach außen, wird das Fenster größer. »Schieben« Sie den Rahmen in das Fenster hinein, verkleinert Windows dasselbe.

So lässt sich ein Fenster verschieben

Eine der Stärken von Windows liegt darin, dass Sie gleichzeitig mit mehreren Programmen oder Fenstern arbeiten können.

1 Ist das *Arbeitsplatz*-Fenster nicht mehr geöffnet, doppelklicken Sie auf das Symbol *Arbeitsplatz* (bzw. wählen Sie in Windows XP den Befehl *Arbeitsplatz* im Startmenü).

2 Doppelklicken Sie auf das Desktop-Symbol *Papierkorb*.

Falls Sie diese Schritte richtig durchgeführt haben, sehen Sie jetzt zwei sich überlappende Fenster auf dem Desktop.

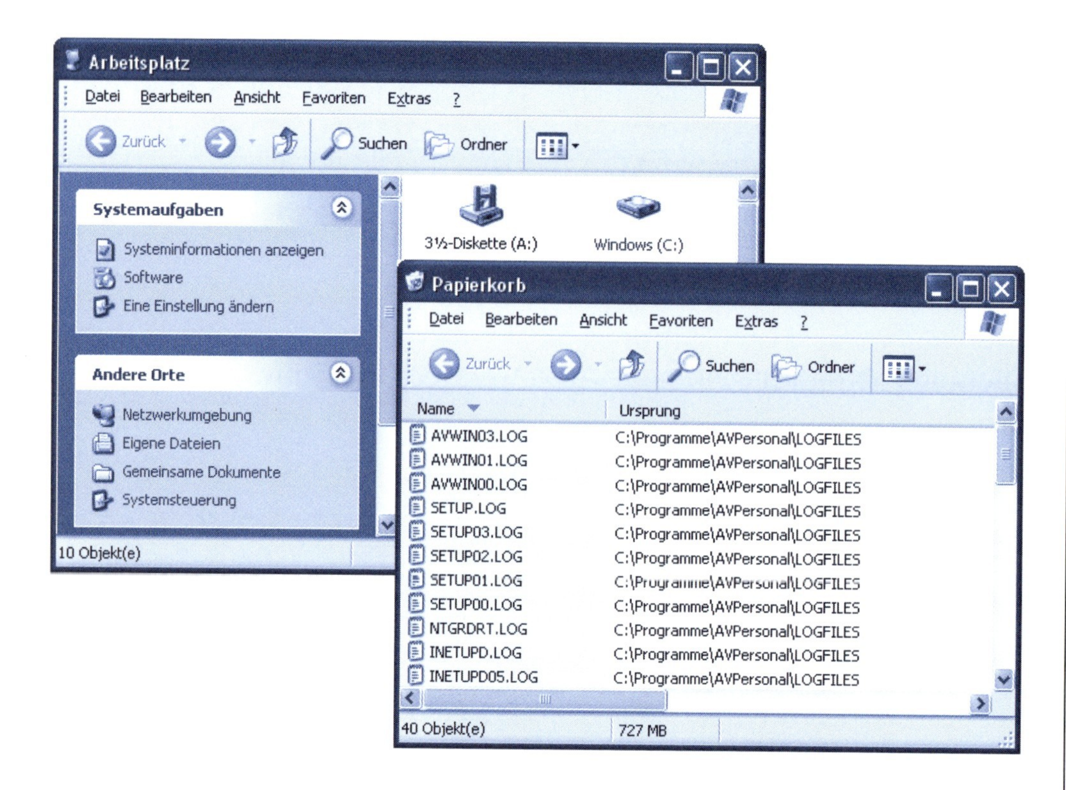

Sie könnten die Fenster zwar abwechselnd durch Anklicken per Maus (oder über deren Schaltflächen in der Taskleiste) in den Vordergrund holen. Praktischer ist es aber meistens, die beiden Fenster nebeneinander anzuordnen, so dass Sie den Inhalt beider Fenster gleichzeitig sehen.

1 **Zeigen** Sie mit der Maus auf die **Titelleiste** des **Fensters**.

2 **Ziehen** Sie anschließend die Titelleiste des **Fensters** per Maus zur gewünschten Position.

Je nach Einstellung verschiebt Windows das Fenster gleich oder zeigt beim Ziehen die neue Fensterposition durch eine gestrichelte Linie an.

3 Sobald sich das Fenster an der gewünschten Position befindet, lassen Sie die linke Maustaste los.

Windows verschiebt das Fenster an die neue Position. Bei entsprechend gewählter Fenstergröße können Sie nun beide Fenster samt deren Inhalt auf dem Desktop sehen. Wie Sie ein Fenster in der Größe anpassen, haben Sie ja bereits auf den vorhergehenden Seiten gelernt.

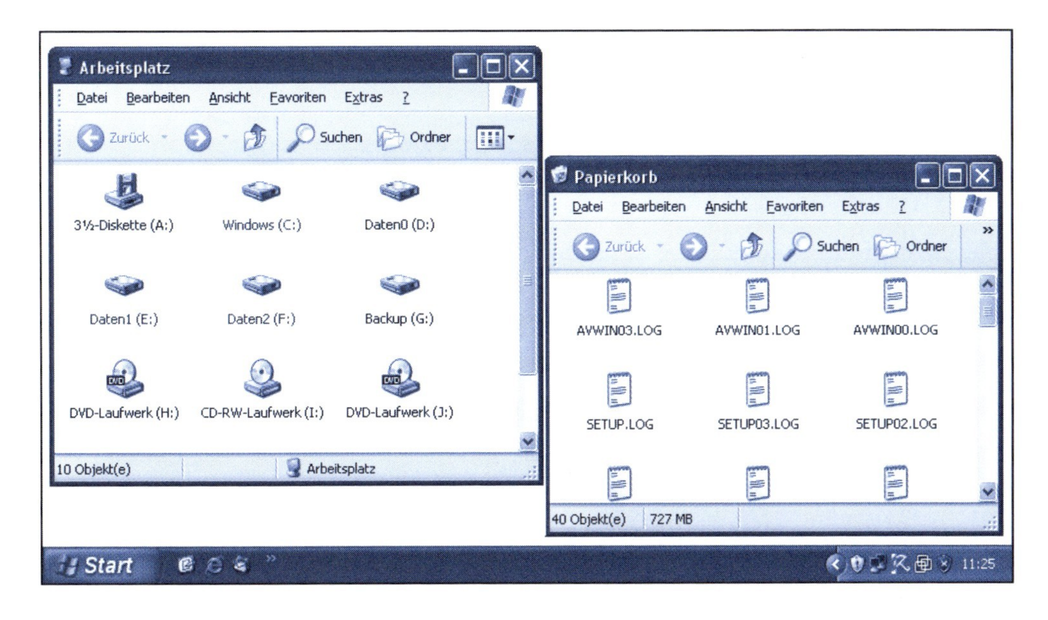

Sie sehen also, in Windows ist es recht einfach, mit mehreren Fenstern zu arbeiten und zwischen diesen Fenster zu wechseln. So könnten Sie beispielsweise in einem (Programm-)Fenster einen Brief schreiben und sich in einem zweiten Fenster den Inhalt eines Ordners anzeigen lassen.

ACHTUNG

Beim Ziehen passiert es einem leicht mal, dass man die Maus kurz loslässt und dann wieder drückt. Windows glaubt, einen Doppelklick zu erkennen und schaltet das Fenster zum Vollbildmodus um. Ist Ihnen das passiert, klicken Sie in der rechten oberen Bildschirmecke auf die Schaltfläche *Wiederherstellen* (bzw. *Verkleinern* in Windows XP), um zur alten Größe zurückzukehren.

Blättern im Fenster, so geht's

Manchmal ist ein Fenster zu klein, um den gesamten Inhalt anzuzeigen. Dann sehen Sie am rechten oder manchmal auch am unteren Rand des Fensters eine so genannte **Bildlaufleiste**. Mit dieser Bildlaufleiste können Sie den Inhalt im Fenster verschieben bzw. in ihm blättern.

1 Verkleinern Sie das Fenster *Arbeitsplatz*, bis ein Teil der Inhalts verschwindet.

Hier sehen Sie das entsprechend verkleinerte Fenster *Arbeitsplatz*. Die Bildlaufleiste findet sich am rechten Fensterrand.

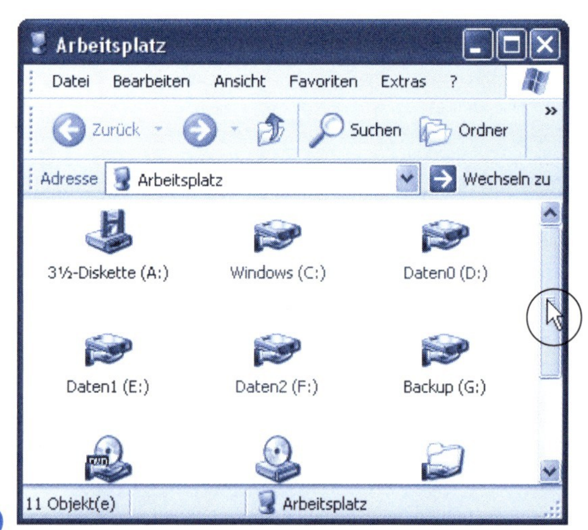

2 Zeigen Sie mit der Maus auf die rechteckige Fläche innerhalb der Bildlaufleiste.

Diese Fläche wird auch als **Bildlauffeld** bezeichnet.

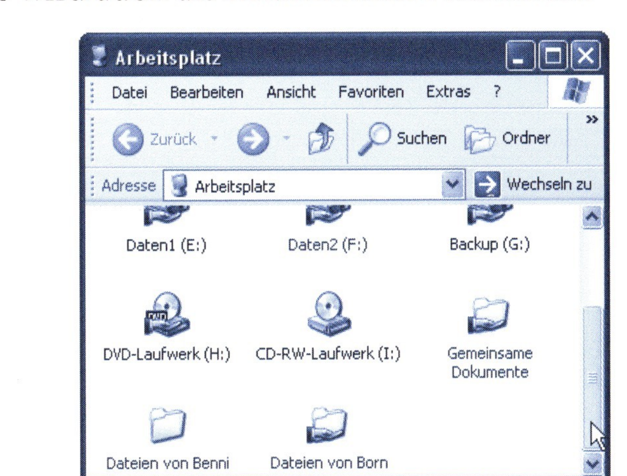

3 Ziehen Sie jetzt das Bildlauffeld per Maus in die gewünschte Richtung.

Windows zeigt dann andere Ausschnitte des Fensterinhalts an. Hier sehen Sie beispielsweise die Symboltitel der untersten Symbolreihe.

HINWEIS

Fenster können neben einer vertikalen auch eine horizontale Bildlaufleiste besitzen. Dann lässt sich der Fensterinhalt nach rechts und links bzw. nach oben und unten verschieben. Klicken Sie an den Enden der Bildlaufleiste auf die beiden Schaltflächen ^ und v, um schrittweise den Inhalt des Dokuments zu verschieben.

Windows beenden, aber richtig!

Bevor Sie sich mit den nächsten Aufgaben befassen, muss noch eine wichtige Frage geklärt werden: Wie wird Windows eigentlich beendet?

Nachdem Sie alle geladenen Programme beendet und die geöffneten Fenster geschlossen haben, kommen Sie vielleicht auf die Idee, den Computer samt Bildschirm einfach auszuschalten. Dann wird Windows praktisch zwangsweise beendet. Dies sollten Sie aber niemals tun, da es zu Schäden, z.B. Datenverlust, führen kann! Sie sollten immer den folgenden Weg zum so genannten Herunterfahren des Rechners wählen.

1 In Windows XP klicken Sie in der Taskleiste auf die Schaltfläche *Start*.

2 Klicken Sie anschließend im Startmenü auf die Schaltfläche *Ausschalten*.

3 Klicken Sie im dann angezeigten Dialogfeld auf die Schaltfläche *Ausschalten*.

Bei **älteren Windows-Versionen** gehen Sie folgendermaßen vor.

1 Klicken Sie in der Taskleiste auf die Schaltfläche *Start* und dann auf den Befehl *Beenden*.

Windows öffnet jetzt das Dialogfeld *Windows beenden*. In diesem Dialogfeld muss die Option *Herunterfahren* gewählt sein.

2 Klicken Sie auf die *OK*-Schaltfläche, um das Dialogfeld zu schließen.

HINWEIS

Das Dialogfeld besitzt je nach Windows-Version einen geringfügig abweichenden Inhalt. In der hier gezeigten Windows-Version werden die Vorgänge über ein **Listenfeld** dargestellt (links). Windows 98 zeigt die Optionen dagegen in **Optionsfeldern** an (rechts).

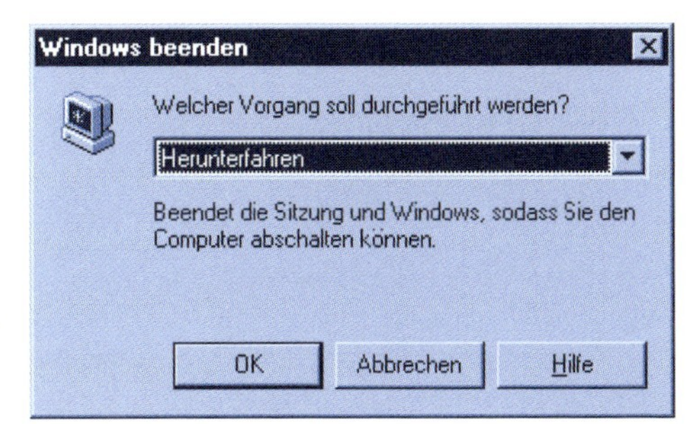

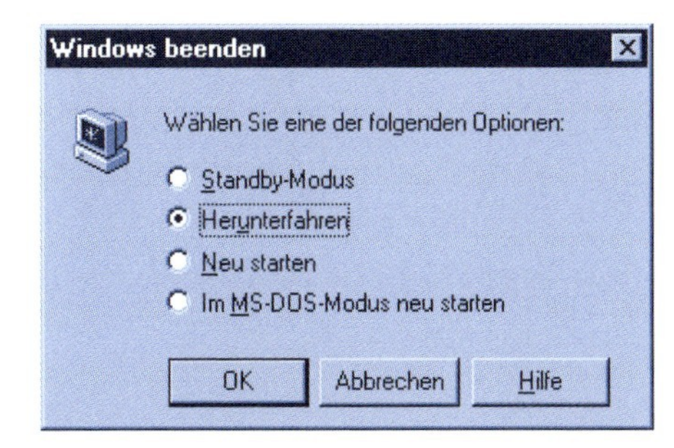

Sie müssen bei Bedarf das Optionsfeld mit der Option *Herunterfahren* anklicken oder die gleichnamige Option im Listenfeld einstellen (Listenfeld mit Schaltfläche am rechten Rand öffnen und die Option in der Liste wählen).

FACHWORT

Listenfelder stellen verschiedene Optionen in Form einer Liste dar. Öffnen Sie ein solches Listenfeld durch Anklicken des Pfeils, wird die Liste sichtbar. Dann können Sie eine Option durch Anklicken wählen. **Optionsfelder** sind kleine Kreise, Herunterfahren, die Optionen kennzeichnen. Eines der Optionsfelder weist einen schwarzen Punkt auf, d.h., die betreffende Option ist gewählt. Es kann immer nur eine

Option der Gruppe gewählt werden. Optionen lassen sich auch durch **Kontrollkästchen** (kleine viereckige Kästchen ☐ Relief) auswählen. Ein Häkchen zeigt, ob eine Option gewählt wurde, wobei mehrere Kontrollkästchen gleichzeitig durch Anklicken markiert werden können.

Windows beginnt anschließend mit dem »Aufräumen«. Dabei werden Daten auf die Festplatte gespeichert, möglicherweise noch laufende Programme beendet und die Einstellungen für den nächsten Windows-Start gesichert. Erst dann wird Windows beendet. Bei modernen Computern schaltet sich der Rechner anschließend automatisch aus und der Bildschirm wird dunkel. Sie dürfen dann keinesfalls den Einschalter des Rechners betätigen, da der Computer sonst Windows wieder startet. Vergessen Sie aber nicht, den Bildschirm auch noch auszuschalten. Bei älteren Rechnern erscheint ggf. nach dem Herunterfahren die Meldung »Sie können den Computer jetzt ausschalten« auf dem Bildschirm. Dann schalten Sie den Computer sowie den Monitor aus.

TIPP

Um mir nach dem Herunterfahren von Windows das separate Ausschalten von Monitor, Drucker, Modem, Scanner etc. zu sparen, verwende ich eine abschaltbare Mehrfachsteckerleiste aus dem Baumarkt. Ist Windows heruntergefahren, schalte ich die Leiste und damit alle angeschlossenen Geräte spannungsfrei. Dies dient auch dem Brandschutz und spart zudem Energie, da viele der heutigen Geräte leider nicht mehr komplett abschaltbar sind, sondern im so genannten Stand-By-Modus ruhen.

Zusammenfassung

In diesem Kapitel haben Sie bereits einige wichtige Dinge zum Umgang mit Windows gelernt. Sie kennen die Elemente des Windows-Desktops, können mit der Maus arbeiten und wissen, wie man mit Fenstern arbeitet. Außerdem haben Sie gelernt, wie ein Fenster in der Größe verändert wird, wie sich in Fenstern blättern lässt und wie Sie zwischen Fenstern wechseln. Wenn mal nicht alles auf Anhieb klappt, ist das nicht schlimm. Viele der hier gezeigten Schritte wiederholen sich in den nächsten Kapiteln. Außerdem können Sie ja bei Bedarf in diesem Kapitel nachlesen, wenn Ihnen mal etwas entfallen ist.

Lernkontrolle

Zur Überprüfung Ihres Wissens können Sie die folgenden Aufgaben lösen. Die Antworten sind in Klammern angegeben.

- **Wie verschieben Sie ein Symbol auf dem Desktop?**
  (Symbol anklicken und bei gedrückter linker Maustaste zur gewünschten Position ziehen.)
- **Wie geht doppelklicken?**
  (Zweimal kurz hintereinander die linke Maustaste drücken.)
- **Wie wird ein minimiertes Fenster wiederhergestellt?**
  (Mit der Maus auf die entsprechende Schaltfläche in der Taskleiste klicken.)
- **Wie lässt sich ein Fenster verschieben?**
  (Indem Sie die Titelleiste des Fensters per Maus zur gewünschten Position ziehen.)
- **Wie lässt sich ein Fenster stufenlos vergrößern?**
  (Indem Sie per Maus den Rand der rechten unteren Fensterecke nach außen ziehen.)

So arbeiten Sie mit Programmen

Aus Kapitel 1 wissen Sie vielleicht noch, dass der Computer Programme benötigt, um etwas Sinnvolles tun zu können. Wenn Sie unter Windows arbeiten (z.B. einen Brief schreiben, etwas ausdrucken oder ein Fenster öffnen), steckt immer ein Programm dahinter. Hier gleich ein paar gute Nachrichten: Unter Windows wird (fast) alles in Fenstern abgewickelt – und der Aufbau sowie die Bedienung der Fenster ähnelt sich bei den Windows-Programmen. Mit wenigen Grundkenntnissen werden Sie sich sehr schnell in der Bedienung unterschiedlicher Programme zurechtfinden. In diesem Kapitel lernen Sie zuerst, wie Sie Programme über das Windows-Startmenü und über die Symbole des Desktop starten. Weiterhin wird gezeigt, wie Sie zwischen mehreren geladenen Programmen umschalten können. Abschließend erfahren Sie noch, wie Sie unter Windows Hilfe zu bestimmten Programmfunktionen erhalten können.

Das lernen Sie in diesem Kapitel

3

- Programme starten
- Programme gleichzeitig nutzen
- Hilfe gefällig?

Programme starten

Wenn Sie einen Brief schreiben, sich den Inhalt einer Festplatte anzeigen lassen, ein Bild bearbeiten und im Internet surfen, setzen Sie Programme ein. Diese Programme müssen zur Benutzung erst gestartet werden. Wie das funktioniert, kennen Sie im Prinzip schon.

- Manche Programme besitzen ein Symbol auf dem Desktop. Dann reicht ein Doppelklick auf das betreffende Symbol, um das Fenster und damit das Programm zu starten. Das haben Sie beim Symbol *Arbeitsplatz* oder *Papierkorb* bereits mehrfach gemacht.
- Aber es gibt noch weitere Programme unter Windows und viele dieser Programme werden über das **Startmenü** aufgerufen. Das **Startmenü** ist so etwas wie die Zentralstelle zum Aufrufen von Programmen; häufig benützte Programme besitzen einen Eintrag in diesem Startmenü.

Um einen Befehl im Startmenü abzurufen, müssen Sie nur auf die Schaltfläche *Start* klicken und schon öffnet sich das Startmenü. Dann reicht ein Mausklick auf einen der Befehle, um diesen auszuführen. Die Abläufe beim Starten sind für die verschiedenen Programme gleich. Deshalb genügt es, an dieser Stelle das Starten eines Programms exemplarisch zu zeigen.

Start

1 Klicken Sie in der linken unteren Ecke des Bildschirms auf die Schaltfläche *Start.*

Windows öffnet das Fenster des **Startmenüs**. Das Aussehen des Startmenüs variiert, je nach Windows-Version, etwas. Windows XP stellt in der linken Spalte die Symbole häufiger benutzter Programme bereit. Einträge wie *Ausführen, Hilfe und Support* etc. stehen für Windows-Befehle, die Sie anklicken können.

2 Zeigen Sie im Startmenü auf den Eintrag *(Alle) Programme*.

Windows öffnet ein weiteres **Untermenü**. Sie sehen dort die Symbole für Programmgruppen und Programme, je nachdem, was auf Ihrem Computer vorhanden ist.

HINWEIS

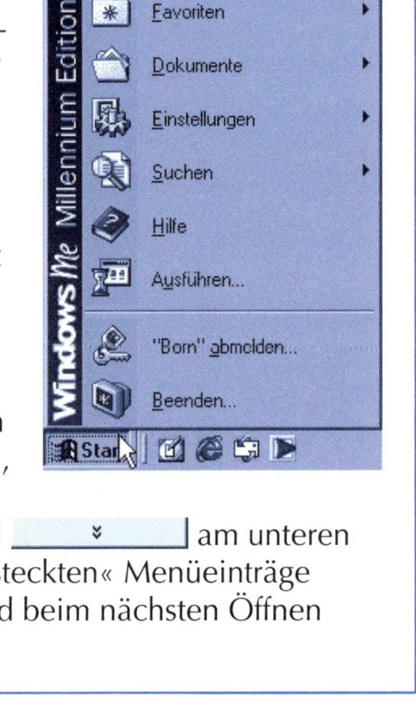

Bei älteren Windows-Versionen und je nach Systemkonfiguration sieht das Startmenü ggf. etwas anders aus. Es gibt nur eine Spalte, in denen die Befehle angeordnet sind. Zudem heißt der Befehl *Programme*, statt *Alle Programme* bei Windows XP – also keine weltbewegenden Änderungen. Auf den folgenden Seiten verwende ich den Begriff *(Alle) Programme* stellvertretend für die Alternativen *Programme* und *Alle Programme*. Sie sollten daher mit den Anweisungen dieses Buchs in allen Windows-Versionen zurechtkommen.

Einige ältere Windows-Versionen (und manche Anwendungsprogramme) arbeiten auch mit »persönlich angepassten Menüs«, die nur wichtige oder bereits verwendete Befehle anzeigen. Erscheint dieses Symbol » am unteren Menürand, klicken Sie es an, um die »versteckten« Menüeinträge einzublenden. Ein angewählter Befehl wird beim nächsten Öffnen des Menüs automatisch eingeblendet.

Auf manchen Computern sind sehr viele Programme eingerichtet (man sagt dazu auch, die Programme sind installiert). In diesem Fall würde das Untermenü mit der Liste der Programmnamen sehr lang und reichlich unübersichtlich. Um dem vorzubeugen, werden die Programmeinträge im Startmenü strukturiert.

- Über den Befehl *(Alle) Programme* gelangen Sie zur Hauptebene des Zweiges mit den Programmeinträgen. Nur die wichtigsten Programme sind direkt im Untermenü *Programme* hinterlegt.
- Neben den Einträgen für Programme enthält das Startmenü daher noch Einträge, die mit dem Symbol versehen sind. Dieses Symbol (und das kleine Dreieck am rechten Rand eines Eintrags)

zeigt so genannte **Programmgruppen** (z.B. *Autostart, Zubehör* etc.) an. Programmgruppen fassen mehrere Programme und deren Symbole (oder weitere Gruppen) zu einem **Untermenü** zusammen.

- Zeigen Sie auf das Symbol einer Programmgruppe, öffnet sich ein weiteres **Untermenü**, in dem Sie Symbole bzw. Befehle für weitere Programmgruppen oder Programme finden.

In der Programmgruppe *Zubehör* sind zum Beispiel weitere Untergruppen wie *Eingabehilfen* oder *Systemprogramme* enthalten.Welche Menüs und Untermenüs im Startmenü Ihres Computers zu sehen sind, hängt von den installierten Programmen ab.

Der erste Versuch mit dem Windows-Rechner

Wie wäre es jetzt mit einem ersten Versuch? Windows besitzt einen kleinen Rechner, der optisch einem Taschenrechner nachempfunden ist. Dieser Windows-Rechner soll jetzt aufgerufen werden. Hierzu sind folgende Schritte notwendig.

1 Öffnen Sie (falls noch nicht geschehen) das Startmenü mit einem Mausklick auf die Schaltfläche *Start*.

2 Zeigen Sie anschließend auf den Menüeintrag *(Alle) Programme* und dann im zugehörigen Untermenü auf den Eintrag *Zubehör*.

Windows öffnet die jeweiligen Menüs.

TIPP

Ist bei einer älteren Windows-Version das Symbol des Rechners nicht zu sehen oder zeigt Windows die so genannte QuickInfo »Wo sind die Programme?«, klicken Sie auf das Symbol mit den beiden nach unten gerichteten Pfeilen im Menü *Zubehör*. Windows ergänzt daraufhin die fehlenden Einträge im Menü.

3 Im Untermenü *Zubehör* klicken Sie jetzt auf den Eintrag *Rechner*.

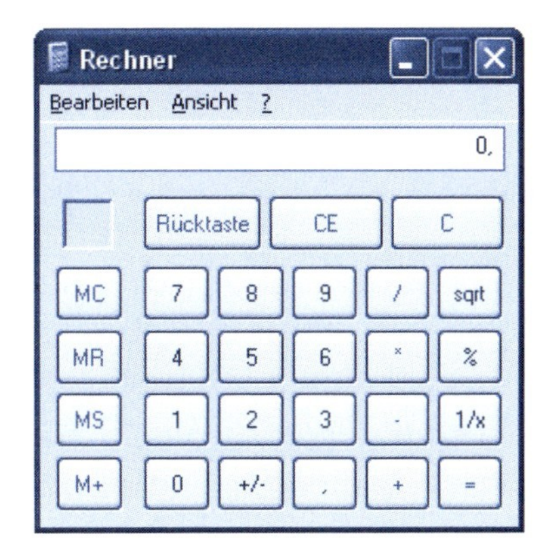

Der Windows-Rechner wird als Programm gestartet. Gleichzeitig wird das Fenster dieses Programms auf dem Desktop sichtbar und Windows schließt automatisch das Startmenü.

Sie können auf diese Weise alle Programme starten, die als Symbol im Startmenü eingetragen sind. Andere Beispiele finden Sie auf den folgenden Seiten dieses Buchs.

So nutzen Sie den Rechner

Haben Sie die obigen Schritte ausgeführt? Der Windows-Rechner kann für kurze Berechnungen ganz nützlich sein und die Bedienung ist auch nicht schwer. Sie müssen lediglich wie bei einem richtigen Taschenrechner die gewünschten Tasten anklicken. Um beispielsweise die Zahlen 12 und 14 zu addieren, sind folgende Schritte erforderlich:

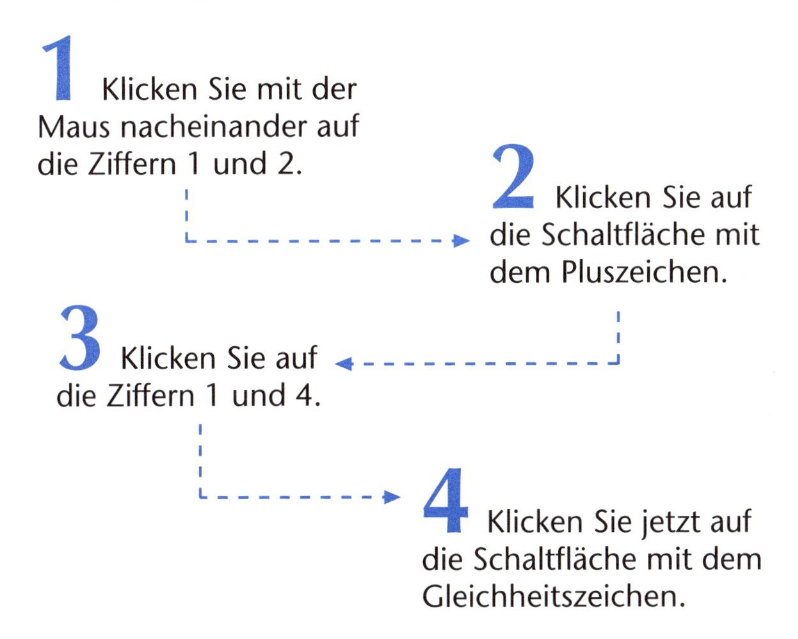

Jetzt sollte das Ergebnis in der Anzeige des Rechner erscheinen. Mit der Schaltfläche C lässt sich das Ergebnis wieder löschen.

TIPP

Gegenüber einem richtigen Taschenrechner gibt es noch eine zweite Möglichkeit zur Eingabe von Berechnungen: Sie können die Rechenanweisungen auch direkt über die Tastatur eintippen. Für das obige Beispiel wären dies die Tastenfolgen [1] [2] [+] [1] [4] [=]. Und an dieser Stelle noch ein Tipp: Die meisten Tastaturen besitzen rechts einen numerischen Ziffernblock. Sobald Sie die mit [Num] beschriftete Taste in der linken oberen Ecke dieses Tastenblocks drücken, leuchtet dort die Anzeige »Num« auf. Anschließend können Sie, ähnlich wie bei einer Rechenmaschine, Zahlen und Anweisungen für Addition, Subtraktion, Multiplikation und Division über diesen Tastenblock eintippen. Bei längeren Berechnungen ist das ganz praktisch.

Aber der Rechner kann noch mehr als simple Grundrechenarten. Um beispielsweise zu ermitteln, wie viel 20 Prozent von 35 sind, tippen Sie [3] [5] [*] [2] [0] [%] ein (oder klicken auf die betreffenden Schaltflächen). In der Anzeige erscheint dann der Wert 7.

Mit der Schaltfläche *sqrt* kann man die Quadratwurzel ziehen und mit der Schaltfläche *1/x* berechnen Sie reziproke Werte. Der Rechner besitzt auch eine Speicherfunktion (Memory), mit der Sie Zwischenergebnisse aufheben können. Mit der Schaltfläche *M+* (Memory addieren) werden die aktuellen Rechenergebnis zum Speicher addiert. Der Inhalt des Speichers lässt sich mit der Schaltfläche *MR-* (steht für Memory Recall) in die aktuelle Anzeige zurückholen. Aber das ist noch längst nicht alles!

1 Klicken Sie in der Menüzeile des Rechners auf den Eintrag *Ansicht*.

Der Rechner öffnet ein Menü, in dem die verfügbaren Befehle aufgeführt sind. In Windows XP finden Sie neben den hier gezeigten Befehlen noch den Eintrag *Zifferngruppierung*, der aber jetzt nicht weiter genutzt wird.

2 Im dann geöffneten Untermenü wählen Sie den Befehl *Wissenschaftlich* per Mausklick an.

HINWEIS

Hinweise zu Menübefehlen

Der Umgang mit Menüs ist mithilfe der Maus kein Problem, ein kurzer Mausklick und schon ist das Menü geöffnet, noch ein Mausklick auf den Befehl und dieser wird ausgeführt. Wenn Sie erfahrener im Umgang mit Windows sind, ist es hilfreich, etwas mehr über das Arbeiten mit Menüs zu wissen.

Im hier gezeigten Menü *Ansicht* des Rechners ist der Befehl *Standard* mit einem Punkt markiert. Dies signalisiert, dass der betreffende Befehl bzw. die zugehörige Option gerade aktiviert ist. Manche Programme zeigen die gewählte Option durch ein dem Befehl vorangestelltes Häkchen an.

Sind Ihnen schon die unterstrichenen Buchstaben in den Menünamen aufgefallen? Falls die Unterstriche bei Ihnen fehlen, drücken Sie kurz die Alt-Taste. Mit den unterstrichenen Buchstaben zeichnet Windows so genannte Tastenabkürzungen aus. In der Menüleiste bedeuten unterstrichene Buchstaben, dass das Menü durch das Drücken des Buchstabens in Kombination mit der Alt-Taste geöffnet werden kann. Um beim Rechner das Menü *Bearbeiten* per Tastatur zu öffnen, wählen Sie also zum Beispiel die Tastenkombination Alt+B. Wenn ein

Menü aufgeklappt ist, muss man nur den unterstrichenen Buchstaben auf der Tastatur tippen.

Drücken Sie die Funktionstaste [F10] in der oberen Tastenreihe, wird übrigens das erste Menü der Menüleiste ausgewählt. Über die Cursortasten [←], [→], [↑], [↓] können Sie dann per Cursorsteuerung (und ohne Maus) in den Menüs navigieren. Im Anhang finden Sie einige Hinweise zum Umgang mit der Tastatur.

Der Rechner schaltet bei Anwahl des Befehls *Wissenschaftlich* im Menü *Ansicht* zur wissenschaftlichen Darstellung um. Sie verfügen damit über einen Funktionsumfang, der weit über den der gängigen Taschenrechner hinausreicht.

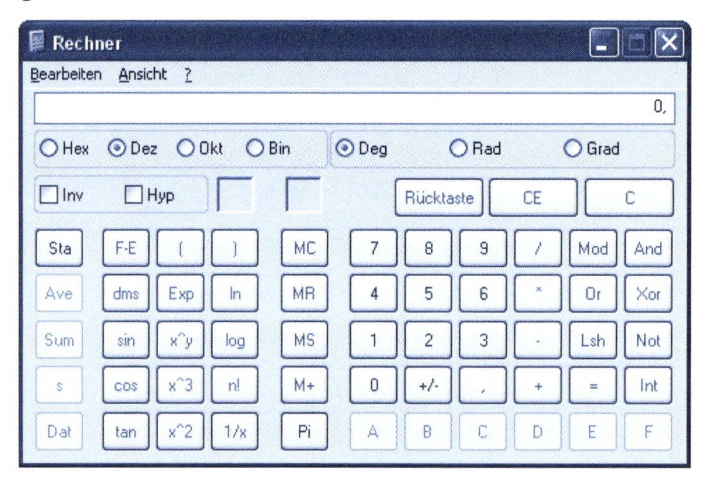

Viele der Funktionen kennen Sie, wenn Sie bereits mit einem wissenschaftlichen Taschenrechner gearbeitet haben. Und auch wenn Sie sie nicht kennen – die Windows-Programme helfen Ihnen häufig weiter. Falls Sie einmal über die Funktion einer Taste im Zweifel sind, gehen Sie folgendermaßen vor:

1 Klicken Sie mit der rechten Maustaste auf die unbekannte Schaltfläche.

2 Der Rechner blendet jetzt das Menü *Direkthilfe* in der Anzeige ein, das Sie mit der linken Maustaste anklicken.

Anschließend erscheint eine QuickInfo, in der der Rechner einen kurzen Hinweis auf die Funktion der »Taste« gibt. Ein Mausklick auf eine andere Stelle des Rechnerfensters schließt die QuickInfo wieder.

Das ist doch ganz nett, oder? Aber ich hatte Ihnen ja bereits in früheren Kapiteln versprochen, dass einige Windows-Anwendungen diese QuickInfo-Funktion bieten.

TIPP

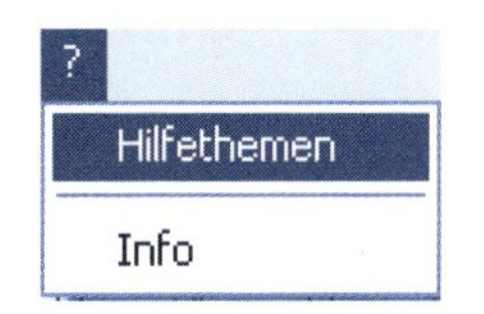

Falls Sie den Rechner intensiver nutzen möchten, sollten Sie sich der Hilfe des Programms bedienen. Hierzu öffnen Sie das Menü mit dem Fragezeichen und klicken dann auf den Befehl *Hilfethemen*.

Diese Hilfe enthält Anleitungen zur Nutzung des Rechners. Ich gehe am Ende dieses Kapitels noch detaillierter auf die Frage ein, wie sich die Programmhilfe nutzen lässt.

... und so beenden Sie den Rechner

Wenn Sie ein Programm nicht mehr benötigen, wollen Sie es sicher beenden. Ich hatte es bereits erwähnt: Viele Windows-

Programme funktionieren ähnlich. Daher kennen Sie die Schritte zum Beenden eines Programms schon. Wissen Sie noch, wie ein Fenster geschlossen wird?

Die meisten Fenster besitzen die Schaltfläche *Schließen* ☒ in der rechten Ecke der Titelleiste. Klicken Sie auf diese Schaltfläche des Fensters, wird das Fenster geschlossen und das zugehörige Programm beendet.

1 Klicken Sie in der Titelleiste des Rechners auf die Schaltfläche *Schließen*.

Windows schließt das Fenster des Rechners und beendet gleichzeitig das Programm.

HINWEIS

Viele Programme bieten Ihnen im Menü *Datei* des Programmfensters einen Befehl mit dem Namen *Beenden* oder *Schließen*, der die gleiche Funktion wie die Schaltfläche *Schließen* aufweist.

So, nun soll es aber genug sein. Wenn Sie die vorherigen Seiten gelesen haben, kennen Sie die Möglichkeiten, ein Programm zu starten und wieder zu beenden. Dabei kann eigentlich nicht viel schief gehen. Im nächsten Schritt möchte ich Ihnen zeigen, wie Sie mit mehreren Programmen gleichzeitig umgehen können.

Programme gleichzeitig nutzen

Vielleicht stellen Sie sich an dieser Stelle die Frage, was das heißen soll: Programme gleichzeitig nutzen? Soll ich mit der linken Hand einen Brief schreiben und mit der rechten Hand mit der Maus ein Bild malen? Gemach, gemach, die Aussage »Programme gleichzeitig nutzen« ist nicht sonderlich präzise. Schauen wir uns doch einmal einige typische Situationen beim Arbeiten am Computer genauer an. Sie schreiben gerade einen Brief, in dem etwas zu rechnen ist. Statt jetzt auf dem Schreibtisch einen Taschenrechner zu suchen, ließe sich die Kalkulation doch auch mit dem Windows-Rechner durchführen. Oder Sie möchten einen gerade geschriebenen Brief auf einer Diskette speichern, müssen aber vorher wissen, ob noch genügend Platz für die Daten auf der Diskette ist. In beiden Fällen ist es ganz praktisch, wenn Sie das betreffende Programm laden und per Mausklick aufrufen können. Anschließend wechseln Sie zum vorherigen Programm zurück und arbeiten weiter.

Windows ermöglicht Ihnen, mehrere Programme gleichzeitig zu laden und deren Fenster nebeneinander oder überlappend auf dem Desktop zu positionieren. Typischerweise arbeiten Sie im Programmfenster einer Anwendung. Benötigen Sie aber kurzzeitig die Funktion eines anderen Programms, klicken Sie per Maus auf das Fenster dieser Anwendung, das im Hintergrund geöffnet ist.

- Das Fenster der zuletzt genutzten Anwendung verschwindet dann, bleibt aber weiter geöffnet.
- Das angeklickte Fenster kommt dann aus dem Hintergrund nach vorne und die Titelleiste des Programms wird farblich hervorgehoben.

Sobald Sie mit der Aufgabe fertig sind, wechseln Sie auf gleiche Weise zum vorherigen Fenster zurück und setzen die unterbrochene Arbeit fort. Windows erlaubt Ihnen also, zwischen verschiedenen Programmen umzuschalten, und Sie können sogar Daten zwischen den Programmen austauschen – eine wirklich komfortable Angelegenheit. Letztendlich benutzen Sie also mehrere Programme gleichzeitig. Die hierzu benötigten Handgriffe möchte ich jetzt gemeinsam mit Ihnen an einem kleinen Beispiel üben.

1 Starten Sie wie bereits auf den vorherigen Seiten gezeigt den Windows-Rechner.

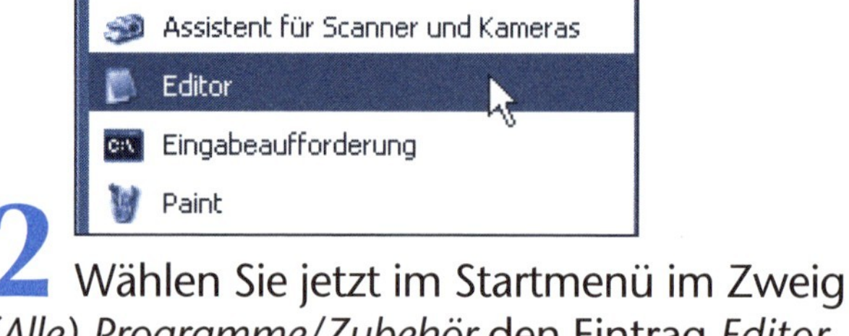

2 Wählen Sie jetzt im Startmenü im Zweig *(Alle) Programme/Zubehör* den Eintrag *Editor* (oder irgendein anderes Programm des Startmenüs).

Der Desktop enthält jetzt zwei überlappende Fenster, die zu den gestarteten Programmen gehören – den Rechner und (hier) den Windows Editor.

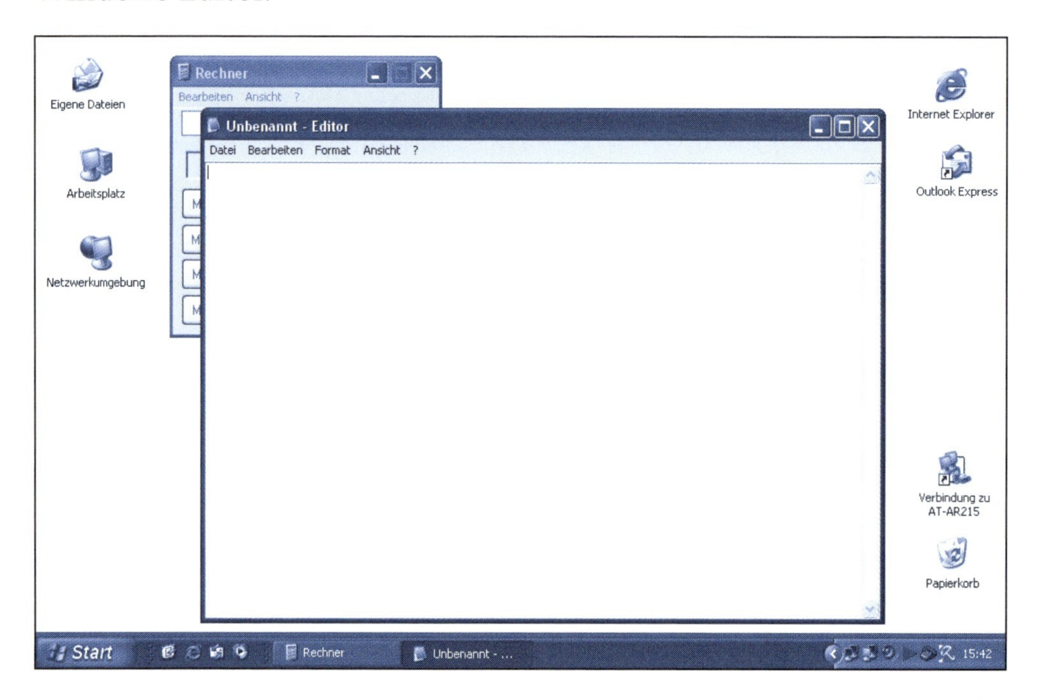

Sie können anschließend mit dem Rechner oder dem Editor arbeiten, ohne vorher das zuletzt benutzte Programm beenden zu müssen.

3 Um beispielsweise mit dem Rechner zu arbeiten, klicken Sie in der Taskleiste auf dessen Symbol.

Das Fenster des Rechners gelangt in den Vordergrund, und Sie können mit dem Programm arbeiten.

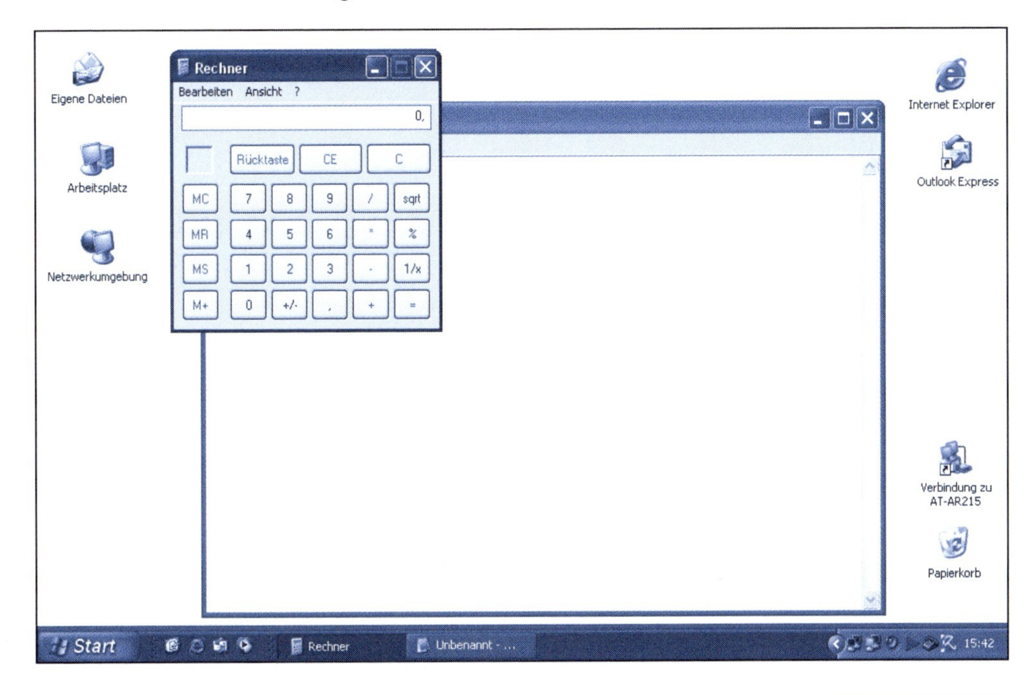

HINWEIS

Windows zeigt in der **Taskleiste** die **Symbole** der geladenen **Programme** an. Die Schaltfläche des aktiven Fensters wird dabei »eingedrückt«, also heller, dargestellt. Ein **Wechsel** zu einem anderen **Programmfenster** ist durch Anklicken der jeweiligen **Schaltfläche** in der Taskleiste jederzeit möglich. Klicken Sie dagegen auf die »eingedrückt« dargestellte Schaltfläche des aktiven Fensters, verschwindet dieses im Hintergrund und ein anderes Fenster wird im Vordergrund sichtbar. Falls bei Windows XP mehrere gleichartige Fenster zu einer Schaltfläche zusammengefasst werden, öffnen Sie das Menü über diese Schaltfläche. Anschließend klicken Sie im angezeigten Menü auf den Eintrag des gewünschten Fensters.

Hilfe gefällig?

Dieses Buch kann Ihnen nur die wichtigsten Windows-Funktionen zeigen. Vielleicht benötigen Sie aber weitere Funktionen oder arbeiten mit zusätzlichen Programmen. Oder Sie brauchen Unterstützung bei der Lösung einer Aufgabe? Bevor Sie herumraten, wie etwas funktioniert und am Ende verzweifeln: Windows und viele Programme geben Ihnen mit einer eingebauten Hilfe wichtige Hinweise und Informationen. Ich hatte dies bereits weiter oben am Beispiel des Rechners angedeutet.

Um die Hilfe zu einem bestimmten Programm **abzurufen**, wählen Sie im Programmfenster in der Menüleiste den Eintrag mit dem Fragezeichen und klicken dann auf einen Befehl wie *Hilfethemen*.

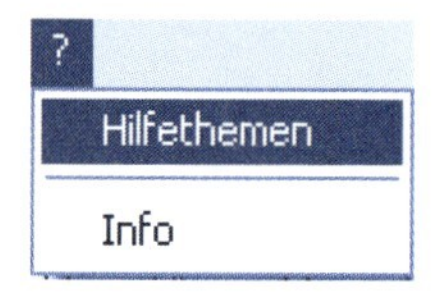

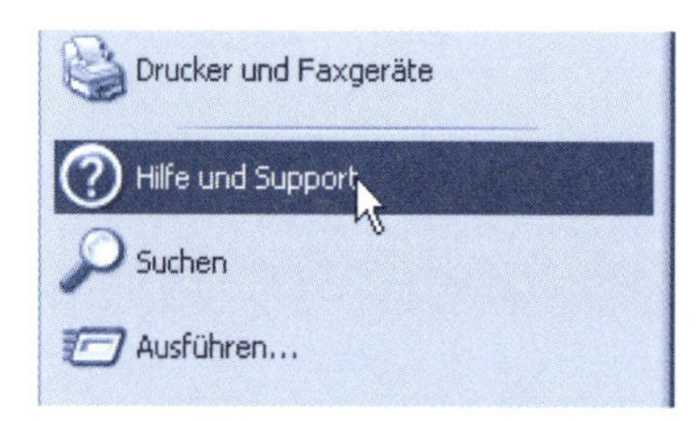

Die allgemeine **Windows-Hilfe** erreichen Sie über den Befehl *Hilfe* im Startmenü (auf die Schaltfläche *Start* und dann auf den Befehl *Hilfe* klicken). In Windows XP heißt der Befehl übrigens *Hilfe und Support*.

TIPP

Oft funktioniert es auch, wenn Sie einfach die Funktionstaste [F1] (oben links auf der Tastatur) drücken. Ist ein Fenster geöffnet, sehen Sie die Programmhilfe zum geöffneten Fenster. Wenn kein Fenster geöffnet ist, wird die Windows-Hilfe aufgerufen.

Wie Sie auch immer vorgehen, Windows öffnet jedenfalls das Fenster der Hilfe. Dieses Fenster enthält Texte mit weiterführenden Informationen zum betreffenden Programm. Der genaue Aufbau des Hilfefensters hängt von der verwendeten Windows-Version und vom verwendeten Programm ab.

Die Windows Hilfe

Der Aufbau des Windows Hilfefensters hängt etwas von der Windows-Version ab. Windows 98 verwendet noch das klassische Hilfefenster (siehe folgender Abschnitt). Bei Windows XP heißt das Fenster **Hilfe- und Supportcenter**. In Windows Millennium ist die Hilfe zum Betriebssystem im Fenster **Hilfe und Support** enthalten. Hier sehen Sie das Hilfefenster von Windows XP.

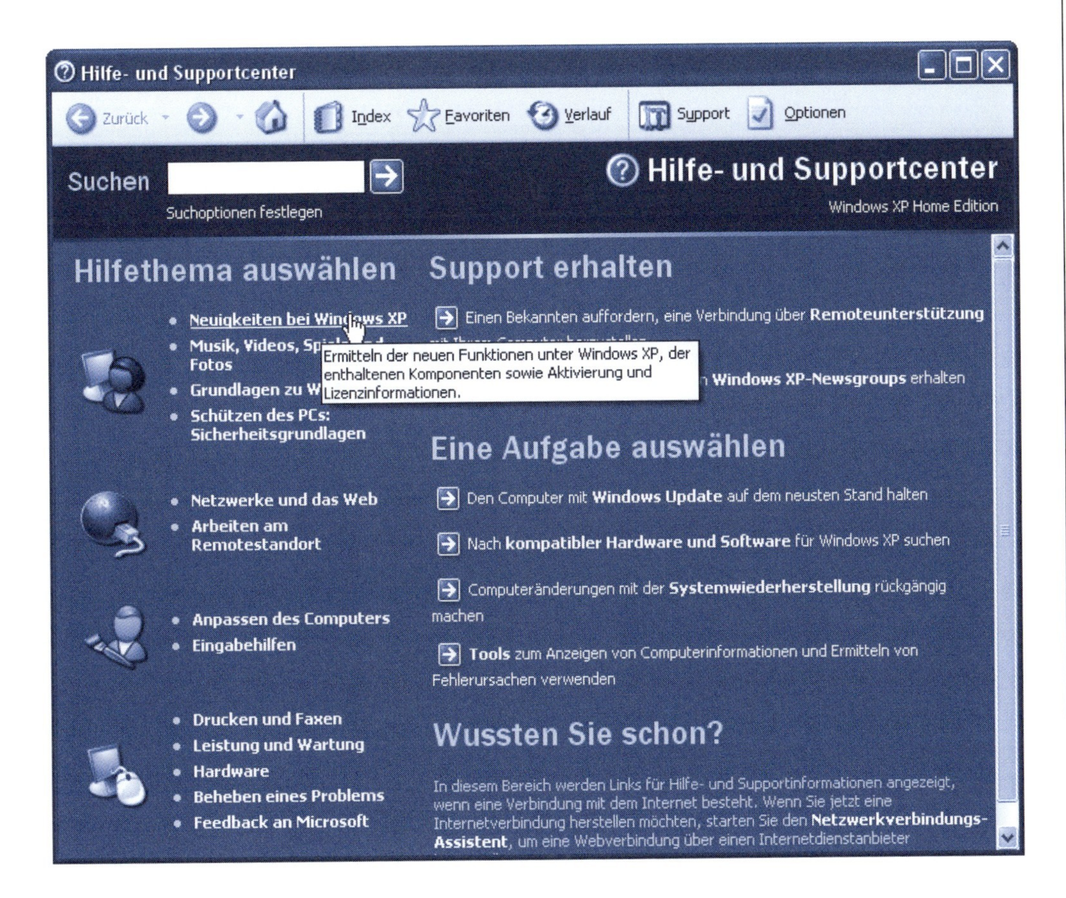

Dieses Fenster ist in beiden Betriebssystemversionen ähnlich wie eine Webseite aufgebaut. Die blau (oder weiß) unterstrichenen Textstellen sind **Hyperlinks**. Zeigen Sie mit der Maus auf einen Hyperlink, erscheint anstatt des Mauszeigers eine stilisierte Hand.

FACHWORT

Ein **Hyperlink** ist ein Verweis in einem Dokument auf ein Folgedokument. Diese Technik wird häufig in Webseiten benutzt, um das Abrufen von Dokumenten zu erleichtern. Die Verweisstellen werden meist mit blauer, weißer oder grüner Farbe und unterstrichen dargestellt. Klickt der Benutzer auf diese Verweisstelle, zeigt die Hilfe automatisch das Folgedokument bzw. die Verweisstelle im Fenster der Hilfe an.

Ein Mausklick auf einen Hyperlink reicht, um das Thema im Fenster aufzurufen.

Links oben im Fenster befinden sich zwei Schaltflächen mit je einem Pfeil nach links bzw. rechts. Über die Schaltflächen lässt sich zwischen besuchten Hilfeseiten vor- und zurückblättern.

Die Form und Bezeichnung der Schaltflächen im Hilfefenster weicht in Windows Millennium leicht ab.

In Windows XP verwenden Sie diese Schaltfläche, um zur Startseite zurückzugehen.

Möchten Sie in Windows Millennium zur Startseite mit dem Inhaltsverzeichnis zurück, klicken Sie auf dieses Symbol.

TIPP

Über Verweise mit Bezeichnungen wie »Touren und Lernprogramme« können Sie vorbereitete Einführungen in Windows abrufen. Dort lernen Sie auch den Umgang mit der Maus, mit dem Startmenü oder die Bedienung von Fenstern und Programmen. In der Windows-XP-Hilfe finden Sie die Touren unter der Rubrik »Neuigkeiten bei Windows XP«.

Sie können auch gezielt über den Index der Hilfe nach bestimmten Begriffen nachschlagen.

1 Klicken Sie im Hilfefenster auf die mit *Index* bezeichnete Schaltfläche, zeigt das Hilfefenster eine Art Stichwortverzeichnis in der linken Spalte an.

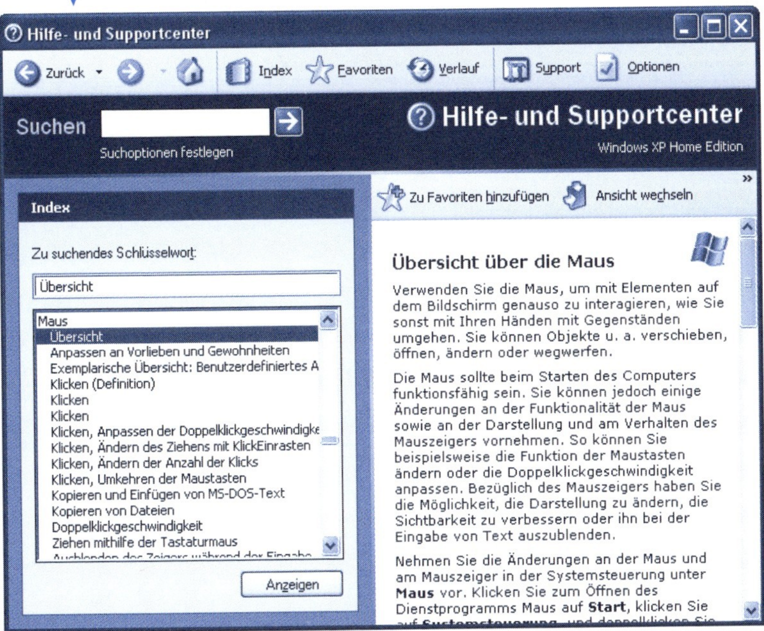

2 Tippen Sie im Textfeld *Zu suchendes Schlüsselwort* das Stichwort ein.

Bereits während der Eingabe zeigt Windows die mit dem Begriff übereinstimmenden Stichwörter in der Liste an.

3 Klicken Sie in der Liste auf den gefundenen Begriff und anschließend auf die Schaltfläche *Anzeigen*.

4 Wurden mehrere Themen gefunden, erscheint ein weiteres Dialogfeld mit der Themenliste. Klicken Sie auf das gewünschte Thema und dann auf die Schaltfläche *Anzeigen* des Dialogfelds.

Wenn alles geklappt hat, zeigt die Hilfe im rechten Teil den Text zum jeweiligen Thema an.

HINWEIS

Um eine Seite zu drucken, genügt ein Mausklick auf die Schaltfläche Drucken... . Im daraufhin angezeigten Dialogfeld *Drucken* klicken Sie auf die Schaltfläche *OK* (bzw. *Drucken*). Weitere Einzelheiten zum Drucken finden Sie in späteren Kapiteln.

Die Windows-Hilfe erlaubt Ihnen zusätzlich die Suche nach bestimmten Begriffen.

1 Öffnen Sie das Hilfefenster und klicken Sie auf das Textfeld *Suchen*.

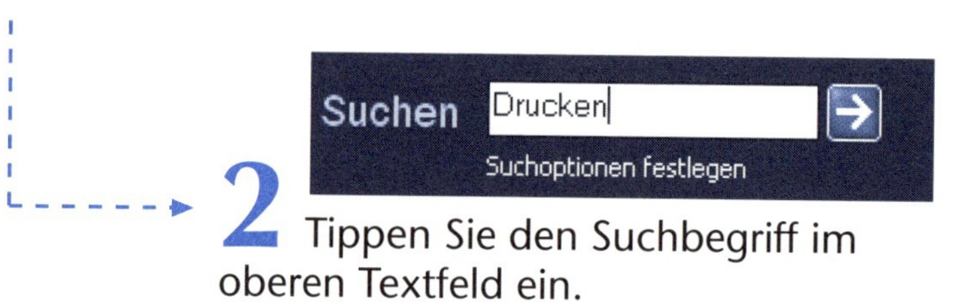

2 Tippen Sie den Suchbegriff im oberen Textfeld ein.

3 Anschließend klicken Sie auf die rechts vom Textfeld *Suchen* befindliche (grün mit weißem Pfeil oder mit *Wechseln zu* beschriftete) Schaltfläche.

Windows zeigt die zum Suchbegriff gefundenen Hilfeeinträge an.

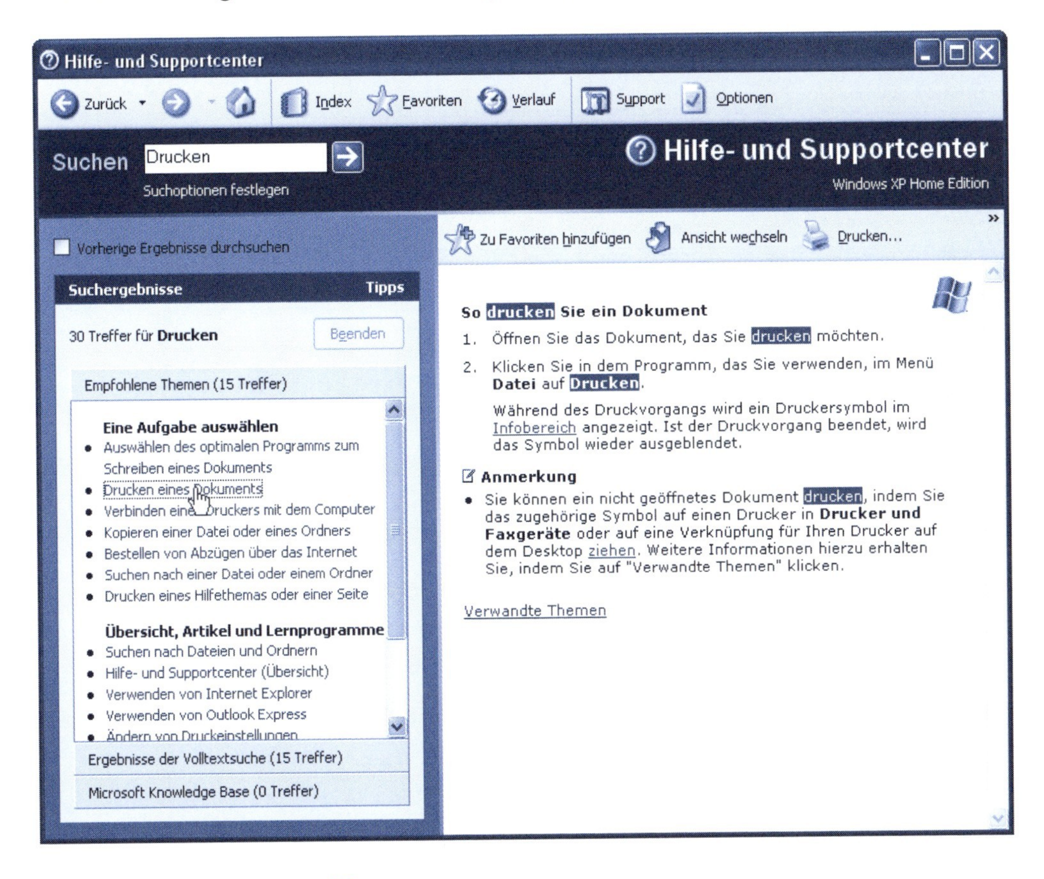

4 Klicken Sie in der linken Spalte mit den gefundenen Einträgen auf den gewünschten Begriff, um die Hilfeseite abzurufen.

Im rechten Teil des Hilfefensters werden die Erklärungen zum angefragten Begriff angezeigt. Das gefundene Stichwort wird sogar farbig hervorgehoben. Sofern Sie mit Windows XP (oder Windows Millennium) arbeiten, sollten Sie jetzt vielleicht ein wenig üben. Dann bekommen Sie sehr schnell ein Gefühl, wie sich mit dieser Funktion umgehen lässt.

So sieht die alternative Hilfe aus

Bei älteren Windows-Versionen und bei den meisten Programmen erscheint das Fenster der Hilfe in etwas abweichender Form. Im linken Teil finden sich **Registerkarten** wie *Inhalt, Index* und *Suchen,* während die eigentlichen Hilfetexte im rechten Teil des Fensters dargestellt werden.

Über diese **Registerkarten** können Sie die Hilfethemen (nach Überschriften oder Stichwörtern) abrufen.

FACHWORT

In manchen Dialogfeldern ist nicht genügend Platz, um alle Elemente anzuzeigen. Dann kommen **Registerkarten** zur Aufnahme der Elemente zum Einsatz. Diese Registerkarten lassen sich (ähnlich wie Karteikarten) »hintereinander« stapeln und über die Registerreiter abrufen.

1 Klicken Sie einmal auf die Registerkarte *Inhalt.*

Die Hilfe zeigt jetzt eine Liste mit Überschriften an, denen ein Buchsymbol vorangestellt ist.

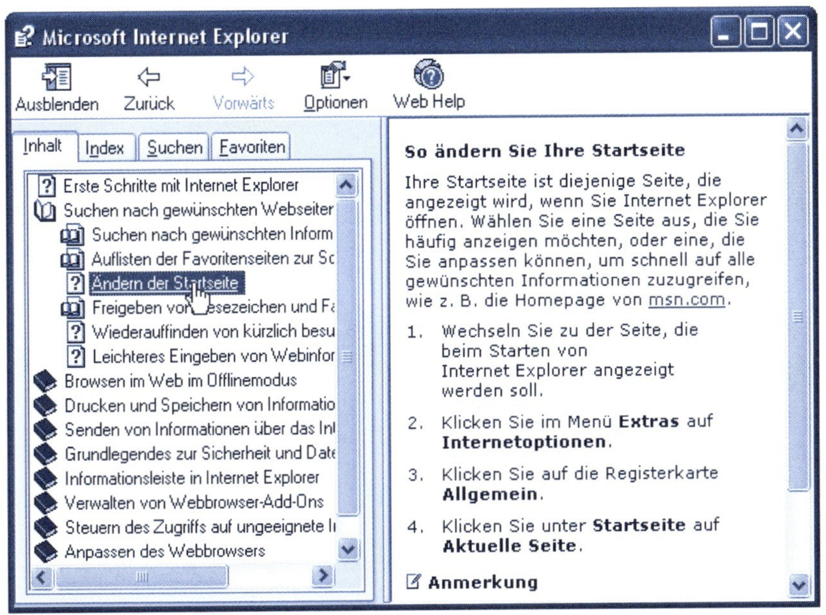

2 Doppelklicken Sie auf das Symbol eines »geschlossenen« Buchs, um die zu einem Thema untergeordnete Überschriften zu sehen.

Die Anzeige wechselt zum Symbol eines geöffneten Buches und die Unterüberschriften werden auf der Registerkarte angezeigt. Ein zweiter Doppelklick auf das betreffende Symbol schließt das Buch wieder und blendet auch die Unterüberschriften aus. Auf der untersten Überschriftenebene ist dann ein Dokumentsymbol zu sehen.

3 Ein Mausklick auf das Dokumentsymbol [?] oder den Hyperlink der Überschrift öffnet die betreffende Hilfeseite im rechten Teil des Fensters.

In der Hilfeseite können Sie wie bereits gezeigt mithilfe der Bildlaufleiste blättern und über Hyperlinks Folgedokumente abrufen.

HINWEIS

Haben Sie einen Hyperlink angeklickt bzw. mehrere Hilfeseiten abgerufen, können Sie mit den beiden Schaltflächen *Vorwärts* und *Zurück* zwischen diesen Seiten blättern.

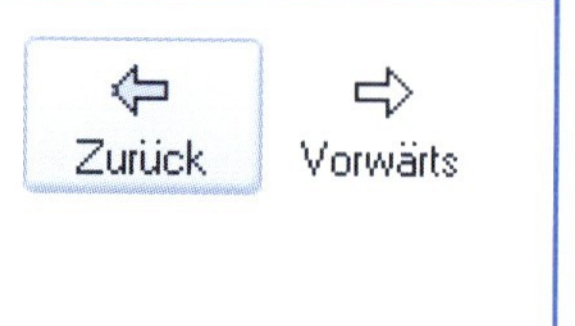

Sie können auch gezielt **in der Hilfe nach** bestimmten **Begriffen suchen**. Die Registerkarte *Index* entspricht dem Stichwortverzeichnis eines Buchs.

1 Klicken Sie auf den Reiter der Registerkarte *Index*.

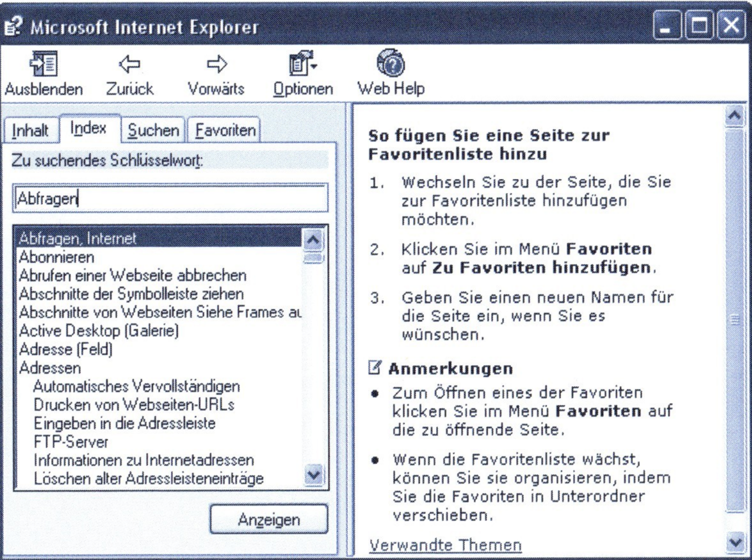

2 Klicken Sie auf das Feld *Zu suchendes Schlüsselwort* und tippen Sie den Begriff ein.

Existiert ein entsprechendes Stichwort, zeigt Windows es im unteren Teil des Fensters an.

3 Klicken Sie in der Liste auf den gefundenen Begriff und anschließend auf die Schaltfläche *Anzeigen*.

Jetzt erscheint der zugehörige Hilfetext im rechten Teil des Hilfefensters. Möchten Sie gezielt **nach im Text vorkommenden Begriffen suchen**, verwenden Sie folgende Schritte.

1 Klicken Sie im Hilfefenster auf den Registerreiter *Suchen*.

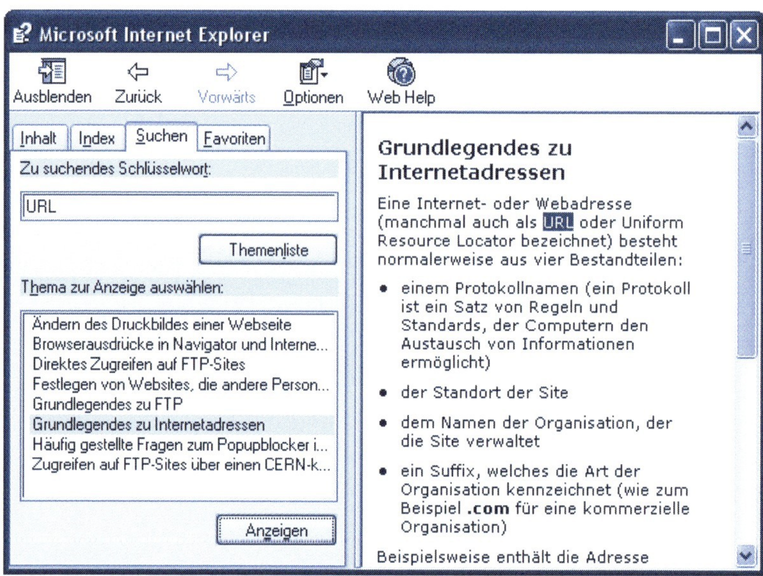

2 Tippen Sie den Suchbegriff im oberen Textfeld ein (vorher auf das Feld klicken).

3 Klicken Sie auf die Schaltfläche *Themenliste*. Die Hilfe zeigt jetzt alle Textstellen, in denen der Suchbegriff vorkommt.

4 Markieren Sie das gewünschte Thema mit einem Mausklick.

5 Klicken Sie auf die Schaltfläche *Anzeigen*.

In der rechten Fensterhälfte wird der Inhalt des Themas angezeigt.

Hilfe zu Fensterelementen

Am Beispiel des Windows-Rechners und bei den QuickInfos hatte ich Ihnen gezeigt, dass Windows Ihnen an vielen Stellen unter die Arme greift. **Mit der** so genannten **Direkthilfe können Sie** in vielen Dialogfeldern **Zusatzinformationen** zu bestimmten Elementen **abrufen**. Dies soll abschließend am Eigenschaftenfenster der Anzeige demonstriert werden.

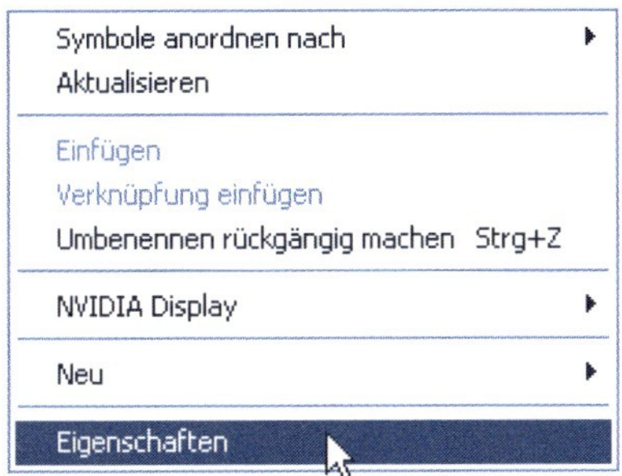

1 Klicken Sie mit der rechten Maustaste auf eine freie Stelle des Desktop und wählen Sie im Kontextmenü den Befehl *Eigenschaften*.

Windows öffnet das **Eigenschaftenfenster** mit den Optionen zum Einstellen der Anzeige.

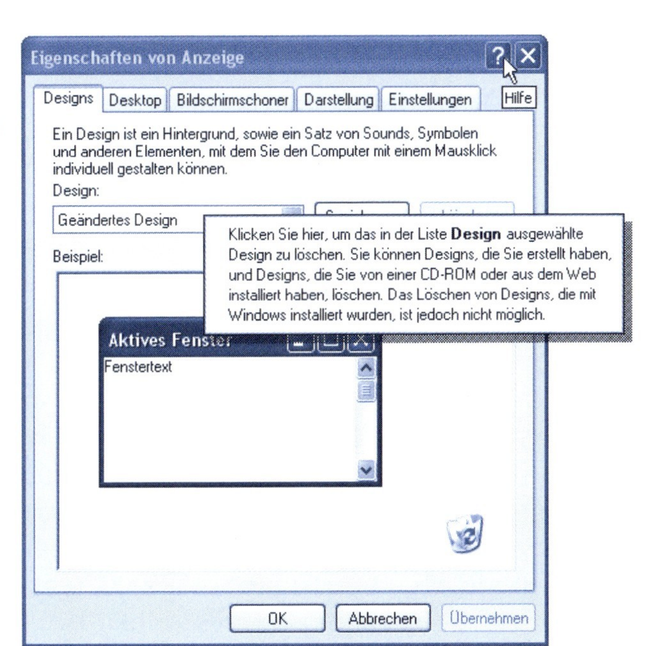

2 Klicken Sie rechts oben in der Titelleiste auf die Schaltfläche *Hilfe*.

Der Mauszeiger nimmt jetzt diese Form an ?.

3 Klicken Sie auf ein Element der Registerkarte oder des Dialogfelds.

Windows blendet dann das Fenster der Direkthilfe (als QuickInfo) mit Informationen zu dem entsprechenden Element ein.

Zum Schließen der QuickInfo klicken Sie auf eine andere Stelle des Fensters. Das Eigenschaftenfenster schließen Sie über die *OK*-Schaltfläche.

FACHWORT

Mit der rechten Maustaste lassen sich **Kontextmenüs** öffnen, in denen Windows oder die Anwendung im aktuellen Kontext passende Befehle zusammenstellt. Windows benutzt das **Eigenschaftenfenster**, um die Eigenschaften eines Objekts (hier der Anzeige) anzuzeigen bzw. vom Benutzer ändern zu lassen. Die Eigenschaften werden immer in **Registerkarten** zusammengefasst.

Zusammenfassung

Dieses Kapitel hat Ihnen die nötigen Kenntnisse zum Starten und Beenden von Programmen vermittelt. Außerdem wissen Sie, wie sich mit mehreren Programmen arbeiten und zwischen den Fenstern wechseln lässt. Mit diesen Grundlagen können Sie eigentlich alle Windows-Programme handhaben. Die Unterschiede zwischen den Windows-Anwendungen liegen auf der inhaltlichen Seite. Ein Programm zum Schreiben eines Textes muss sicherlich andere Funktionen bieten als ein Zeichenprogramm. Aus Sicht des Anwenders ist es äußerst hilfreich, wenn er weiß, dass alle Programme auf die gleiche Art gestartet und beendet werden oder dass sich die Menüs und Schaltflächen auf ähnliche Weise nutzen lassen. Das spezifische Wissen zur Bedienung spezieller Programmfunktionen (z.B. wie ich einen Text eingebe), lässt sich dann schrittweise erwerben. Notfalls konsultieren Sie die Programmhilfe. Wie das geht, haben Sie gerade gelernt. Abschließend noch ein Tipp: Manchmal bietet Windows verschiedene Möglichkeiten, eine Funktion aufzurufen. Lassen Sie sich davon nicht verwirren, verwenden Sie die Schritte, die Ihnen am besten gefallen und die Sie sich am leichtesten merken können.

Lernkontrolle

Zur Kontrolle können Sie die folgenden Fragen beantworten. Die Antworten finden Sie in Klammern darunter.

- **Wie lässt sich ein Programm starten?**
(Indem Sie den betreffenden Eintrag im Startmenü anwählen oder indem Sie z.B. auf das zugehörige Desktop-Symbol doppelklicken.)
- **Wie lässt sich ein Programm beenden?**
(Klicken Sie in der rechten oberen Fensterecke auf die Schaltfläche *Schließen* oder wählen Sie den betreffenden Befehl im Menü *Datei*.)
- **Wie lässt sich die Hilfe aufrufen?**
(In Windows wählen Sie im Startmenü den Befehl *Hilfe*. Für die einzelnen Windows-Anwendungen gibt es das Hilfemenü. Oder Sie drücken die Funktionstaste F1.)
- **Wie lässt sich ein Fenster in den Vordergrund holen?**
(Sie klicken auf das Fenster oder auf die zugehörige Schaltfläche in der Taskleiste.)
- **Was versteht man unter einem Kontextmenü?**
(Ein Menü, welches mit der rechten Maustaste geöffnet wird und dann die momentan – im Kontext – verfügbaren Befehle anzeigt.)

Dateien, Ordner und Laufwerke

In den Kapiteln 2 und 3 haben Sie die Grundlagen zum Umgang mit der Maus und zum Arbeiten mit Programmen und Fenstern erworben. In Kapitel 5 lernen Sie dann, wie sich in Windows bestimmte Arbeiten wie das Schreiben eines Briefes, das Erstellen einer Grafik, das Drucken etc. erledigen lassen. Wenn Sie Ihre mit Windows-Programmen erstellten Dokumente wie Briefe und Bilder für eine spätere Verwendung aufheben möchten, müssen Sie diese speichern. Dabei entstehen die so genannten Dateien. In diesem Kapitel möchte ich Ihnen zeigen, was es mit Dateien auf sich hat und wo diese gespeichert werden. Nach der Lektüre wissen Sie, was Dateien sind, welche Laufwerke es gibt und wozu man Ordner braucht. Außerdem können Sie mit Dateien, dem Papierkorb und einigen weiteren Funktionen umgehen – alles Dinge, die beim Arbeiten mit Windows nützlich oder notwendig sind.

Das lernen Sie in diesem Kapitel

4

- Was sind Ordner und Dateien?
- Laufwerke – das sollten Sie wissen
- Dateien und Ordner anzeigen
- Arbeiten mit Dateien und Ordnern

Was sind Ordner und Dateien?

Wenn Sie mit Windows arbeiten, stoßen Sie früher oder später auf die beiden Begriffe Ordner und Dateien. Dahinter steckt eigentlich nichts Kompliziertes. Lassen Sie uns die Sache Schritt für Schritt durchgehen. Falls Sie Ordner und Dateien bereits kennen, können Sie den Lernschritt einfach überspringen.

Dateien – das sollten Sie wissen

Sobald Sie ein Programm benutzen, um einen Brief zu schreiben, ein Bild zu erstellen etc., fallen Daten an. Oft möchte man diese Daten für eine spätere Verwendung aufheben. Nehmen wir als Beispiel einen Brief. Vielleicht haben Sie ja einen persönlichen Briefbogen entworfen und wollen ihn aufheben, um ihn im Bedarfsfall mit einem neuen Brieftext zu ergänzen. Dann sparen Sie es sich, jedes Mal den ganzen Text einzutippen. Bei Computern bezeichnet man dieses »Aufheben« als **Speichern**. Das Speichern erfolgt (meist) auf der Festplatte oder auf Disketten.

Um die Daten später wiederzufinden, werden sie unter einem eindeutigen Namen in so genannten **Dateien** auf der Festplatte des Computers oder auf Diskette abgelegt. Eine Datei können Sie sich als eine Art Container vorstellen, in den ein Brief, ein Bild, eine Kalkulationstabelle, ein Programm etc. gelegt wurde. Der Name der Datei erlaubt dem Computer und letztlich auch Ihnen, die betreffende Datei wiederzufinden.

HINWEIS

Regeln für Dateinamen

Die **Namen** für Dateien müssen in Windows bestimmten Regeln genügen. Sie dürfen die Buchstaben A bis Z und a bis z, die Ziffern 0 bis 9, das Leerzeichen und verschiedene andere Zeichen verwenden. Nicht zulässig sind jedenfalls die Zeichen " / \ | < > : ? * im Dateinamen – diese besitzen für den Computer eine besondere Bedeutung. Groß- und Kleinschreibung wird nicht unterschieden.

Ein gültiger Name wäre also *Brief an Müller*. Der Name darf bis zu 250 Zeichen lang sein. Um sich unnötige Tipparbeit zu ersparen, sollten Sie Dateinamen aber auf ca. 20 Zeichen begrenzen.

Die meisten Dateien gehören darüber hinaus zu einem bestimmten **Dateityp**, der beim Erstellen der Datei automatisch festgelegt wird. Der Dateityp signalisiert Windows, mit welchem Programm eine Datei erstellt oder bearbeitet wird und welches Symbol die Datei in der Darstellung erhält.

HINWEIS

Der **Dateityp** einer Datei wird über die **Dateinamenerweiterung** festgelegt. Diese Erweiterung des Dateinamens besteht aus einem Punkt, gefolgt von meist drei Buchstaben (z.B. .txt, .bmp, .exe, .doc, .bat, .doc etc.). Wenn Sie einen Brief speichern, sorgt das betreffende Programm meist selbst dafür, dass die richtige Dateinamenerweiterung an den Namen angehängt wird. Sie dürfen den Dateinamen und die Erweiterung übrigens mit Groß- und Kleinbuchstaben schreiben. Windows macht zwischen den beiden keinen Unterschied, d.h., die Namen »Brief an Müller.DOC« und »brief an müller.doc« werden in Windows gleich behandelt.

Standardmäßig unterdrückt Windows die Dateinamenerweiterungen in der Ordneranzeige. Im Anhang A lernen Sie aber, wie Sie diese Darstellung einrichten können. Ob Sie das nutzen, hängt ganz von Ihnen ab. Meine Systeme sind so eingestellt, dass die Dateinamenerweiterung angezeigt wird. Sie werden diese Erweiterungen daher auch in den Abbildungen dieses Buchs finden.

Dateitypen sind ganz praktisch, da Sie sowohl am Symbol als auch an der Dateinamenerweiterung erkennen, ob eine Datei einen Text, eine Grafik, ein Programm oder etwas anderes enthält. Das Symbol eines stilisierten Schreibblocks und die Erweiterung *.txt* stehen für Dateien, die einfache Texte enthalten. Solche Dateien können Sie zum Beispiel mit dem Windows-Programm *Editor* erstellen. Dateien mit der Erweiterung *.doc* enthalten ebenfalls Texte, die aber zusätzlich Bilder oder speziell formatierte Wörter bzw. Buchstaben (fett, kursiv etc.) enthalten können. Solche Dateien werden mit dem Windows-Programm *WordPad* (siehe Kapitel 5) oder mit Microsoft Word erstellt. Eine Grafikdatei mit der Dateinamenerweiterung *.bmp* wird meist mit einem stilisierten Pinsel dargestellt. Diese Dateien lassen sich mit dem Windows-Programm *Paint* erstellen und bearbeiten (siehe Kapitel 5). Dateien mit der Erweiterung *.xls* enthalten z.B. Kalkulationstabellen und lassen sich durch das Programm *Microsoft Excel* bearbeiten. Besitzt die Datei die Dateinamenerweiterung *.htm* oder *.html* und wird sie als Blatt mit einem stilisierten e dargestellt? Dann handelt es sich um eine gespeicherte Webseite, die sich mit dem Internet Explorer anzeigen lässt (siehe Kapitel 7).

Hier sehen Sie einige Beispiele für Dateien mit unterschiedlichen Symbolen (wobei die Dateinamenerweiterungen im Dateinamen mit eingeblendet sind).

Die Erweiterung *.exe* (z.B. in *Explorer.exe*) steht für Programmdateien. Bei älteren Programmen für MS-DOS wird nur das Symbol eines stilisierten Fensters gezeigt, während Windows-Programme eigene Symbole (Computer, Taschenrechner etc.) besitzen. Es gibt noch viele andere Symbole für Dateien, die allerdings von den Dateierweiterungen und den unter Windows installierten Programmen abhängen. Wenn Sie demnächst mit Ordnerfenstern arbeiten, werden Ihnen sicherlich diese Symbole begegnen.

Wozu dienen Ordner?

Der zweite Begriff, der Ihnen im Zusammenhang mit Dateien unterkommen wird, lautet **Ordner**. Aber was sind eigentlich Ordner und wozu werden sie gebraucht? Die Antwort fällt kurz aus und ist sofort zu verstehen: Ein Ordner nimmt alle Dokumente (sprich Dateien) auf, die zusammengehören. So ähnlich arbeitet man ja auch im Büro: Um eine Zettelwirtschaft zu vermeiden und Dokumente schneller auffinden zu können, werden Briefe und Dokumente in Ordnern abgelegt.

Um auf dem Computer einen Brief nicht aus mehreren tausend Dateien heraussuchen zu müssen, können Sie diese in Ordnern speichern, die Sie auf der Festplatte angelegt haben. Wenn Sie sich beispielsweise einen Ordner *Private Briefe* angelegt haben, in dem Sie Ihre sämtlichen Briefdateien abspeichern, finden Sie diese ganz leicht wieder.

Dabei ist Windows sehr flexibel: Ein Ordner kann nicht nur Dateien, sondern auch Unterordner enthalten. Sie könnten also einen Ordner *Briefe* anlegen, der seinerseits wieder die Unterordner *Privat, Geschäftlich, Rechnungen* etc. enthält. Dateien, die thematisch zusammengehören, legen Sie dann in den betreffenden **Ordnern** bzw. Unterordnern ab.

FACHWORT

Wenn Sie mit Ordnern und Unterordnern arbeiten, müssen Sie häufig die genaue Lage des Ordners, in dem die Datei liegt, angeben. Dies erfolgt üblicherweise durch Aneinanderreihung der Ordnernamen, wobei die Namen durch einen Schrägstrich \ (auch als Backslash bezeichnet – sprich »Bäcksläsch«) zu trennen sind. Die Angabe *\Briefe\Privat* legt eindeutig fest, welcher Ordner in der Hierarchie gemeint ist. Da dies eine Art Wegbeschreibung darstellt, wird dafür auch der Begriff **Pfad** benutzt.

Ordner werden ähnlich wie Dateien mit einem **Namen** (und einem festen Ordnersymbol) versehen. Für die Vergabe des Ordnernamens gelten die gleichen Regeln wie für die Dateinamen. Allerdings entfällt bei Ordnern in der Regel die bei Dateien verwendete Erweiterung. Ordner werden gelegentlich auch als **Verzeichnisse** bezeichnet.

ACHTUNG

Dateien und Ordner müssen mit einem eindeutigen Namen versehen werden. Sie können in einem Ordner keine zwei Ordner oder Dateien mit identischem Namen ablegen. Eine Datei darf jedoch unter ihrem (gleichen) Namen in unterschiedlichen Ordnern gespeichert werden.

In Windows werden Ihnen Ordner auf Schritt und Tritt begegnen. Fast auf jedem Speichermedium (Festplatte, CD/DVD etc.) befinden sich Ordner. Windows stellt Ihnen dabei bereits den Ordner *Eigene Dateien* zur Speicherung eigener Dokumente auf der Festplatte bereit. Zur Speicherung von Fotos, Musik oder Videos finden Sie in *Eigene Dateien* die Unterordner *Eigene Bilder, Eigene Musik* und ggf. *Eigene Videos*. Sie können in *Eigene Dateien, Eigene Bilder* etc. weitere Unterordner anlegen, um die Ablage der Dokumente oder Dateien zu organisieren.

Hier sehen Sie das Fenster mit dem Inhalt des Ordners *Eigene Dateien*, der Ihnen zur Ablage der Dateien dienen kann. Dieses Ordnerfenster können Sie beispielsweise durch einen Doppelklick auf das betreffende Desktop-Symbol (bzw. in Windows XP über das Startmenü) öffnen.

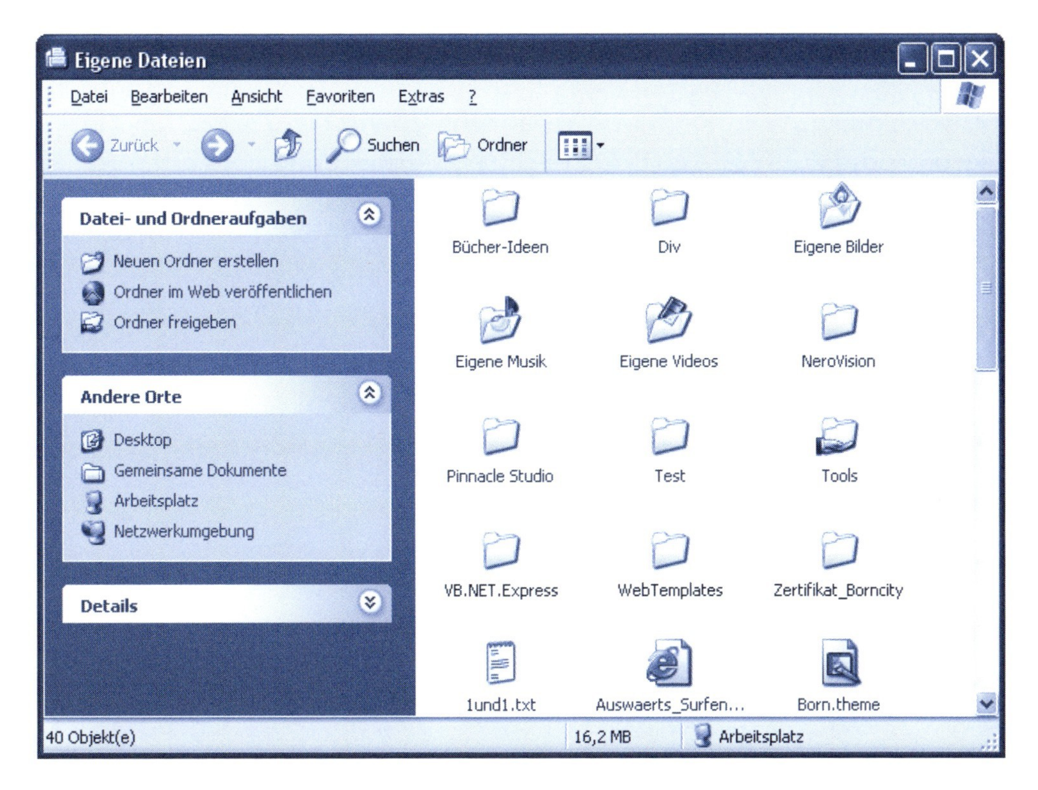

Sie erkennen darin Ordnersymbole (*Eigene Bilder* etc.) sowie verschiedene Dateien. Alle Ordner werden in den Windows-Fenstern durch ein stilisiertes Ordnersymbol dargestellt. Dies ermöglicht Ihnen, Dateien und Ordner zu unterscheiden.

Welche Kriterien Sie zur Zuordnung der Dateien zu bestimmten Ordnern verwenden, bleibt Ihnen überlassen. Es ist aber sinnvoll, die Ablage für Dateien nach bestimmten Gesichtspunkten zu organisieren (z.B. kommen alle Briefe in einen Ordner *Briefe*, alle Rechnungen in einen zweiten Ordner *Rechnungen* und so weiter).

Laufwerke – das sollten Sie wissen

Zum Speichern von Dateien und Ordnern werden Disketten, Festplatten oder CD-ROMs/DVDs benutzt. Öffnen Sie beispielsweise das Fenster *Arbeitsplatz* (indem Sie z.B. auf das Desktop-Symbol doppelklicken), zeigt Windows die auf dem Computer für diese Medien verfügbaren Laufwerke. Die verschiedenen Laufwerke sind dabei jeweils durch einen Namen und ein Symbol gekennzeichnet.

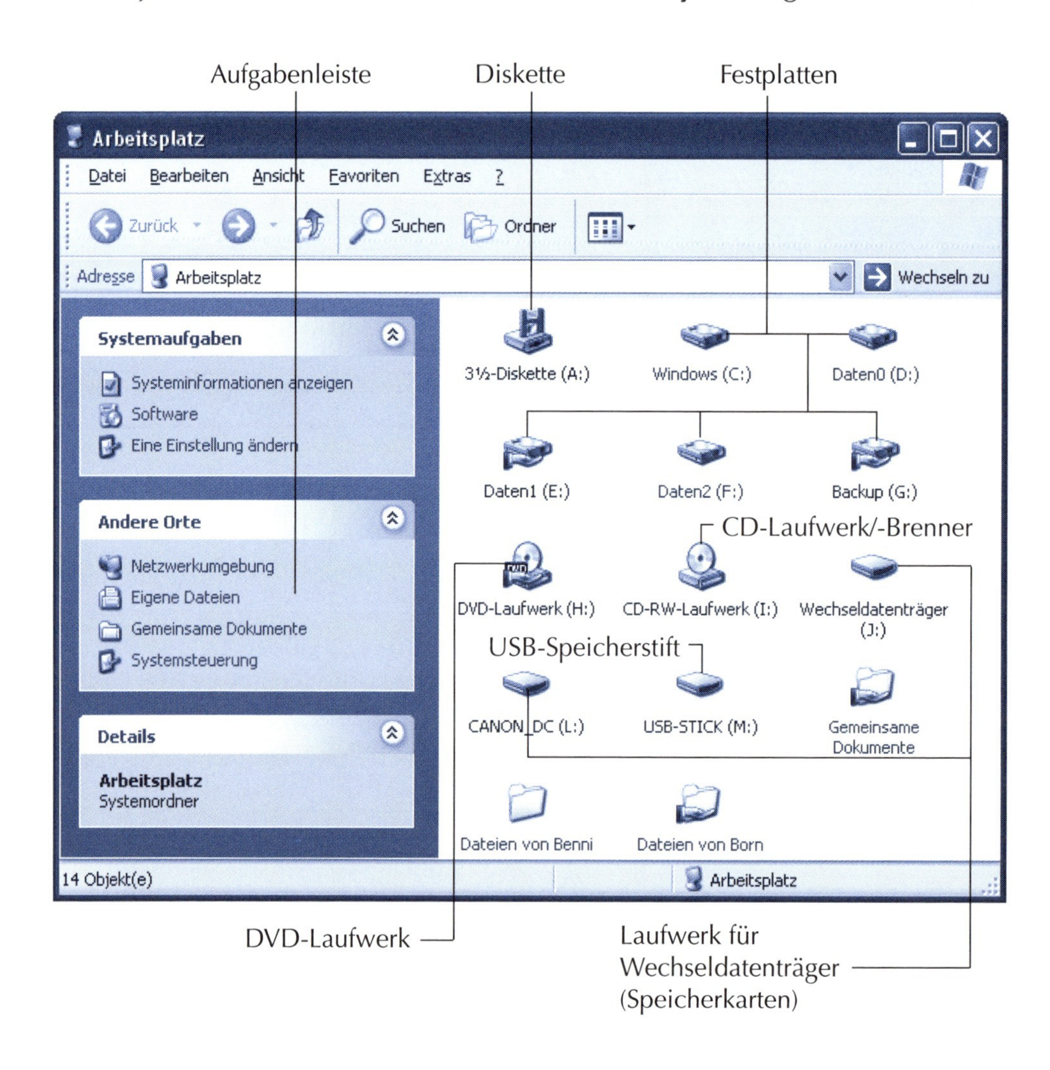

Der genaue Inhalt des Ordnerfensters hängt etwas von der Windows-Version sowie von der Laufwerksausstattung des Computers ab. In Windows XP enthalten die Ordnerfenster beispielsweise in der linken Spalte die hier gezeigte **Aufgabenleiste**. Sie finden dort Hyperlinks, über die Sie die aktuell verfügbaren Befehle abrufen können. Ältere Windows-Versionen zeigen dagegen in der linken Spalte Informationen über angeklickte (d.h. markierte) Elemente (Laufwerke, Ordner etc.) an. Im rechten Teil des Ordnerfensters erscheinen aber in allen Windows-Versionen die Symbole der im Computer gefundenen Laufwerke. Die für die einzelnen Laufwerke angezeigten Symbole geben Ihnen einen Hinweis auf die verschiedenen Laufwerkstypen. Besitzt Ihr Computer noch ein Diskettenlaufwerk, zeigen ein stilisiertes Symbol sowie der Symboltitel das Diskettenformat (z.B. 3,5-Zoll-Disketten) an. CD- und DVD-Laufwerke bzw. -Brenner sind an dem stilisierten CD-Symbol erkennbar, während der Symboltitel (z.B. *DVD-Laufwerk*) den genauen Laufwerkstyp angibt. Ist der Rechner mit einem Lesegerät für Speicherkarten von Digitalkameras ausgestattet oder benutzen Sie USB-Speicherstifte etc., tauchen die Symbole für Wechseldatenträger im Ordnerfenster auf.

HINWEIS

Manchmal werden Laufwerke, Ordner oder Drucker mit einer stilisierten Hand in der linken unteren Ecke dargestellt. Diese Hand signalisiert, dass die Einheit in einem Netzwerk freigegeben ist. Dann können Benutzer anderer Computer im Netzwerk auf diese Einheit zugreifen.

Zum Abschluss bleibt noch die Frage: **Welche Bezeichnungen haben Laufwerke?** Sobald Sie das Fenster *Arbeitsplatz* öffnen, sehen Sie die Symbole der auf dem Computer verfügbaren Laufwerke samt deren Bezeichnung. Diese Bezeichnungen können computerspezifisch ausfallen (z.B. *Windows (C:)*, *Daten0 (D:)* etc.). Der in Klammern stehende Teil des Titels gibt die fortlaufende Laufwerksnummer an. Windows nummeriert die Laufwerke nach einem einfachen Schema:

- Die **Laufwerke** werden mit Buchstaben **von A bis Z** durchnummeriert und mit einem Doppelpunkt abgeschlossen. Sie können diese Buchstaben im Fenster *Arbeitsplatz* erkennen.
- Das **Diskettenlaufwerk** wird meist als erstes Laufwerk erkannt und folglich mit dem Buchstaben **A:** benannt. Ist ein **zweites Diskettenlaufwerk** vorhanden, erhält dieses den Buchstaben **B:**.
- Die **erste Festplatte** wird mit dem Buchstaben **C:** versehen. Existieren **weitere Laufwerke**, nummeriert Windows diese fortlaufend mit den Buchstaben **D:**, **E:**, **F:** etc. Zuerst kommen alle **Festplatten**, dann vorhandene **CD-/DVD-Laufwerke** (bzw. -Brenner) und schließlich **Wechseldatenträger** bzw. **Speicherkartenleser**.

  Laufwerke, die sich per Kabel an den Computer anschließen lassen (USB-Speicherstifte, Speicherkartenleser), erhalten erst beim Anschalten einen Laufwerksbuchstaben zugewiesen.

Laufwerke für Wechseldatenträger

Computer sind in der Regel mit Laufwerken für wechselbare Speichermedien (Disketten zum Speichern von Dokumenten oder Speicherkarten von Digitalkameras) ausgestattet. Die Medien lassen sich aus dem Laufwerk entnehmen, in einem Archiv aufbewahren, an Dritte weitergeben oder in einem anderen Computer einlesen.

Manche Computer enthalten noch 3,5-Zoll-Diskettenlaufwerke. Zum Einlegen der Diskette fassen Sie diese am Papieraufkleber an und schieben sie gemäß nebenstehendem Bild (Metallschieber vorne, Papieraufkleber oben) bis zum Einrasten in das Laufwerk ein. Zum Entnehmen der Diskette drücken Sie die am Laufwerk befindliche Auswurftaste.

Disketten bestehen aus einer stabilen Plastikhülle und besitzen einen Papieraufkleber (auch als Label bezeichnet) zur Beschriftung. Ein Metallschieber am unteren Rand schützt die Magnetschicht zur Datenspeicherung vor Staub, Schmutz und Fingerabdrücken. Eine in der rechten oberen Ecke befindliche und durch einen Schieber verschließbare kleine rechteckige Öffnung dient als Schreibschutz. Wird diese Öffnung durch den Schieber versperrt, lassen sich Dateien auf die Diskette kopieren. Durch Öffnen der Aussparung lässt sich die Diskette **vor dem Überschreiben schützen**. Eine Diskette kann meist nur 1,44-Mbyte an Daten speichern, was zwar für Texte, aber kaum für Fotos oder größere Dokumente reicht.

HINWEIS

Verwahren Sie die Wechseldatenträger nach dem Herausnehmen aus dem Laufwerk in einer Aufbewahrungsbox. Die Medien dürfen weder Staub, Flüssigkeiten, grellem Sonnenlicht oder Hitze (und bei magnetischen Datenträgern wie Disketten auch keinen Magnetfeldern wie sie neben Telefonen, Monitoren oder Lautsprechern auftreten) ausgesetzt werden, da dies zu Datenverlusten führen kann. Solange die Leuchtanzeige am Laufwerk das Schreiben oder Lesen von Daten signalisiert, sollten Sie Wechseldatenträger (Diskette, Speicherkarte) nicht entnehmen. Sonst können Daten verloren gehen.

Moderne Computer sind häufig mit Laufwerken ausgestattet, mit denen sich die in Digitalkameras benutzten Speicherkarten auslesen lassen.

Es sind aber auch, wie hier gezeigt, externe Laufwerke verwendbar. Hier wird eine CompactFlash-Speicherkarte (mit dem Label nach oben, Kontaktleiste voran) in den Schlitz des betreffenden Laufwerks bis zum Einrasten eingeschoben. Enthält das Laufwerk eine Auswurftaste, müssen Sie diese zum Entnehmen des Mediums drücken.

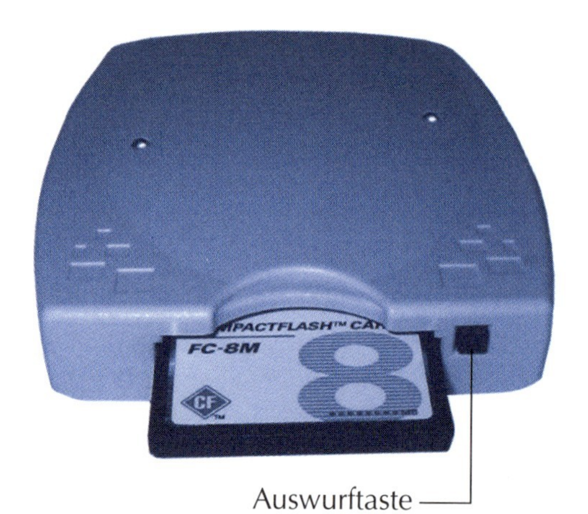

HINWEIS

Zum Sichern und zum Transport von Daten zwischen Computern kommen auch so genannte **USB-Memory-Sticks** mit 128, 256 Mbyte oder mehr Speicherkapazität zum Einsatz.

Es handelt sich um spezielle Speicher, die in eine USB-Anschlussbuchse des Computers eingesteckt und in Windows als externes Wechseldatenträgerlaufwerk angezeigt werden.

Arbeiten mit CDs und DVDs

Um große Datenmengen (Programme, Fotos, Musik, Videos) zu speichern und weiterzugeben, werden CD-ROMs (kurz CDs genannt) sowie DVDs benutzt. Dies sind kleine aus Kunststoff hergestellte Silberscheiben, denen Daten mittels einer speziellen Beschichtung aufgebracht werden. CD-ROMs besitzen typischerweise eine Speicherkapazität von 650 Mbyte, was dem Inhalt von ca. 445 Disketten (oder 74 Minuten Musik) entspricht. Spezielle CDs fassen bis zu 800 Mbyte Daten (oder 90 Minuten Musik). Für größere Datenmengen verwendet man DVDs, die Speicherkapazitäten von 4,7 Gbyte (ca. 4 Stunden Video), 8,5 Gbyte und mehr besitzen. Auch wenn sich die Daten einer CD oder DVD nur lesen, aber nicht mehr verändern lassen, sind diese Medien eine ideale Basis, um Musik, Programme oder Daten zu verteilen. Vielfach liegen daher Zeitschriften solche Medien mit Softwareproben oder Filmen bei.

HINWEIS

Die Oberseite einer CD/DVD ist meist vom Hersteller bedruckt, während die silbern, golden oder blau schimmernde Unterseite zum Ablesen der Daten benutzt wird. Achten Sie darauf, dass diese Unterseite frei von Schmutz, Fingerabdrücken oder Kratzern bleibt. Fassen Sie die CD/DVD immer am Rand an, um Fettflecke zu vermeiden und legen Sie nicht mehr benutzte Medien in die Schutzhülle zurück. Falls Sie diese Hinweise nicht beachten, besteht die Gefahr, dass sich die CD/DVD nicht mehr abspielen lässt.

Um selbst Daten (Fotos, Dokumente, Videos) vom Computer auf CDs oder DVDs speichern zu können, benötigen Sie einen **CD-** bzw. **DVD-Brenner** sowie ein so genanntes **Brennprogramm**. Den Vorgang des Speicherns der Daten auf spezielle **Rohlinge** wird als »brennen« bezeichnet. Dabei wird noch zwischen einmal (CD-R, DVD-R, DVD+R, DVD+R DL, DVD-R DL) und mehrfach beschreibbaren Rohlingen (CD-RW, DVD-RW, DVD+RW) unterschieden. Das Kürzel »RW« (steht für »Read/Write) im Rohlingstyp signalisiert, dass es sich um ein mehrfach (ca. 1 000 Mal) beschreibbares Medium handelt. Bei DVD-Rohlingen gibt das Plus- oder Minuszeichen im Namen das DVD-Format an, während das Kürzel »DL« für »Double Layer« (Rohlinge mit doppelter Speicherkapazität, d.h. 8,5 Gbyte) steht. Wichtig beim Brennen ist, dass der Brenner die jeweiligen Rohlinge auch unterstützt.

Die neueste Entwicklung sind unter den Kürzeln Blue-ray-Disk (BD) und HD-DVD angebotene Speichermedien. Diese bieten 25 bzw. 18 Gbyte Speicherkapazität, erfordern aber spezielle DVD-Laufwerke zum Lesen bzw. Brennen.

Moderne Computer sind mindestens mit einem **CD-** oder **DVD-Laufwerk**, oft sogar mit einem **CD-** oder einem **DVD-Brenner** ausgestattet. Bevor Sie vor den vielen unterschiedlichen Laufwerkstypen kapitulieren, hier einige kurze Erläuterungen:

- Mit einem normalen **CD-ROM-Laufwerk** lassen sich Daten-CDs (sie enthalten Programme, Bilder oder andere Daten), Video-CDs (mit Filmen) und Audio-CDs (mit Musik) abspielen.
- Um DVDs mit Daten oder Filmen zu lesen bzw. abzuspielen, benötigen Sie ein **DVD-Laufwerk**. Dieses kann auch CDs mit Daten, Musik und Videos lesen.
- Ein CD-**Brenner** kann CDs lesen sowie CD-Rs und meist auch CD-RWs brennen. Ein **DVD-Brenner** liest CDs und DVDs, kann aber auch CD-Rs, CD-RWs und die für den Brenner spezifizierten DVD-Formate (DVD+R/RW, DVD+R/RW etc.) beschreiben.

Um die Daten einer CD bzw. DVD ansehen oder Musik oder Videos abspielen zu können, müssen Sie das Medium in das Laufwerk legen.

Die im Computer eingebauten CD-ROM- oder DVD-Laufwerke besitzen an der Frontseite eine Taste zum Auswerfen und Einfahren einer Schublade. Drücken Sie auf die Taste, wird die Schublade nach kurzer Zeit ausgefahren.

Auswurftaste

Sie können anschließend eine eingelegte CD/DVD herausnehmen. Beim Einlegen einer CD/DVD in die Schublade kommt die spiegelnde Seite nach unten, die beschriftete Seite sollte von oben sichtbar sein. Anschließend drücken Sie erneut die Auswurftaste an der Frontseite des Laufwerks, um die Schublade wieder einzufahren.

TIPP

Beim Einlegen einer CD/DVD versucht Windows sofort, deren Inhalt zu lesen (erkennbar am Blinken der Anzeige an der Frontseite des Laufwerks). Manchmal wird dann automatisch ein Programm gestartet. Den Programmstart können Sie verhindern, indem Sie nach dem Einfahren der CD/DVD die ⇧-Taste auf der Tastatur für einige Sekunden gedrückt halten. Solange die Anzeige des Laufwerks blinkt, lässt sich die Schublade nicht mehr ausfahren (oder sie wird sofort wieder eingefahren). Warten Sie, bis der Computer nicht mehr auf das Laufwerk zugreift, und drücken Sie dann kurz die Auswurftaste.

Dateien und Ordner anzeigen

Dateien und Ordner werden auf Datenträgern (also Disketten, DVDs, CD-ROMs, Festplatten) gespeichert. Windows bietet verschiedene Möglichkeiten, den Inhalt von Datenträgern anzuzeigen. Am einfachsten ist es, das Ordnerfenster *Arbeitsplatz* zur Anzeige zu nutzen. Dies möchte ich jetzt an einigen Beispielen demonstrieren.

Arbeitsplatz

1 Öffnen Sie das Ordnerfenster z.B. durch einen Doppelklick auf das Desktop-Symbol *Arbeitsplatz* bzw. in Windows XP über das Startmenü.

Im Ordnerfenster sehen Sie die bereits erwähnten Symbole der Laufwerke, die auf Ihrem Computer zu finden sind.

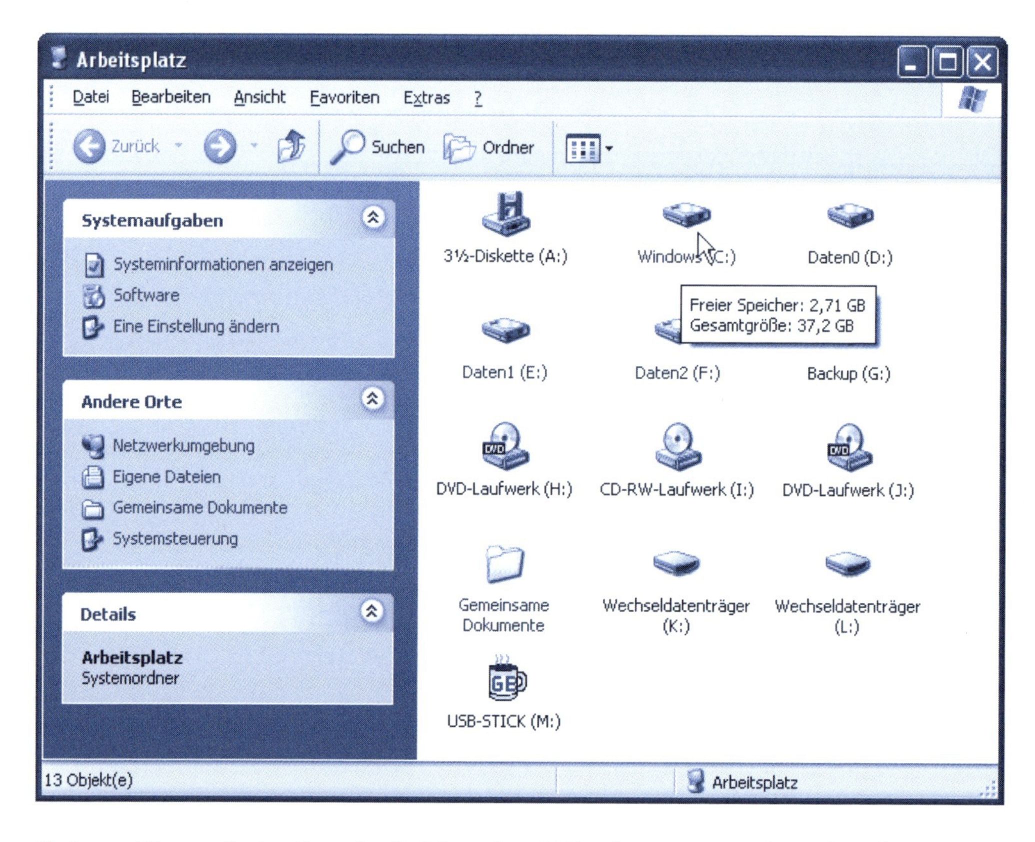

Zeigen Sie auf ein Symbol, blendet Windows eine QuickInfo mit Informationen zur Kapazität des Laufwerks und zum freien Speicher ein.

2 Doppelklicken Sie auf das Laufwerk, dessen Inhalt Sie sehen möchten.

Jetzt öffnet Windows das Fenster mit der Anzeige des Laufwerkinhalts. In diesem Fenster sehen Sie die Symbole der auf diesem Laufwerk gespeicherten Dateien und Ordner (hier der Inhalt einer Festplatte).

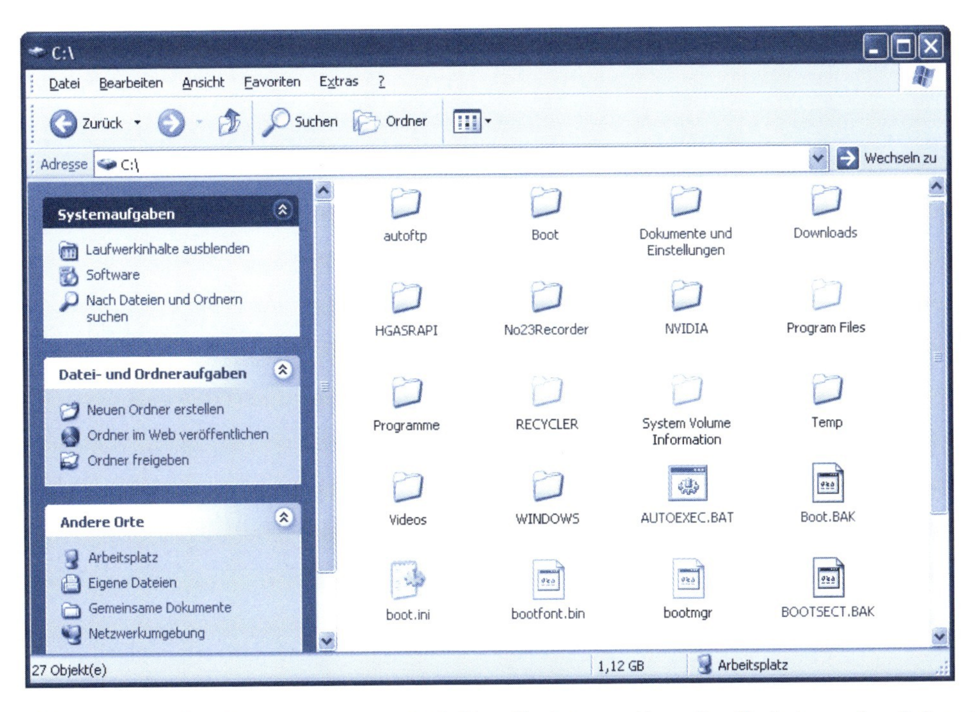

Elemente des Fensters wie Bildlaufleisten, Symbolleiste oder Menüleiste kennen Sie ja bereits aus früheren Kapiteln. Und auch das Symbol eines Ordners oder einer Datei ist Ihnen auf den vorhergehenden Seiten begegnet. Reicht der Platz im Fenster nicht zur Darstellung des Laufwerkinhalts, können Sie über die Bildlaufleisten im Ordnerfenster blättern. Alternativ haben Sie die Möglichkeit, die Größe des Fensters zu verändern. Die entsprechenden Schritte sind in Kapitel 2 nachzulesen.

HINWEIS

Sieht der Inhalt eines Ordnerfensters oder die Symbolleiste bei Ihnen anders aus? Es gibt verschiedene Windows-Versionen, die leicht unterschiedliche Darstellungen für das Ordnerfenster verwenden. Zudem lässt sich die Anzeige über die Befehle des Menüs *Ansicht* sowie über den Befehl *Ordneroptionen* des Menüs *Extras* anpassen. Lassen Sie sich also von einem anderen Erscheinungsbild nicht beirren. Die wichtigsten Dinge funktionieren, wie in diesem Buch gezeigt, in allen Windows-Versionen. Und mehr braucht man eigentlich nicht.

Möchten Sie den Inhalt eines Ordners anzeigen lassen? Auch das ist kein Problem.

3 Suchen Sie den Ordner, dessen Inhalt Sie sich anzeigen lassen wollen, im Ordnerfenster und wählen Sie diesen per Doppelklick an.

Hier sehen Sie ein Beispiel für den Ordner *Eigene Dateien* auf dem Computer des Autors. Der Ordner enthält sowohl Dateien als auch Unterordner.

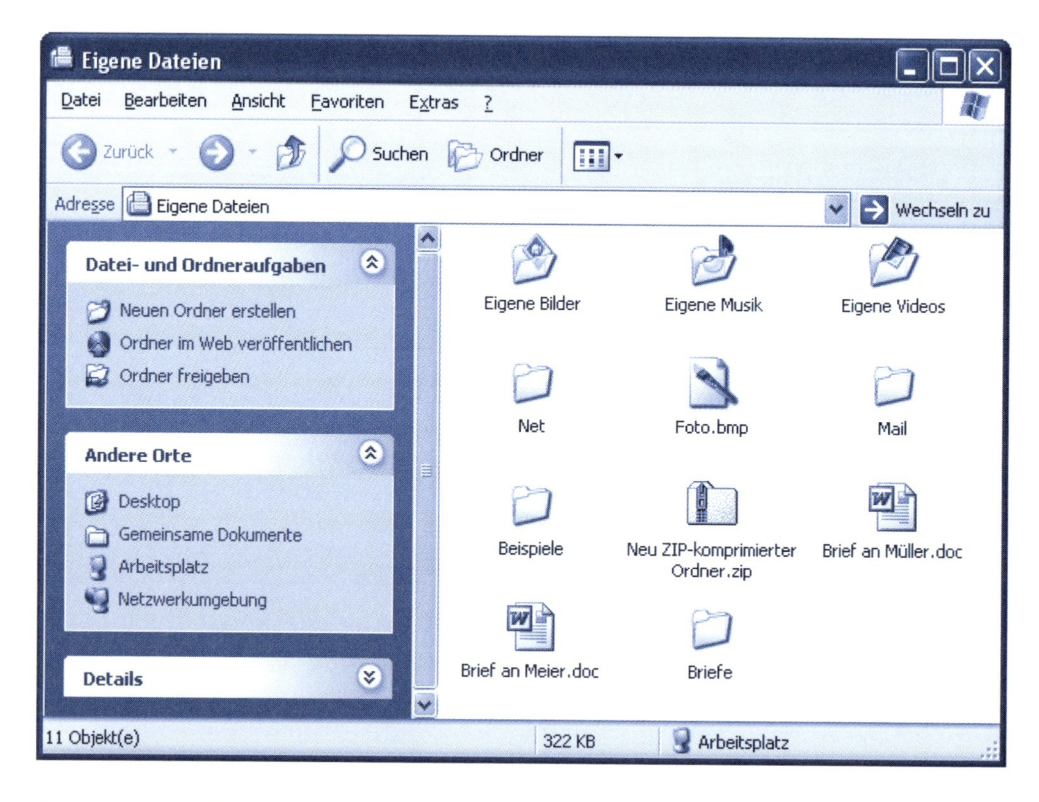

Enthält ein Ordnerfenster wieder Ordnersymbole, lassen sich deren Inhalte ebenfalls per Doppelklick ansehen. Auf diese Weise können Sie durch Doppelklicken auf Laufwerk- und Ordnersymbole den Inhalt eines jeden Laufwerks und Unterordners aufrufen. Darüber hinaus gibt Windows Ihnen die Möglichkeit, ein zweites Fenster zu öffnen, indem Sie erneut das Desktop-Symbol *Arbeitsplatz* (bzw. den gleichnamigen Befehl im Windows-XP-Startmenü) anwählen – so können Sie den Inhalt von zwei Laufwerken oder Ordnern gleichzeitig ansehen.

Aber wie geht es zum vorherigen Ordner zurück? Auch das ist kein Problem. Natürlich könnten Sie das aktuelle Fenster schließen und erneut mit dem Desktop-Symbol *Arbeitsplatz* beginnen. Es geht aber wesentlich einfacher.

Klicken Sie im Ordnerfenster in der Symbolleiste auf die Schaltfläche *Aufwärts* oder drücken Sie die [⇦]-Taste. Dann geht es schrittweise zu den übergeordneten Ordnern zurück.

Die ebenfalls in der Symbolleiste befindlichen Schaltflächen *Vorwärts* und *Zurück* der Symbolleiste ermöglichen Ihnen, zwischen bereits besuchten »Seiten« mit Ordnerinhalten zu blättern.

TIPP

Haben Sie Probleme, die richtige Schaltfläche in der Symbolleiste zu finden? Zeigen Sie mit der Maus auf die Schaltfläche und warten Sie, bis Windows die QuickInfo einblendet. Zeigt Windows XP bei Anwahl des Laufwerks *C:* keine Ordner an? Dann klicken Sie in der Aufgabenleiste auf den Befehl *Laufwerkinhalte anzeigen*.

Haben Sie die ersten Beispiele der obigen Seiten nachvollzogen? Bei Bedarf können Sie ja noch etwas mit der Maus und mit Ordnerfenstern üben. Nach kurzer Zeit kennen Sie sich sicherlich mit Laufwerken, Ordnern und Dateien bestens aus. Dann klappt alles wie von selbst. Wenn es noch Schwierigkeiten gibt, ist das auch kein Problem. Vieles wiederholt sich unter Windows und lernt sich quasi nebenbei. Lesen Sie notfalls nochmals die obigen Erläuterungen, wenn etwas unklar geblieben ist. Dann wird es schon klappen.

Anpassen der Symbolgröße im Ordnerfenster

Jetzt möchte ich Ihnen noch kurz zeigen, wie Sie die Größe der Symbole im Ordnerfenster einstellen können. Vermutlich ist Ihnen bereits aufgefallen, dass im Fenster *Arbeitsplatz* und/oder in den Fenstern der zugehörigen Unterordner **unterschiedliche Symbolgrößen** benutzt werden. Einige Fenster verwenden große Symbole für Ordner und Dateien, in anderen Fenstern erscheinen kleine Symbole. Manchmal ist dann noch eine Liste zu sehen, die neben dem Dateinamen die Dateigröße oder das Datum der Erstellung der Datei anzeigt. Sie können die Art der Darstellung über die Symbolleiste und über das Menü *Ansicht* einstellen.

1 Öffnen Sie das Menü *Ansicht*, indem Sie im Ordnerfenster auf den betreffenden Menübefehl klicken.

Windows öffnet ein Menü mit Befehlen wie *Kacheln, Liste* und *Details*. Der gerade aktive Modus wird durch einen Punkt vor dem Befehl markiert. Hier ist der Menüeintrag *Details* aktiv.

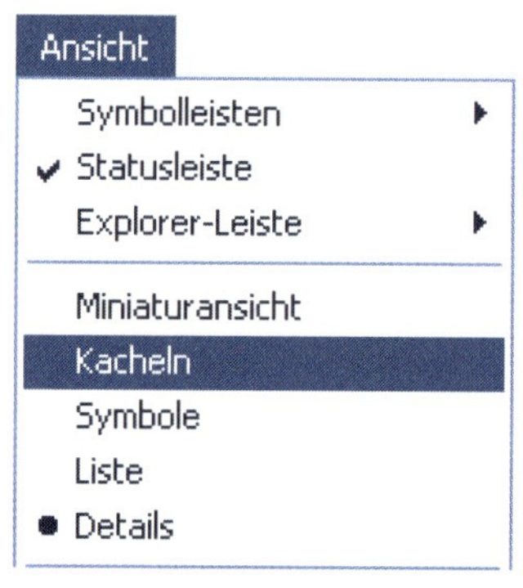

2 Klicken Sie auf einen der Befehle, um den Darstellungsmodus zu wählen.

Windows schaltet dann die Darstellung für die Symbole im Ordnerfenster entsprechend um. Sie können auf diese Weise große Symbole oder kleine Symbole in Form einer einspaltigen oder mehrspaltigen Liste abrufen.

HINWEIS

Die im Menü *Ansicht* gezeigten Befehle hängen von der Windows-Version ab. In älteren Windows-Versionen sind die Befehle für die Darstellungsmodi mit *Große Symbole, Kleine Symbole, Liste* und *Details* benannt. Zudem besitzen die meisten Windows-Versionen eine Schaltfläche *Ansichten* in der Symbolleiste, über deren Menübefehle sich die Darstellungsmodi ebenfalls abrufen lassen. Fehlt die Statusleiste am unteren Fensterrand (z.B. in Windows XP)? Sie können diese durch Anklicken des Befehls *Statusleiste* im Menü *Ansicht* ein- oder ausblenden. Die Symbolleiste *Adresse* des Ordnerfensters wird in Windows (XP) über den Befehl *Symbolleisten/Adressleiste* im Menü *Ansicht* eingeblendet.

Ordneranzeige sortieren

Die Symbole für Dateien und Ordner werden in der Anzeige nach bestimmten Kriterien sortiert. Sie können diese Sortierkriterien über den Befehl *Symbole anordnen (nach)* im Menü *Ansicht* einstellen.

1 Klicken Sie in der Menüleiste auf *Ansicht* und dann auf *Symbole anordnen (nach)*.

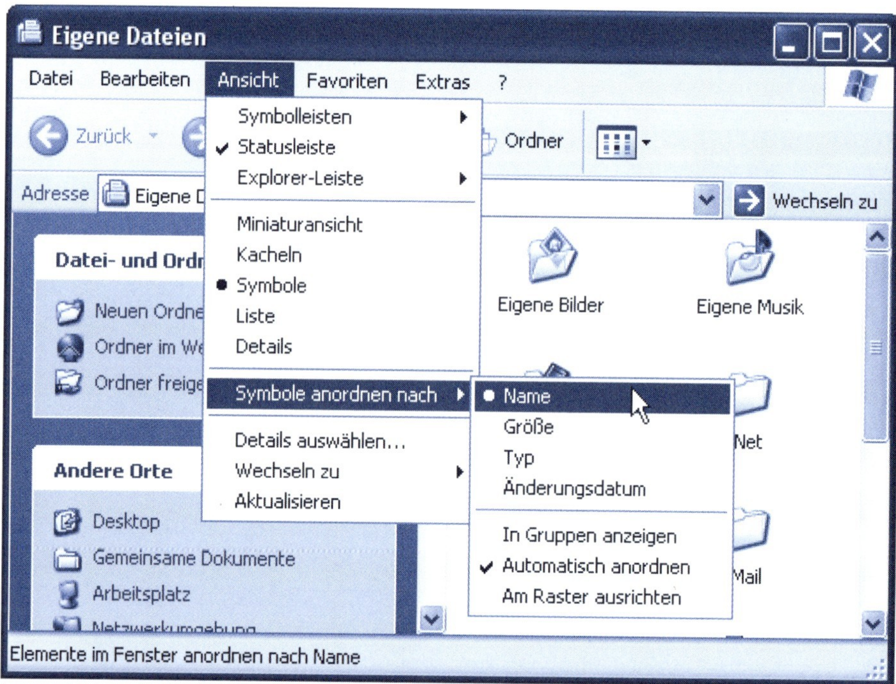

2 Um die Anzeige nach Namen zu ordnen, klicken Sie auf den Befehl *Namen.*

3 Klicken Sie im Menü *Ansicht* auf die Befehle *Symbole anordnen (nach)/Typ.*

Windows sortiert die Anzeige dann nach dem Dateityp (der durch die **Dateinamenerweiterung** bestimmt wird).

4 Klicken Sie im Menü *Ansicht* auf die Befehle *Symbole anordnen (nach)/Größe.*

Windows sortiert jetzt die Anzeige nach der Dateigröße.

HINWEIS

Die genaue Schreibweise der im Menü *Ansicht* gezeigten Befehle hängt von der Windows-Version ab. In älteren Windows-Versionen heißt der Befehl *Symbole anordnen* und weist die Unterbefehle *Nach Namen, Nach Typ, Nach Größe* und *Nach Datum* auf. Aus diesem Grund benutze ich hier im Buch die Schreibweise *Symbole anordnen (nach).*

5 Wählen Sie im Menü *Ansicht* die Befehle *Symbole anordnen (nach)/Änderungsdatum*, sortiert Windows die Anzeige nach dem Datum, an der die Datei zuletzt geändert wurde.

TIPP

Haben Sie als Anzeigemodus *Details* gewählt, lässt sich die Anzeige direkt nach Dateinamen, Größe, Typ etc. sortieren. Sie müssen lediglich per Maus auf eine der Spaltenüberschriften klicken, um die Liste nach dem entsprechenden Kriterium zu sortieren.

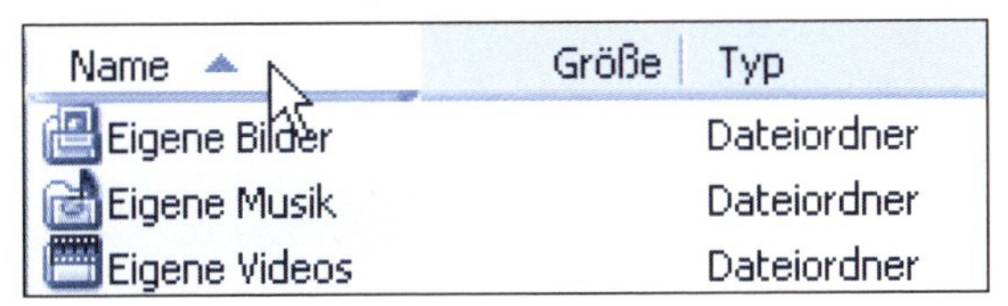

Ein zweiter Mausklick auf die Spaltenüberschrift kehrt die Sortierreihenfolge um (z.B. Namen, die mit Z beginnen, zuerst anzeigen). Ein kleines Dreieck im Spaltenkopf signalisiert dabei die Sortierrichtung.

Übrigens, der Desktop selbst ist für Windows letztendlich nichts anderes als ein Ordner. Sie können daher die Symbole auf dem Desktop ebenfalls anordnen lassen.

1 Klicken Sie mit der rechten Maustaste auf eine freie Stelle des Desktop.

2 Wählen Sie im **Kontextmenü** den Befehl *Symbole anordnen (nach)* und im Untermenü das gewünschte Sortierkriterium.

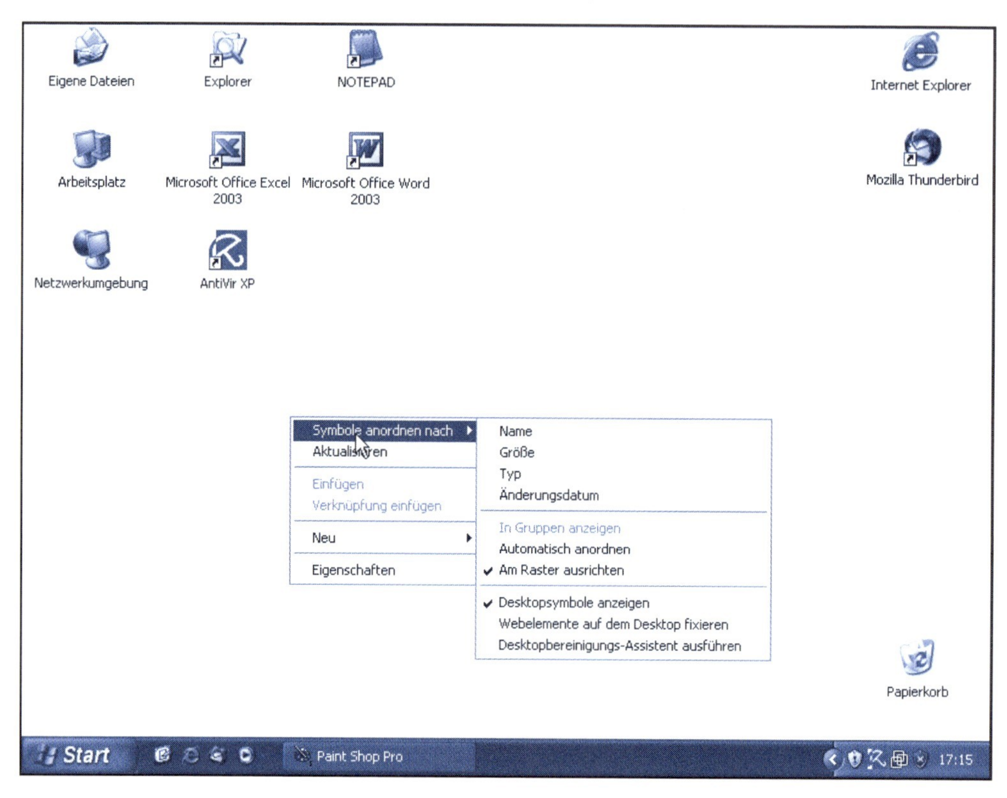

Windows gibt anschließend die Symbole auf dem Desktop nach dem gewählten Kriterium neu sortiert aus. Falls Sie den Desktop vorher von Hand »aufgeräumt« haben, wird diese Ordnung natürlich zerstört. Sie sollten auf die Anwahl des Befehls *Symbole anordnen (nach)/Automatisch anordnen* verzichten. Ist dieser Befehl aktiv, können Sie die Symbole auf dem Desktop nicht mehr per Maus verschieben. Wenn Sie dann nach dem Ziehen die linke Maustaste loslassen, schiebt Windows das Symbol an die alte Position zurück.

So finden Sie Laufwerke und Ordner schneller

Sind viele Ordner ineinander verschachtelt, kann das Wechseln zwischen den Ordnern recht mühsam werden. Vor allem fehlt so etwas wie eine Übersicht über die Ordnerhierarchie. Wer sich bereits etwas mit Windows auskennt, wird sicherlich nach besseren Möglichkeiten suchen.

Haben Sie vielleicht das Fenster *Eigene Dateien* oder *Arbeitsplatz* noch geöffnet? Wenn nicht, dann wählen Sie die betreffenden Symbole z.B. per Doppelklick auf dem Desktop oder im Startmenü an.

HINWEIS

Manche Schaltflächen der Symbolleiste funktionieren wie eine Taste. Nach einem Klick bleibt die Schaltfläche »eingerastet« und die Funktion ist aktiv. Ein erneuter Klick auf die Schaltfläche *Ordner* schaltet zur alten Darstellung zurück.

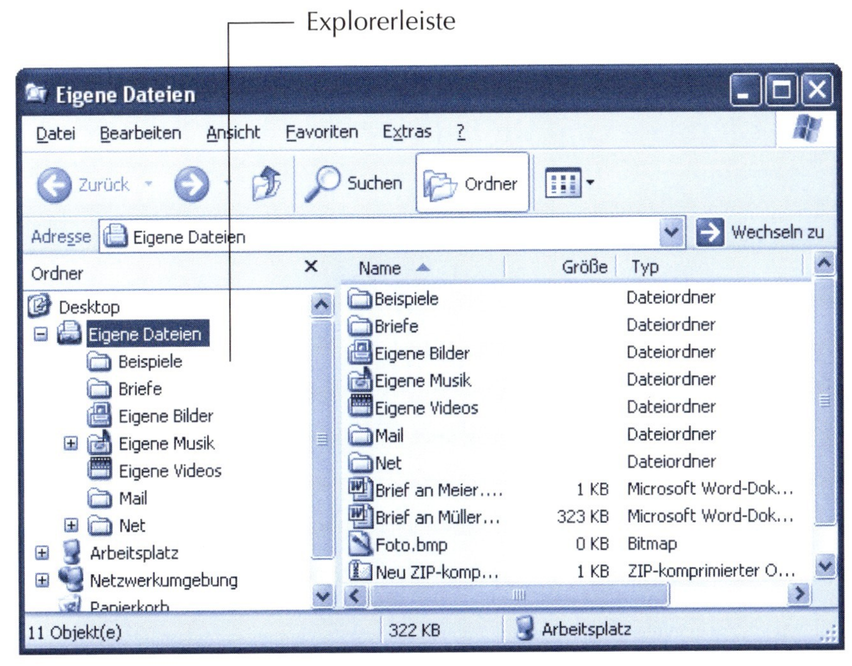

1 Klicken Sie in der Symbolleiste auf die Schaltfläche *Ordner*.

TIPP

Die Schaltfläche *Ordner* des Ordnerfensters ist nicht in allen Windows-Versionen vorhanden. Fehlt die Schaltfläche bei Ihrem Windows, wählen Sie im Menü *Ansicht* den Befehl *Explorerleiste*. Im dann angezeigten Untermenü klicken Sie auf den Befehl *Ordner*.

Die Darstellung des Ordnerfensters verändert sich. Die **rechte Hälfte** des **Fensters** entspricht nach dem Umschalten der bisher gewohnten Ordneranzeige und Sie sehen die Symbole und Namen von Dateien bzw. Ordnern.

Neu ist der **Inhalt des linken** Teils im Ordner- bzw. **Explorer-Fenster**. Dieser Teil wird auch als **Explorerleiste** bezeichnet. Diese zeigt bei gewählter Option *Ordner* die Laufwerke und die **Hierarchie der Ordner** an. Sie sehen hier zum Beispiel den Ordner *Eigene Dateien*, der seinerseits den Unterordner *Eigene Bilder* enthält. Der Ordner *Eigene Musik* enthält wiederum weitere Unterordner.

Die Laufwerks- und Ordneranzeige im linken Teilfenster verschafft Ihnen einen schnellen Überblick, mit welchem Laufwerk oder Ordner Sie gerade arbeiten. Mit der Bildlaufleiste können Sie in der Liste der Laufwerke und Ordner blättern.

1 Klicken Sie in der Explorerleiste auf das Symbol eines Laufwerks oder Ordners.

Im rechten Fensterteil erscheint dann automatisch der zugehörige Inhalt.

Vor manchen Ordnersymbolen sehen Sie ein kleines Viereck mit einem **Minuszeichen**.

2 Klicken Sie auf dieses Minuszeichen, blendet Windows die zugehörigen Symbole der **Unterordner** aus.

Ein kleines **Plussymbol** vor dem Ordnersymbol zeigt an, dass dieser Ordner weitere Unterordner besitzt.

3 Klicken Sie auf das Pluszeichen, blendet Windows die Unterordner der nächsten Ebene ein.

Durch Anklicken eines Laufwerk- oder Ordnersymbols im linken Fensterteil können Sie also sehr schnell die Ordner oder Laufwerke wechseln. Windows zeigt dann im Explorer-Modus automatisch den Inhalt des Ordners oder Laufwerks im rechten Fensterteil an.

HINWEIS

In der Statusleiste des Fensters sehen Sie übrigens, wie viel Speicherplatz ein gewähltes Objekt (Laufwerk, Datei) belegt oder wie viel Speicherplatz auf dem Laufwerk noch frei ist.

Und es gibt noch einen Weg, wie Sie sehr schnell in der Ordnerhierarchie zwischen Laufwerken und mehreren Stufen wechseln können. Ist Ihnen im Kopf des Fensters bereits die Symbolleiste mit der Bezeichnung *Adresse* aufgefallen? Windows zeigt in dem betreffenden Listenfeld den Namen des aktuell angewählten Ordners an. Das Feld lässt sich ggf. über den Befehl *Symbolleisten/ Adressleiste* des Menüs *Ansicht* ein-/ausblenden.

1 Klicken Sie mit der Maus auf die Schaltfläche ⌄ dieses Listenfelds.

Windows öffnet das Listenfeld, welches die Hierarchie des aktuell angezeigten Ordners sowie die vom *Arbeitsplatz* erreichbaren Laufwerke des Rechners anzeigt.

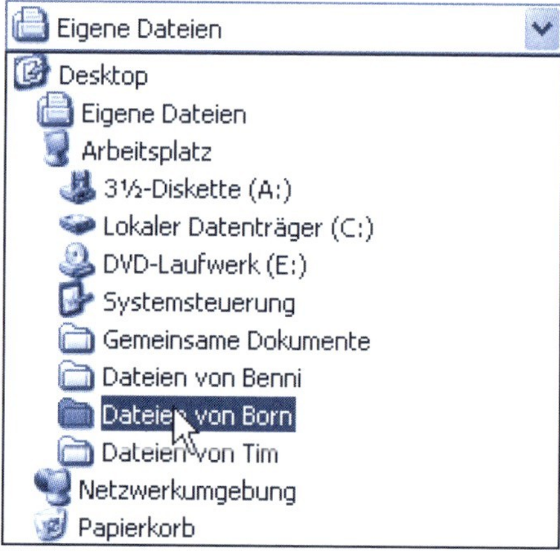

2 Blättern Sie in der Bildlaufleiste, bis das gewünschte Laufwerk oder Ordnersymbol zu sehen ist und klicken Sie auf dieses Symbol.

Windows zeigt anschließend direkt den Inhalt dieses Laufwerks im Ordnerfenster an.

HINWEIS

Das Listenfeld zum Ordnerwechsel finden Sie nicht nur im Fenster *Arbeitsplatz* und dessen Ordnerfenstern. Auch die in vielen Programmen zum Speichern und Laden benutzten Dialogfelder weisen ein solches Listenfeld auf (siehe auch Kapitel 5).

Arbeiten mit Ordnern und Dateien

Nachdem Sie jetzt wissen, wie sich die Inhalte von Laufwerken und Ordnern anzeigen lassen, möchte ich Ihnen zeigen, wie sich mit Ordnern und Dateien arbeiten lässt. Schließlich stehen Sie mit Sicherheit einmal vor der Aufgabe, einen neuen Ordner anzulegen. Oder Sie möchten Dateien mit Briefen oder Bildern kopieren, nicht mehr benötigte Dokumente löschen oder auch mal einen Ordner oder eine Datei umbenennen. Das ist in Windows nicht schwer. Schauen wir uns die Funktionen doch einmal Schritt für Schritt an.

Neue Ordner anlegen

Um einen neuen Ordner auf einem Laufwerk oder in einem bestehenden Ordner anzulegen, gehen Sie in folgenden Schritten vor:

1 Öffnen Sie das Fenster mit dem Laufwerk oder dem Ordner (hier *Eigene Dateien*).

2 Klicken Sie mit der **rechten** Maustaste auf eine freie Stelle im Fenster.

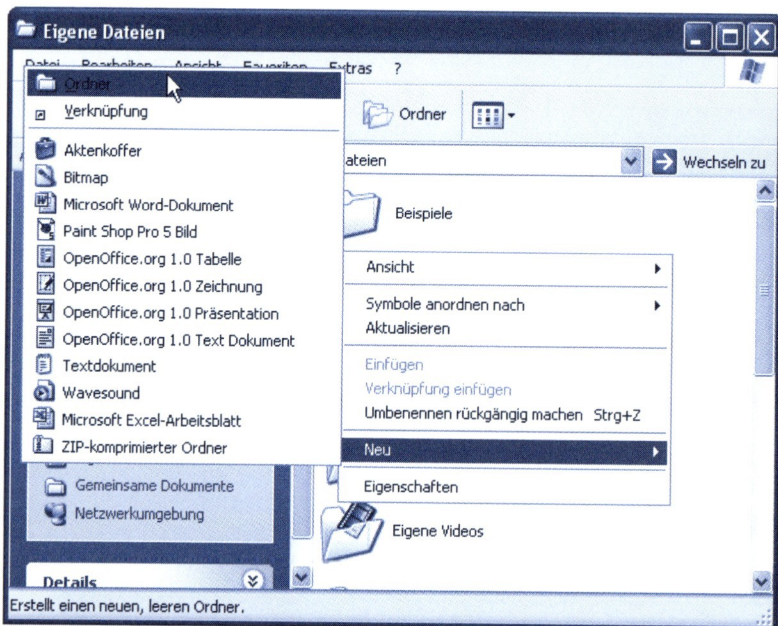

3 Zeigen Sie im **Kontextmenü** auf den Befehl *Neu* und klicken Sie dann auf *Ordner*.

Windows legt einen neuen Ordner mit dem Namen *Neuer Ordner* im Fenster an. Der Name des neuen Ordners ist dabei farbig markiert, d.h., Sie können diesen Namen jetzt ändern.

4 Tippen Sie den neuen Namen für den Ordner über die Tastatur ein.

5 Klicken Sie anschließend auf eine freie Stelle im Fenster.

Windows hebt die Markierung auf und weist dem neuen Ordner den eingegebenen Namen zu.

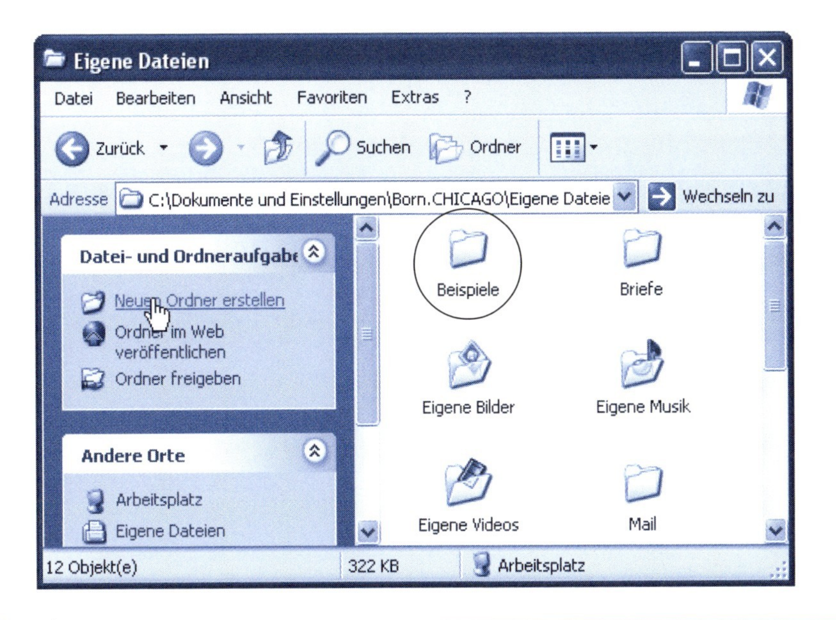

HINWEIS

Neue Ordner können Sie nicht nur auf Laufwerken (Ausnahme CD-ROM) bzw. in allen Ordnerfenstern (z.B. Fenster *Eigene Dateien, Arbeitsplatz* oder dessen Unterfenstern) anlegen. Das Gleiche funktioniert auch auf dem Desktop.

In Windows XP enthält das **Ordnerfenster** (Ausnahme bei angezeigter Explorerleiste) eine **Aufgabenleiste** mit dem Hyperlink *Neuen Ordner erstellen*. Klicken Sie den Befehl an, wird sofort ein neuer Ordner angelegt und Sie können die Schritte zum Benennen des Ordners ausführen. Ob Sie die Aufgabenleiste oder lieber das Kontextmenü verwenden, bleibt Ihnen überlassen.

TIPP

Viele Windows-Versionen unterstützen so genannte »komprimierte Ordner«. Sie werden im Kontextmenü über die Befehle *Neu/Komprimierter Ordner* (bzw. *ZIP-komprimierter Ordner* in Windows XP) angelegt.

Speichern bzw. kopieren Sie Textdateien oder Bilder (im BMP-Format) in einem solchen Ordner, benötigen die Dateien wesentlich weniger Speicherplatz auf dem Datenträger als bei der Verwendung normaler Ordner. Diese komprimierten Ordner (eigentlich sind es so genannte ZIP-Dateien) lassen sich genauso handhaben wie normale Ordner. Diese Option geht aber verloren, wenn Sie ein Komprimierungsprogramm eines anderen Herstellers (z.B. WinZip) installieren.

Ordner und Dateien umbenennen

Die Namen von Dateien oder Ordnern lassen sich auch nachträglich leicht ändern:

1 Klicken Sie mit der **rechten** Maustaste auf das Symbol des Ordners oder der Datei, die Sie umbenennen wollen.

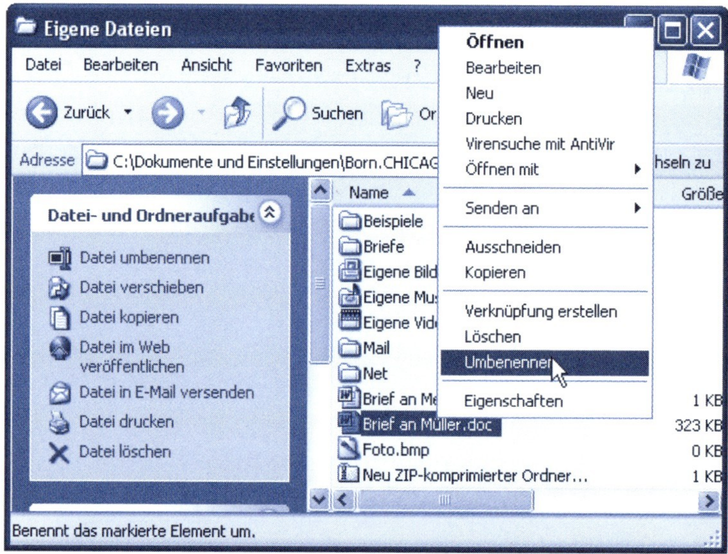

2 Wählen Sie im Kontextmenü den Befehl *Umbenennen*.

Brief an Müller.doc

3 Tippen Sie anschließend den neuen Namen ein.

TIPP

Drücken Sie bei einer markieren Datei oder bei einem markierten Ordner die Funktionstaste F2, lässt sich der Name ebenfalls ändern. In Windows XP können Sie zudem in der Aufgabenleiste den Befehl *Ordner umbenennen* wählen.

HINWEIS

Achten Sie beim Umbenennen von Dateien darauf, dass die eventuell angezeigte Dateinamenerweiterung nicht verändert wird, da sich sonst die Datei mit dem zugehörigen Programm nicht mehr öffnen lässt. Sie können beispielsweise auf den markierten Namen klicken und die Zeichen rechts vom Cursor (dem senkrechten Strich) durch Drücken der Entf-Taste löschen. Zeichen links vom Textcursor entfernen Sie mit der ⇦-Taste. Weiterhin lassen sich die so genannten Cursortasten ← und → benutzen, um die Einfügemarke im Text zu verschieben. Der Befehl *Umbenennen* markiert automatisch den kompletten Dateinamen. Markierte **Textstellen** werden beim Drücken der ersten Taste durch den Buchstaben ersetzt. Durch Anklicken einer Textstelle lässt sich die **Markierung aufheben**. **Markieren** lässt sich ein (Teil-)Text, indem Sie auf das erste Zeichen klicken und dann die Maus bei gedrückter linker Maustaste über den Text ziehen. Oder Sie halten die ⇧-Taste gedrückt und markieren Textausschnitte über die genannten Cursortasten ← und →.

4 Klicken Sie mit der linken Maustaste auf eine freie Stelle im geöffneten Ordnerfenster.

Windows ändert anschließend den Namen der Datei (bzw. des Ordners).

5 Klicken Sie jetzt ein zweites Mal auf eine freie Stelle im Fenster, um die Markierung aufzuheben.

Kopieren und verschieben

Unterordner oder Dateien lassen sich zwischen Festplatten, zwischen Ordnern oder zwischen Festplatte und Diskette kopieren bzw. verschieben. Beim Kopieren liegen anschließend zwei Exemplare der Datei bzw. des Ordners vor, beim Verschieben wird die Datei oder der Ordner samt Inhalt an die neue Position verschoben.

Windows bietet Ihnen sehr viele Möglichkeiten, um Dateien oder komplette Ordner samt den darin enthaltenen Dateien zu kopieren bzw. zu verschieben. Aber eigentlich müssen Sie nur einen Weg kennen. Von den vorhergehenden Beschreibungen wissen Sie, wie sich Ordnerfenster öffnen und Ordner bzw. Dateien anzeigen lassen.

1 Öffnen Sie das Ordnerfenster (z.B. *Eigene Dateien/Beispiele*), in das die Elemente hineinkopiert werden sollen.

2 Öffnen Sie ein zweites Ordnerfenster (z.B. *Eigene Dateien*) mit den zu kopierenden Elementen.

Öffnen lassen sich die Fenster, indem Sie z.B. auf das Desktop-Symbol *Eigene Dateien* und dann im Ordnerfenster ggf. auf den Unterordner *Beispiele* doppelklicken.

3 Positionieren Sie die beiden geöffneten Ordnerfenster nebeneinander.

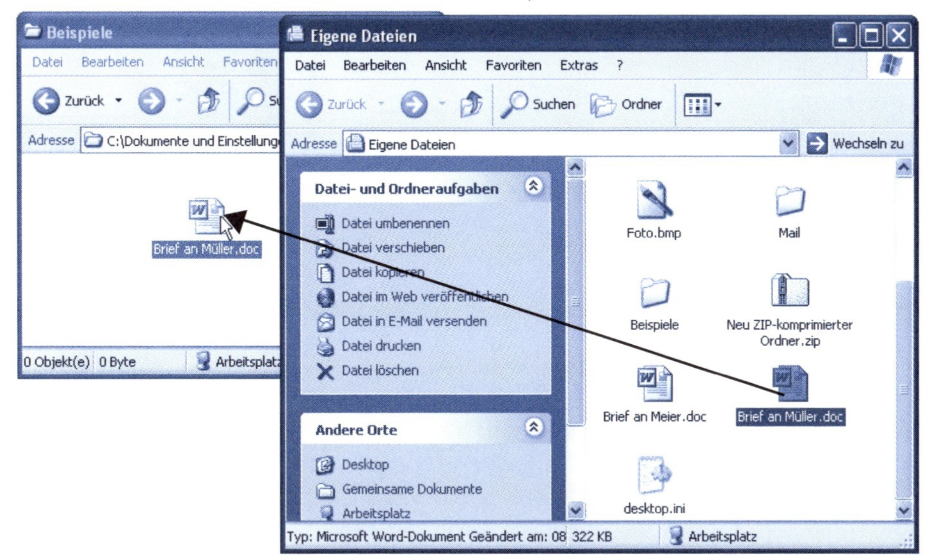

4 Ziehen Sie das Objekt (Datei oder Ordner) bei gleichzeitig gedrückter rechter Maustaste aus dem Ursprungsfenster in das zweite Ordnerfenster (hier *Beispiele*).

5 Lassen Sie die rechte Maustaste los, sobald sich das Objektsymbol über dem Zielfenster befindet.

Windows öffnet ein Kontextmenü mit verschiedenen Befehlen.

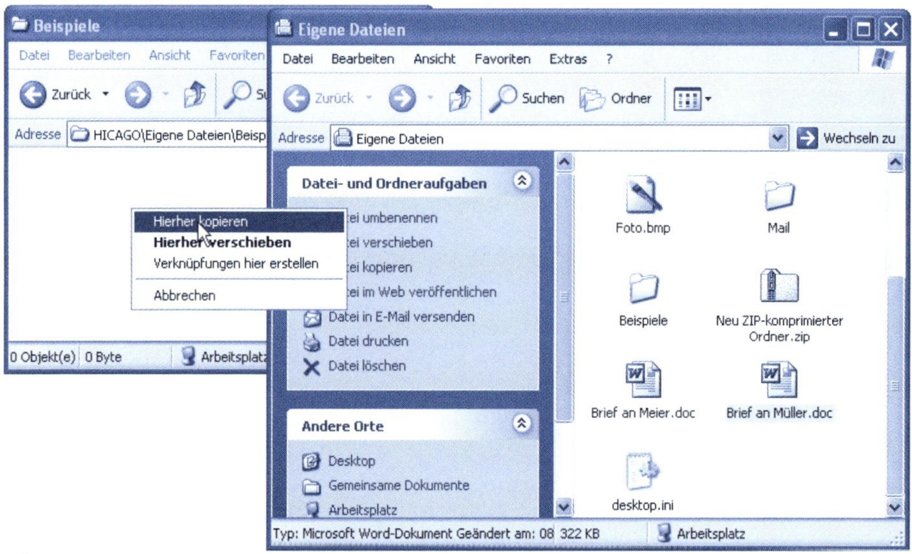

6 Wählen Sie im Kontextmenü den Befehl *Hierher kopieren* (bzw. *Hierher verschieben*).

Je nach gewähltem Befehl kopiert oder verschiebt Windows anschließend das Objekt in das angegebene Fenster. Beim Verschieben verschwindet das Objekt aus dem Ordner *Eigene Dateien* und wandert in den Unterordner *Beispiele*. Beim Kopieren finden Sie das Objekt anschließend in beiden Ordnerfenstern vor.

HINWEIS

Bei sehr großen Dateien oder umfangreichen Ordnern informiert Windows Sie während des Kopiervorgangs durch ein kleines Fenster über den Fortschritt.

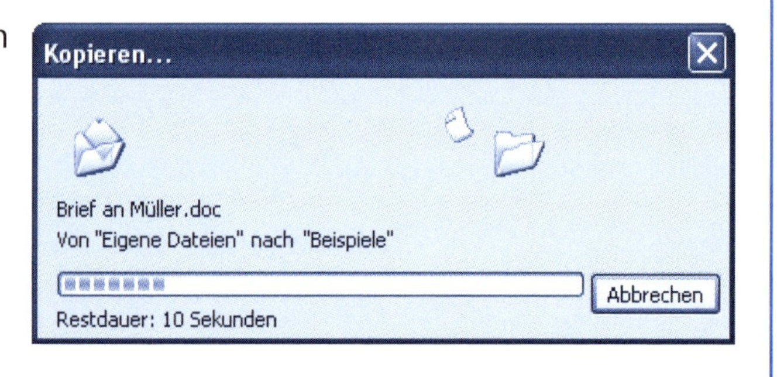

Wenn es eine Datei oder einen Ordner am Zielort bereits unter dem betreffenden Namen gibt, erhalten Sie beim Kopieren oder Verschieben eine Warnung. Sie können dann durch Anklicken mit der Schaltfläche *Ja* oder *Nein* entscheiden, ob die Dateien bzw. Ordner trotzdem kopiert bzw. verschoben werden sollen oder nicht.

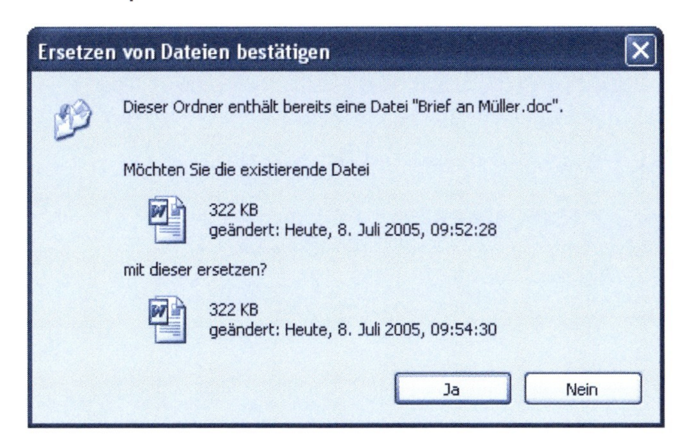

TIPP

Haben Sie eine Datei oder einen Ordner irrtümlich verschoben oder kopiert? Fast alle Dateioperationen lassen sich sofort nach der Ausführung rückgängig machen.

Klicken Sie mit der rechten Maustaste auf eines der Ordnerfenster und wählen Sie im Kontextmenü den Befehl *xxx rückgängig machen*, wobei *xxx* für den Befehl steht (z.B. Kopieren).

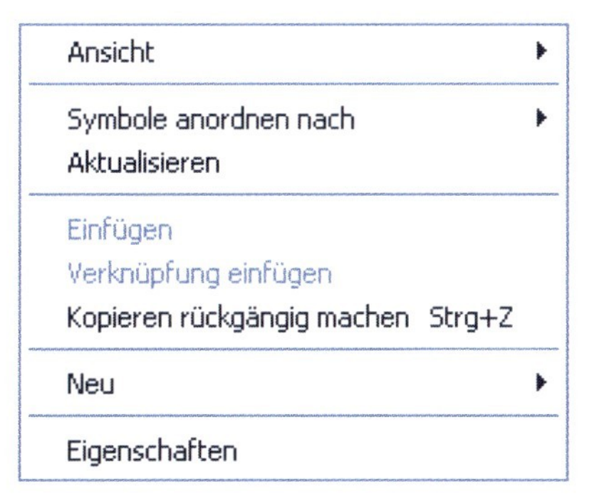

Oder klicken Sie in der Symbolleiste des Ordnerfensters auf die Schaltfläche oder drücken Sie die Tastenkombination Strg+Z.

Windows nimmt dann den zuletzt gegebenen Befehl zurück. Nach einem Kopiervorgang werden die Objekte im Zielordner gelöscht, beim Verschieben einfach zurückgeschoben.

Fehlen bei Ihnen Schaltflächen in der Symbolleiste des Ordnerfensters (z.B. bei Windows XP die Schaltfläche *Rückgängig*)? Wählen Sie im Menü *Ansicht* die Befehle *Symbolleisten/Anpassen*.

Markieren Sie dann in der Spalte *Verfügbare Schaltflächen* das fehlende Schaltflächensymbol, klicken Sie auf die Schaltfläche *Hinzufügen* und schließen Sie das Fenster über die Schaltfläche *Schließen*.

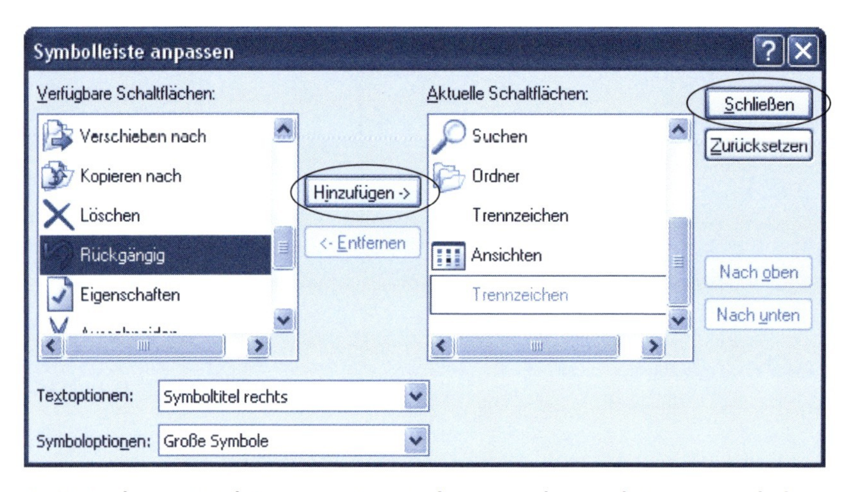

In Windows XP können Sie Ordner auch markieren und dann in der Aufgabenleiste die Befehle *Ordner kopieren* bzw. *Ordner verschieben* wählen. Dann öffnet Windows ein Dialogfeld zur Auswahl des Zielverzeichnisses. Die gleichen Schritte funktionieren natürlich auch bei Dateien.

Mehrere Dateien oder Ordner gleichzeitig markieren

Möchten Sie mehrere Dateien oder Ordner kopieren, verschieben oder löschen, könnten Sie die im vorhergehenden Abschnitt beschriebenen Schritte mehrfach ausführen. Das ist bei vielen Objekten (Dateien oder Ordnern) aber sehr umständlich. Einfacher wird es, wenn Sie vorher mehrere Objekte markieren. Dann kann Windows alle markierten Objekte kopieren, verschieben oder löschen. Um mehrere Ordner oder Dateien gleichzeitig zu markieren, haben Sie folgende Möglichkeiten:

Klicken Sie im geöffneten Ordnerfenster auf das erste zu markierende Objekt. Halten Sie die [⇧]-Taste gedrückt und klicken Sie auf das letzte zu kopierende Objekt. Dann werden alle dazwischenliegenden Symbole markiert.

Halten Sie die [Strg]-Taste gedrückt und klicken Sie auf die zu markierenden Dateien oder Ordner. Dann werden nur die angeklickten Symbole markiert.

Anschließend können Sie die markierten Objekte wie oben gezeigt kopieren oder verschieben (oder wie nachfolgend beschrieben löschen).

So lassen sich Ordner und Dateien löschen

Benötigen Sie einen Ordner oder eine Datei nicht mehr? Dann können Sie diese auf einfache Weise löschen.

1 Öffnen Sie das Fenster des Ordners, das die Datei oder den Ordner enthält.

2 Markieren Sie die zu löschende(n) Datei(en) oder den Ordner.

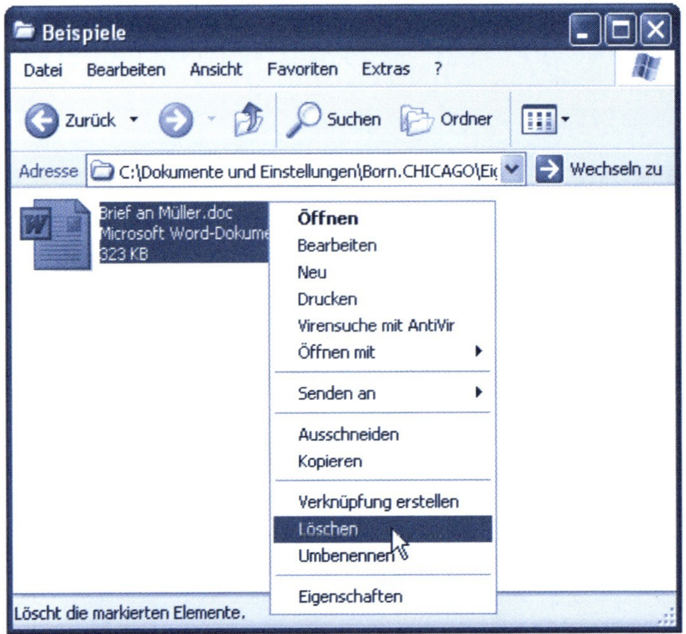

3 Klicken Sie das markierte Element mit der rechten Maustaste an und wählen Sie den Kontextmenübefehl *Löschen*. Je nach Windows-Version können Sie auch den Befehl *Löschen* in der Aufgabenleiste oder die gleichnamige Schaltfläche in der Symbolleiste mit der linken Maustaste anwählen.

Windows fragt sicherheitshalber noch einmal nach, ob die Elemente wirklich gelöscht werden sollen.

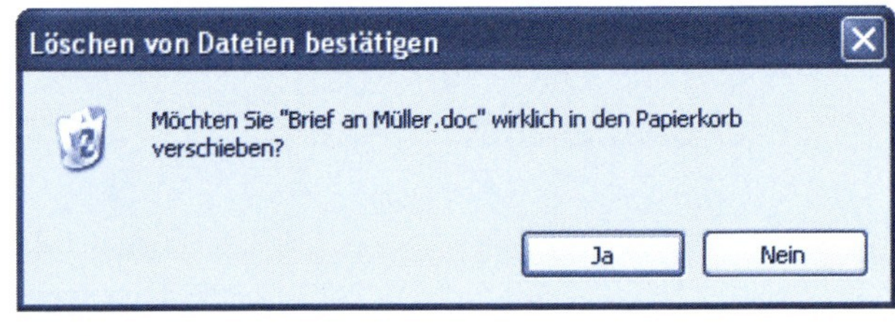

4 Klicken Sie auf die Schaltfläche *Ja*.

Windows verschiebt jetzt die markierte(n) Datei(en) bzw. den/die markierte(n) Ordner in den Papierkorb.

TIPP

Falls der Desktop zu sehen ist, können Sie Dateien und Ordner auch löschen, indem Sie diese aus dem Ordnerfenster zum Symbol des Papierkorbs ziehen. Lassen Sie die linke Maustaste über dem Papierkorb los, werden die Elemente in den Papierkorb geschoben.

Gelöschtes aus dem Papierkorb zurückholen

Haben Sie irrtümlich eine Datei oder einen Ordner gelöscht, die oder den Sie noch brauchen? Solange sich diese Datei bzw. die Dateien des Ordners im Papierkorb befinden, können Sie sie zurückholen. Zum Wiederherstellen einer gelöschten Datei gibt es zwei Möglichkeiten.

Bemerken Sie bereits beim Löschen den Fehler, klicken Sie (sofern vorhanden) in der Symbolleiste auf die Schaltfläche *Rückgängig*. Oder Sie klicken mit der rechten Maustaste auf eine freie Stelle des Ordnerfensters und verwenden den Befehl *xxx rückgängig machen* im Kontextmenü bzw. im Menü *Bearbeiten*.

Dann macht Windows (ähnlich wie beim Kopieren oder Verschieben) den letzten Befehl rückgängig und die Elemente werden aus dem Papierkorb in den Ordner zurückgeholt.

Wenn Sie den Fehler erst später bemerken, gehen Sie folgendermaßen vor:

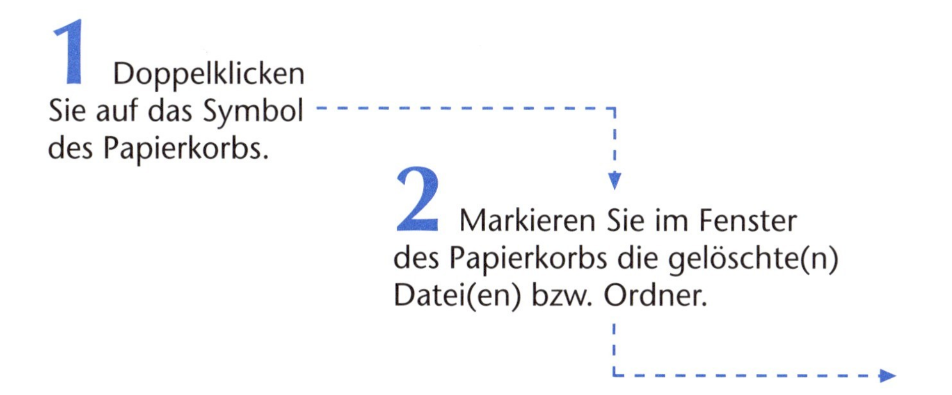

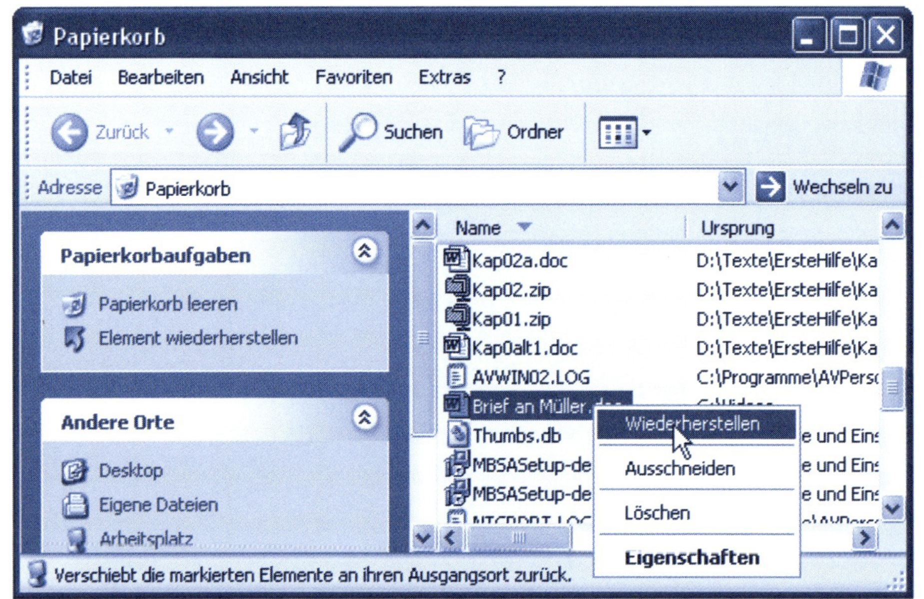

3 Klicken Sie das gewünschte Element mit der rechten Maustaste an und wählen Sie den Kontextmenübefehl *Wiederherstellen*. Je nach Windows-Version können Sie in der linken Spalte des Ordnerfensters auch die Schaltfläche *Wiederherstellen* oder den Hyperlink *Element wiederherstellen* wählen.

Windows verschiebt anschließend die markierte(n) Datei(en) in den ursprünglichen Ordner zurück.

HINWEIS

Gelöschte Elemente erscheinen nicht mehr, wenn der Papierkorb zwischenzeitlich geleert wurde. Auch wenn ein Papierkorb voll ist, werden die ältesten Inhalte automatisch daraus entfernt.

HINWEIS

Den **Papierkorb leeren** Sie, indem Sie dessen Desktop-Symbol mit der rechten Maustaste anklicken und dann im Kontextmenü den Befehl *Papierkorb leeren* wählen. Dann sind die Dateien endgültig weg. Am Symbol des Papierkorbs können Sie übrigens erkennen, ob dieser leer oder gefüllt ist.

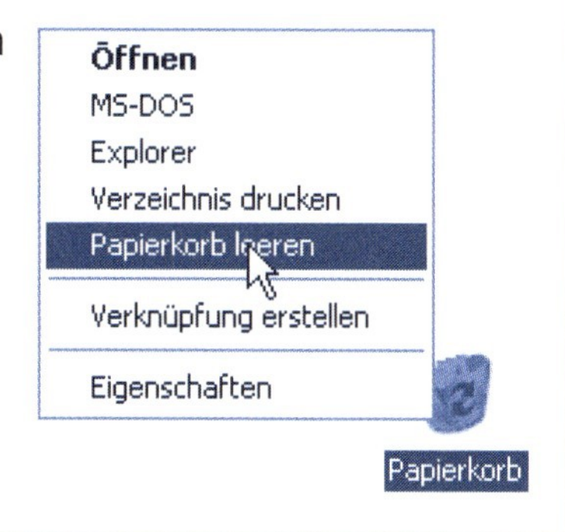

Wenn Sie die Dateinamenerweiterungen anzeigen lassen wollen, heben Sie die Markierung des Kontrollkästchens *Dateinamenerweiterung bei bekannten Dateitypen ausblenden* (bzw. mit einer ähnlichen Bezeichnung) durch Anklicken des Kontrollkästchens auf. Sobald Sie das Dialogfeld über die *OK*-Schaltfläche schließen, wird die Änderung wirksam. Durch Markieren des Kontrollkästchens können Sie die Erweiterungen wieder ausblenden.

Zusammenfassung

An dieser Stelle möchte ich die Einführung in den Umgang mit Dateien und Ordnern unter Windows beenden. Sie wissen jetzt schon eine Menge und vermutlich mehr, als Sie zu Beginn brauchen. Wenn Sie weitere Details zu dem hier behandelten Themenfeld wissen wollen, können Sie zusätzliche Informationen über die Windows-Hilfe abrufen (siehe Kapitel 3). Im nächsten Kapitel befassen wir uns erstmals mit praktischen Anwendungen wie dem Schreiben von Briefen oder dem Gestalten von Bildern.

Lernkontrolle

Zur Kontrolle können Sie die folgenden Fragen beantworten. Die Antworten finden Sie in Klammern darunter.

- **Wie lassen sich Dateien kopieren?**
  (Indem Sie die markierten Dateien bei gedrückter rechter Maustaste von einem Ordnerfenster in ein zweites Ordnerfenster ziehen, die Maustaste loslassen und im Kontextmenü den Befehl *Kopieren* wählen.)
- **Wozu braucht man Ordner?**
  (Um Dateien nach bestimmten Gesichtspunkten strukturiert auf einem Datenträger ablegen zu können.)
- **Wie lässt sich eine Datei oder ein Ordner löschen?**
  (Indem Sie das Objekt markieren und dann im Ordnerfenster die Schaltfläche *Löschen* betätigen.)
- **Wie können Sie mehrere Dateien markieren?**
  (Die erste Datei anklicken, die ⇧-Taste gedrückt halten und auf die letzte Datei klicken.)

Windows-Arbeitstechniken

Nachdem Sie jetzt die Grundlagen des Umgangs mit Windows beherrschen, ist es Zeit für die nächsten Schritte. Mit Windows-Programmen können Sie Texte, Briefe, Einladungen, Bilder, Grafiken und Ähnliches schreiben bzw. gestalten, drucken und zur späteren Verwendung in Dateien speichern. In diesem Kapitel möchte ich Ihnen an ausgewählten und mit Windows mitgelieferten Programmen (z.B. WordPad und Paint) zeigen, wie Sie mit Texten und Bildern umgehen. Dabei verfolge ich mehrere Ziele. Einmal sollen Sie Ihre Fähigkeiten im Umgang mit Programmen weiter verfestigen. Außerdem lernen Sie einige wichtige Verfahren zur Handhabung von Texten, Bildern und Fotos kennen. Sie lernen außerdem, wie ein Dokument neu angelegt, gespeichert, wieder geladen und gedruckt wird. Alles in allem eine ganze Menge Neues und eine gute Grundlage zum Arbeiten mit Windows.

Das lernen Sie in diesem Kapitel **5**

- Textdokumente handhaben
- Texte bearbeiten
- Dokumente speichern, laden und drucken
- Ein Textdokument formatieren
- Bilder mit Paint erstellen
- Bildteile ausschneiden und kopieren
- Bilder speichern, laden und drucken
- Fotos und Bilder handhaben

Textdokumente handhaben

Computer werden häufig zum Erstellen von Textdokumenten wie Briefe, Einladungen oder ähnliche Schriftstücke benutzt. Im Büro werden dabei so genannte **Textverarbeitungsprogramme** wie Microsoft Word oder das Programm Writer aus OpenOffice.org bzw. StarOffice eingesetzt. In diesem Abschnitt möchte ich Ihnen die Arbeitstechniken vermitteln, um neue Textdokumente anzulegen, Texte einzugeben, zu bearbeiten und das Ganze dann zu speichern, wieder zu laden oder zu drucken. Diese Schritte sind eigentlich in allen Textverarbeitungsprogrammen gleich. Für die folgenden Schritte reicht sogar das mit Windows mitgelieferte kleine Schreibprogramm mit dem Namen WordPad aus.

Das Textverarbeitungsprogramm starten

Um einen Text zu erfassen oder zu bearbeiten, müssen Sie ein geeignetes Programm wie Microsoft Word, OpenOffice.org Writer oder das Windows Schreibprogramm WordPad starten.

1 Öffnen Sie das Startmenü und klicken Sie dann auf den Zweig *(Alle) Programme*.

2 Suchen Sie im Startmenü den Eintrag für das gewünschte Textverarbeitungsprogramm und wählen Sie dieses mit einem Mausklick an.

Das Programm WordPad finden Sie im Startmenü im Zweig *(Alle) Programme/Zubehör/WordPad*. Microsoft Word und das OpenOffice.org-Programm Writer finden sich gegebenenfalls im Startmenü in einer Programmgruppe unter *(Alle) Programme*. Die andere Variante, um ein Textverarbeitungsprogramm aufzurufen, besteht darin, die zugehörige Dokumentdatei (z.B. *Brief.doc*) per Doppelklick in einem Ordnerfenster anzuwählen. Dann startet Windows das zum Dokumenttyp gehörende Programm und lädt das Dokument automatisch.

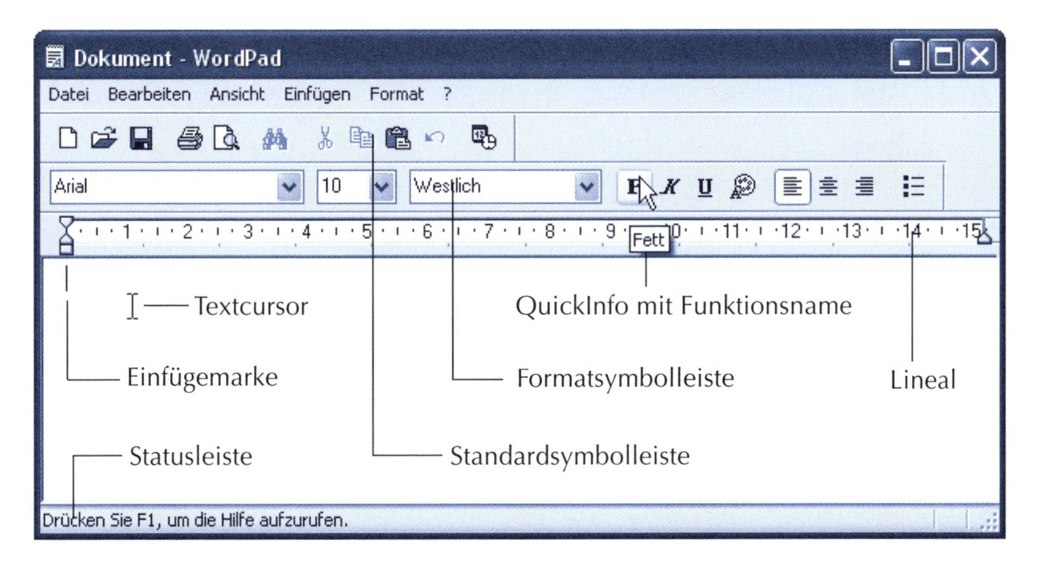

Die meisten Textverarbeitungsprogramme besitzen einen ähnlichen Aufbau, wie er hier am Beispiel des WordPad-Fensters gezeigt wird. Bevor wir jetzt gemeinsam den ersten Text schreiben, noch einige Hinweise. Ich hatte Ihnen ja versprochen, dass unter Windows viele Programme auf die gleiche Weise funktionieren. Erkennen Sie die von anderen Fenstern bereits bekannten Elemente? WordPad benutzt ein **Fenster**, welches eine **Menüleiste**, zwei **Symbolleisten**, eine **Statusleiste** und ein **Lineal** besitzt. Über die **Menüleiste** können Sie die einzelnen Befehle zur Gestaltung des Dokuments abrufen. Die **Symbolleisten** enthalten in WordPad die Schaltflächen und Elemente, um den Text zu speichern, zu drucken und mit Auszeichnungen (d.h. Formatierungen wie Schriftarten und -größen) zu versehen. Wie Sie ein Menü öffnen, das Fenster vergrößern oder auf eine Schaltfläche klicken, wissen Sie ja bereits aus den vorherigen Kapiteln.

Neu ist das weiße **Fensterinnere**, auch **als Textbereich** oder **Dokumentbereich bezeichnet**, der zur **Aufnahme des Texts** dient. Beim Aufruf ist der Dokumentbereich wie ein »weißes Blatt Papier«, auf dem noch kein Text steht. Und es gibt noch zwei weitere Neuerungen. In der linken oberen Ecke des Fensters sehen Sie die **Einfügemarke**. Sobald Sie mit der Maus auf den Dokumentbereich zeigen, nimmt der Mauszeiger die Form des **Textcursors** an.

FACHWORT

Die **Einfügemarke** (auch als Schreibmarke bezeichnet) ist ein senkrechter blinkender schwarzer Strich, der anzeigt, wo das nächste eingegebene Zeichen auf dem Bildschirm eingefügt wird. Einfügemarken werden in Windows überall verwendet, wo Texte einzugeben sind. Die Einfügemarke haben Sie schon in Kapitel 4 beim Umbenennen von Dateinamen kennen gelernt. Zeigen Sie auf den Textbereich, erscheint anstelle des Mauszeigers der bereits erwähnte **Textcursor**. Dieser lässt sich genauso wie der Mauszeiger handhaben. Sie können mit dem Textcursor auf ein Wort zeigen, etwas markieren oder klicken.

HINWEIS

Fehlt der WordPad-Eintrag im Startmenü? Bei neueren Windows-Versionen ist der Eintrag vielleicht bloß verdeckt. Klicken Sie im Menü *Zubehör* auf das am unteren Rand sichtbare Symbol, um das personalisierte Menü zu erweitern. Ist der Eintrag für WordPad auch im vollständigen Menü nicht zu finden, ist das Programm nicht installiert. In Kapitel 8 wird gezeigt, wie Sie solche optionalen Windows-Programme nachträglich auf dem Rechner installieren. Besitzt *WordPad* bei Ihnen keine Symbolleisten oder fehlt das Lineal? Sie müssen nur auf das Menü *Ansicht* klicken und dann den Befehl anwählen, um die Leisten oder das Lineal ein- bzw. auszublenden. Ein Häkchen vor dem Befehl signalisiert, dass das Element angezeigt wird. Diese Technik funktioniert übrigens bei vielen Programmen (Ordnerfenster, Microsoft Word etc.).

Ein neues Textdokument anlegen

Beim Start eines Textverarbeitungsprogramms legt dieses automatisch ein neues Dokument an. Möchten Sie im Programmfenster ein neues Dokument erzeugen?

A Neu

1 Klicken Sie in der *Standard*-Symbolleiste auf die Schaltfläche *Neu* (oder wählen Sie den Befehl *Neu* im Menü *Datei*).

Die Reaktion hängt vom benutzten Textverarbeitungsprogramm ab. Bei Microsoft Word oder dem Writer legt die Schaltfläche *Neu* sofort ein neues, leeres Dokument an. Der Befehl *Neu* im Menü *Datei* öffnet dagegen ein Dialogfeld, in dem Sie eine Textvorlage (z.B. Briefentwurf) wählen können. WordPad fragt dagegen immer nach, welcher Dokumenttyp gewünscht wird.

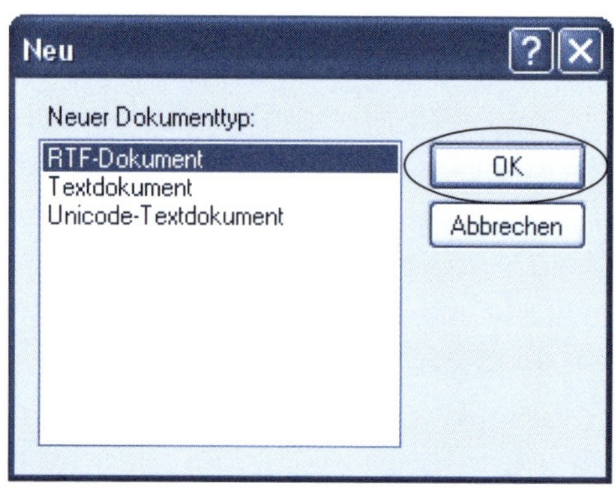

2 Klicken Sie auf den Dokumenttyp »RTF-Dokument« und dann auf die *OK*-Schaltfläche.

Bei vielen Programmen können mehrere Dokumente gleichzeitig geladen sein. WordPad kann aber nur ein Textdokument bearbeiten. War bereits Text im Dokumentfenster vorhanden, der geändert, aber noch nicht gespeichert wurde? Dann fragt WordPad (wie andere Windows-Programme auch) zur Sicherheit nach, ob diese Änderungen gespeichert oder verworfen werden sollen.

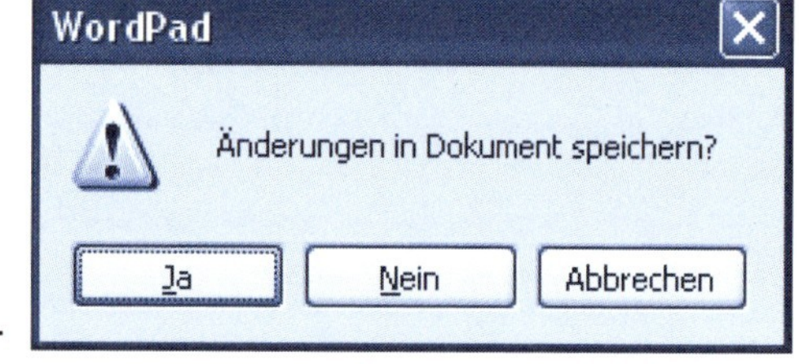

Wählen Sie die Schaltfläche *Nein*, wird das Dokument verworfen. Über die Schaltfläche *Abbrechen* gelangen Sie zum Dokumentfenster zurück.

Wählen Sie dagegen die *Ja*-Schaltfläche, gelangen Sie in den Dialogschritt zum Speichern des Dokuments (siehe folgende Seiten). Dieser Dialog erscheint auch, wenn Sie ein Windows-Programm über die *Schließen*-Schaltfläche beenden, ohne vorher ein geladenes und geändertes Dokument zu speichern. Sie sehen, Windows bzw. die Programme passen auf, und weisen Sie ggf. auf solche Fehler hin.

Auch wenn nachfolgend WordPad in den Beispielen genutzt wird, können Sie die Anweisungen eins-zu-eins in Microsoft Word oder in StarOffice/OpenOffice.org Writer verwenden.

Grundlagen zur Texteingabe

Das Eingeben von Texten (Briefe, Einkaufslisten, Berichte etc.) ist in Windows sehr einfach. Sobald Sie das Textverarbeitungsprogramm gestartet und ein neues Dokument geholt haben, zeigt die Schreibmarke die Position im Fenster an, an der neue Texte eingefügt werden. Tippen Sie einfach den gewünschten Text ein. Hier sehen Sie einen Beispielbrief, der zur Demonstration (mit einigen Fehlern) eingetippt wurde. Sie sollten diesen oder einen ähnlichen Text eintippen.

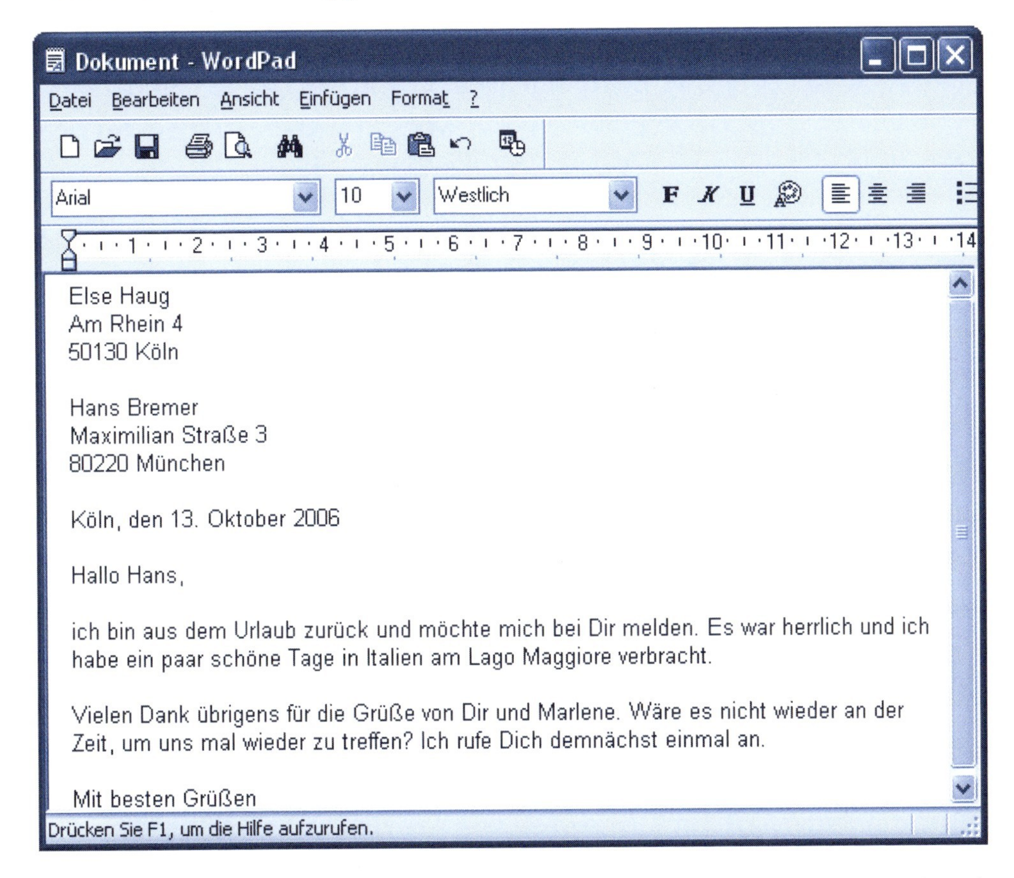

Die Texteingabe gleicht dem Schreiben eines Briefes auf der Schreibmaschine. Auch wenn Sie kein Zehnfingersystem für Schreibmaschinen beherrschen und mit zwei Fingern unter Verwendung der »Adler-Suchtechnik« arbeiten, ist dies nicht tragisch.

Tippen Sie einfach die Zeichen, um die betreffenden Wörter zu schreiben. Der **Zwischenraum** zwischen den Wörtern wird durch die Leertaste ( ) am unteren Rand der Tastatur eingefügt. **Großbuchstaben** erhalten Sie, wenn Sie gleichzeitig mit der Taste die Umschalttaste (⇧) drücken. Auf diese Weise können Sie auch **Sonderzeichen** wie § oder % über die oberste Tastenreihe abrufen. Wenn Sie eine Taste länger festhalten, schaltet der Computer in den Wiederholmodus. Dann wird das Zeichen automatisch bei der Eingabe wiederholt.

TIPP

Liefern plötzlich alle Tasten Großbuchstaben und beim Drücken der Umschalttaste (⇧) erscheinen Kleinbuchstaben? Dann haben Sie versehentlich die Feststelltaste (⇩) gedrückt und die Tastatur auf Großschreibung umgestellt. Um den Modus aufzuheben, tippen Sie kurz die ⇧-Taste an. Ein irrtümlich eingegebenes Zeichen lässt sich durch Drücken der ⇦-Taste sofort löschen.

Manche Tasten sind mit drei Symbolen versehen. Drücken Sie die Taste, erscheint das erste Zeichen, mit der ⇧-Taste rufen Sie das zweite Zeichen hervor und das dritte Zeichen erhalten Sie, wenn Sie gleichzeitig die Taste AltGr drücken. Die Tilde ~ wird also beispielsweise mit der Tastenkombination AltGr+\+ eingegeben. Die Tastenkombination AltGr+E erzeugt dagegen das **Euro-Währungszeichen**.

Im Anhang finden Sie übrigens eine Übersicht über die Tastatur. Dort werden die wichtigsten Tasten vorgestellt. Mit etwas Übung bekommen Sie sich schnell Routine und bringen auch längere Texte flott zu »Papier«. Und vor allem, Sie brauchen keine Angst vor Tippfehlern zu haben. Was auf der Schreibmaschine in mühselige Arbeit mit Korrekturband und Tipp-Ex ausartete, lässt sich am Computer mit wenigen Tastendrücken korrigieren. Eine echte Erleichterung!

Wer schon Erfahrung mit der Schreibmaschine hat, soll bitte noch an eine Besonderheit denken: Gelangen Sie beim **Schreiben eines Absatzes** an den rechten Zeilenrand, drücken Sie keinesfalls die

Eingabetaste (↵) sondern tippen Sie einfach weiter. WordPad und andere Programme »schreiben« automatisch den Text in der nächsten Zeile weiter. Nur bei Einzelzeilen wie Adressangaben oder Listen müssen Sie per ↵-Taste **zum nächsten Absatz weiterschalten**.

Texte bearbeiten

Haben Sie den Beispieltext im WordPad-Fenster eingetippt? Ich habe im Original vorsätzlich einige Tippfehler eingebaut. Aber auch ohne einen solchen »Vorsatz« geht es bei der Eingabe von Texten selten ohne Fehler ab. Schnell wird ein Wort vergessen, ein Buchstabe ist doppelt oder es sind Ergänzungen erforderlich. Und beim späteren Lesen eines eigenen Textes fallen Ihnen vermutlich weitere Fehler auf. Ich erinnere mich noch gut an meine Zeit als Lehrling und später als Student: Damals hieß es, einen neuen Papierbogen in die Schreibmaschine spannen und alles nochmal neu schreiben – um dann vielleicht andere Fehler zu machen.

Gottlob hat sich dies mit der Einführung des Computers und den verfügbaren Textprogrammen grundlegend geändert. Gerade Korrekturen sind eine der Stärken von WordPad. Daher möchte ich jetzt kurz auf die betreffenden Techniken eingehen.

Text löschen

Haben Sie das auf den vorhergehenden Seiten eingegebene Dokument vor sich auf dem Bildschirm? Es sind einige überflüssige Buchstaben in den Text gerutscht. Diese überflüssigen Buchstaben und Textteile des vorherigen Beispiels sollen nun korrigiert werden.

Das Wort »zurück« in der dritten Zeile des ersten Absatzes weist gleich zwei Tippfehler auf.

dem Urlaub zu|rügck und

1 **Klicken** Sie im Text **vor das** zu entfernende **Zeichen**.

2 Drücken Sie die Taste Entf.

WordPad entfernt jetzt das rechts von der Einfügemarke stehende Zeichen.

Urlaub zurügck und

Nun ist noch der zweite Tippfehler im Wort zu korrigieren – der Buchstabe »g« ist überflüssig. Sie könnten die beiden letzten Schritte wiederholen. Zur Übung möchte ich aber etwas anderes vorschlagen.

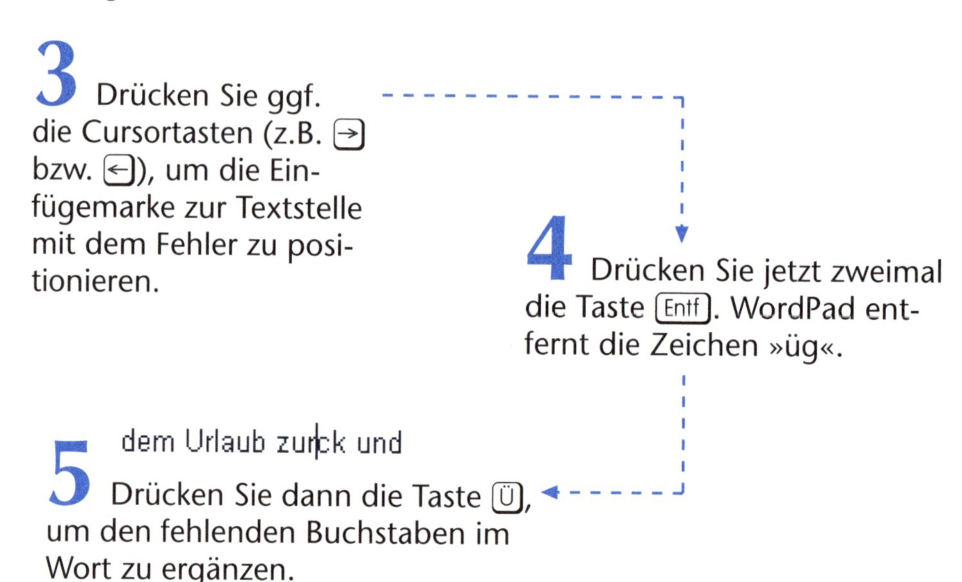

3 Drücken Sie ggf. die Cursortasten (z.B. [→] bzw. [←]), um die Einfügemarke zur Textstelle mit dem Fehler zu positionieren.

4 Drücken Sie jetzt zweimal die Taste [Entf]. WordPad entfernt die Zeichen »üg«.

5 Drücken Sie dann die Taste [Ü], um den fehlenden Buchstaben im Wort zu ergänzen.

WordPad rückt beim Eintippen eines Zeichens den übrigen Text der Zeile einfach nach rechts. Sie können also einen oder mehrere Buchstaben oder sogar ganze Wörter bzw. Sätze im Text ergänzen.

Kommen wir zur nächsten Korrektur. Im Wort »möchtes« in der ersten Zeile ist ein »s« zu viel. Auch das ist schnell korrigiert – jetzt aber mit einer anderen Variante:

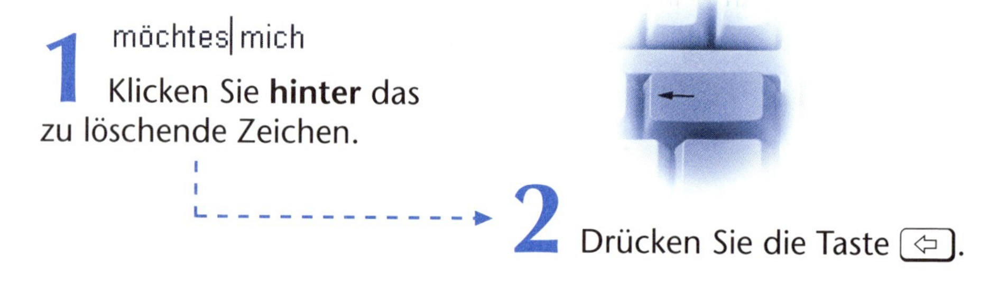

1 Klicken Sie **hinter** das zu löschende Zeichen.

2 Drücken Sie die Taste [⇦].

möchte| mich

WordPad löscht jetzt das links vom Textcursor stehende Zeichen und schließt die Lücke, indem es den restlichen Text der Zeile automatisch nach links zieht.

Sie sehen, es ist ganz einfach, einen Tippfehler zu korrigieren. Bei genauer Betrachtung ist die Sache sogar recht bequem. Sie müssen nur per Maus auf den fehlerhaften Text klicken. Mit der Taste [Entf] löschen Sie immer **Zeichen**, die rechts von der Einfügemarke stehen. Um ein Zeichen links von der Einfügemarke zu **entfernen**, drücken Sie die [⇦]-Taste. Durch wiederholtes Drücken dieser Tasten lassen sich auch mehrere Zeichen löschen. Aber es gibt noch mehr Korrekturmöglichkeiten!

Text einfügen und überschreiben

Haben Sie den im vorherigen Abschnitt korrigierten Textentwurf noch? Bei der zweiten Korrektur haben wir einfach zwei Buchstaben gelöscht und dann ein neues Zeichen eingefügt. WordPad hat den restlichen Text der Zeile nach rechts eingerückt. Dies können Sie gezielt nutzen, um ganze Textteile einzufügen. Außerdem lässt sich steuern, ob der Text eingefügt wird oder ob neu eingetippte Zeichen die aktuelle Zeile überschreiben. Wie sieht es aus, haben Sie Lust, noch eine weitere Übung zu machen?

Italien |verbracht.

1 Klicken Sie an die betreffende Textstelle.

Italien am Lago Maggiore |verbracht.

2 Tippen Sie den gewünschten Text ein.

WordPad fügt die neu eingetippten Buchstaben (wie erwartet) an der Position der Textmarke im Dokument ein. Der restliche Text der Zeile wird einfach nach rechts verschoben. Praktisch, oder? Aber eigentlich kennen Sie das ja bereits aus dem vorherigen Abschnitt.

Sehen wir uns einmal an, ob wir auch einen bestehenden Text einfach überschreiben können. Dann sparen Sie sich das Löschen des beim Einfügen nach rechts gerückten Texts. Im zweiten Abschnitt des Beispielbriefs soll das Wort »Größe« wohl »Grüße« heißen. Also ist der Buchstabe »ö« durch ein »ü« zu ersetzen, d.h., durch den betreffenden Buchstaben zu überschreiben.

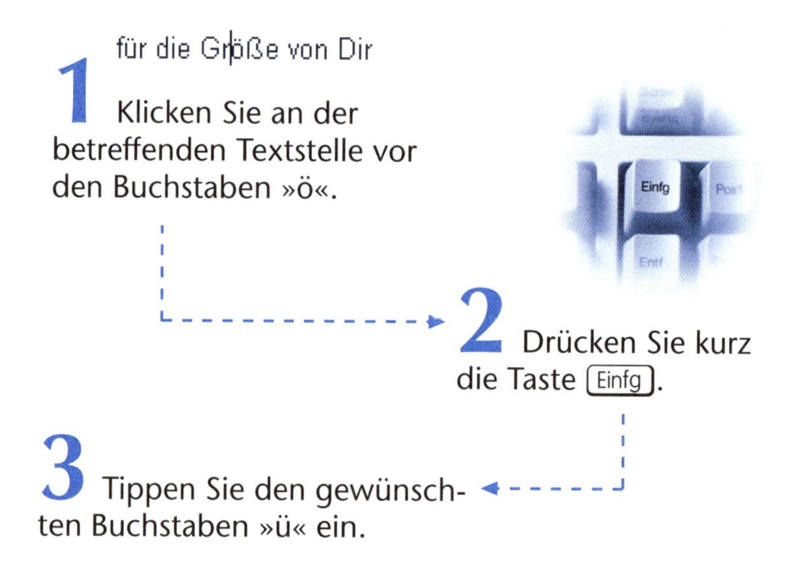

WordPad überschreibt nun den Buchstaben »ö« durch den eingetippten Buchstaben »ü«.

die Grüße von

Das ist ganz einfach! Soll der rechts von der Textmarke stehende Text mit den neu eingetippten Buchstaben überschrieben werden, müssen Sie nur die Taste Einfg auf dem numerischen Ziffernblock drücken. WordPad aktiviert den Modus »Überschreiben«. Anschließend tippen Sie den neuen Text ein. Dieser überschreibt den bereits vorhandenen Text. Ein zweites Drücken der Taste Einfg schaltet den Modus wieder auf »Einfügen« zurück.

Positionieren im Text

Die Einfügemarke können Sie an jeder Stelle im Text positionieren, indem Sie mit der Maus vor den jeweiligen Buchstaben klicken. Sie dürfen aber auch die so genannten **Cursortasten** sowie weitere

Tasten benutzen, um die Einfügemarke im Text zu bewegen. Nachfolgend finden Sie eine Auflistung der wichtigsten Tasten und Tastenkombinationen, um die Einfügemarke im Text zu bewegen.

Tasten	Bemerkung
↑	Verschiebt die Einfügemarke im Text eine Zeile nach oben.
↓	Verschiebt die Einfügemarke im Text eine Zeile nach unten.
←	Verschiebt die Einfügemarke im Text ein Zeichen nach links in Richtung Textanfang.
→	Verschiebt die Einfügemarke im Text ein Zeichen nach rechts in Richtung Textende.
Strg+←	Verschiebt die Einfügemarke im Text um ein Wort nach links.
Strg+→	Verschiebt die Einfügemarke im Text um ein Wort nach rechts.
Pos 1	Drücken Sie diese Taste, springt die Einfügemarke an den Zeilenanfang.
Ende	Mit dieser Taste verschieben Sie die Einfügemarke an das Zeilenende.

Markieren von Texten

Bei bestehenden Texten kommt es häufiger vor, dass ganze Sätze oder Textteile gelöscht werden müssen, z.B. wenn Sie einen Rundbrief schreiben, den Sie individuell an die Empfänger anpassen möchten. Sie können hierzu die Einfügemarke an den Anfang des Textbereichs setzen und dann so lange die Entf-Taste drücken, bis alle Zeichen gelöscht sind. Eleganter ist das Löschen aber, wenn Sie den Text vorher **markieren**. Dann reicht ein Tastendruck auf Entf, um den markierten Textbereich zu löschen. Tippen Sie dagegen ein Zeichen ein, löscht das Textprogramm den markierten Text und fügt das eingetippte Zeichen zum Dokument hinzu.

FACHWORT

Das **Markieren** werden Sie in Windows und in den zugehörigen Programmen häufiger gebrauchen können. Sie können Dateien, Symbole, Ordner, Textbereiche oder Bildausschnitte mit der Maus (durch Anklicken oder Ziehen) markieren. Je nach Programm zeigt Windows den markierten Bereich mit einem farbigen Hintergrund oder durch eine gestrichelte Linie an. Haben Sie etwas markiert, wirken alle Befehle, die Sie jetzt geben, auf den Inhalt der Markierung.

Das Markieren lässt sich mit dem farbigen Auszeichnen eines Texts auf einem Blatt Papier vergleichen. In WordPad, in Word oder im Writer benutzen Sie hierzu den Textcursor, den Sie über den zu markierenden Text ziehen.

Nehmen wir an, Sie möchten im Beispielbrief einen Textteil löschen. Dann gehen Sie folgendermaßen vor:

1 Klicken Sie mit der Maus an den Anfang des zu markierenden Textbereichs.

2 Halten Sie die linke Maustaste gedrückt und ziehen Sie die Maus zum Ende des Bereichs, der markiert werden soll.

Der markierte Textbereich wird farbig hervorgehoben.

um uns mal wieder

3 Drücken Sie die Entf-Taste.

Das Textprogramm löscht den gesamten markierten Textbereich.

um wieder

um uns wieder

4 Tippen Sie anschließend den neuen Text »uns« ein.

HINWEIS

Zum **Aufheben einer Markierung** klicken Sie auf eine Stelle außerhalb des markierten Bereichs.

Diese hier gelernten Techniken können Sie an vielen Stellen, z.B. beim Umbenennen von Dateien und Ordnern (siehe Kapitel 4) einsetzen. Vielleicht korrigieren Sie zur Übung die in obigen Briefentwurf eingebrachten Fehler selbstständig.

TIPP

Haben Sie irrtümlich etwas gelöscht, etwas ungewollt überschrieben oder falsch eingetippt? Drücken Sie die Tastenkombination Strg+Z oder klicken Sie in der Symbolleiste des WordPad-Fensters auf die Schaltfläche ↶. Dann wird die **letzte Änderung rückgängig** gemacht. Das kennen Sie vielleicht noch aus Kapitel 4. Dort wurde das Löschen oder Kopieren von Dateien auf gleiche Weise rückgängig gemacht. Also wieder etwas bereits Bekanntes. WordPad, der Writer oder Word können übrigens mehrere Bearbeitungsschritte durch wiederholtes Anklicken der Schaltfläche zurücknehmen.

HINWEIS

Sie können Texte auch mit der Tastatur markieren. Verschieben Sie die Einfügemarke an den Anfang des zu markierenden Bereichs. Anschließend halten Sie die ⇧-Taste gedrückt und verschieben die Einfügemarke durch das Drücken der oben beschriebenen Cursortasten im Text. WordPad markiert die jeweiligen Zeichen. Und hier noch ein paar Tipps zum Markieren des Texts per Maus: **Doppelklicken** Sie auf ein **Wort**, wird **dieses markiert**. Ein **Mausklick vor** eine **Zeile markiert** die komplette **Zeile** (die Einfügemarke hat sich dann in einen Mauszeiger verwandelt). Ein **Dreifachklick auf** ein **Wort markiert** den **Absatz**. Die Tastenkombination Strg+A markiert das gesamte Dokument.

Texte ausschneiden, kopieren und verschieben

Abschließend stellt sich die Frage, wie sich größere Textbereiche in einem Dokument verschieben oder kopieren lassen. Das ist vor allem bei der Übernahme bereits bestehender Textteile äußerst hilfreich. Die nachfolgend beschriebenen Techniken lassen sich nicht nur in WordPad, sondern in fast allen Windows-Anwendungen verwenden. Sie könnten also beispielsweise mit den gleichen Tastendrücken Dateien oder Ordner kopieren.

Sehen wir uns den nun bereits arg strapazierten Beispielbrief an. Des »Sängers Höflichkeit« gebietet, dass die zu grüßende Dame vor dem Herrn aufgeführt wird (erste Zeile im zweiten Absatz).

1 Markieren Sie den auszuschneidenden oder zu verschiebenden Text.

Hier wurde das Wort markiert, das kopiert werden soll.

Dir und Marlene.

2 Wählen Sie den Befehl zum Ausschneiden oder Kopieren.

Diese Befehle lassen sich auf verschiedenen Wegen aufrufen:

Die nebenstehende Schaltfläche mit dem Scherensymbol, der Befehl *Ausschneiden* im Menü *Bearbeiten* oder die Tastenkombination [Strg]+[X] schneiden den markierten Bereich aus. Der markierte Bereich verschwindet im Dokumentfenster.

Die nebenstehende Schaltfläche, der Befehl *Kopieren* im Menü *Bearbeiten* oder die Tastenkombination [Strg]+[C] kopieren den markierten Bereich aus dem Dokumentbereich an die gewünschte Stelle.

In beiden Fällen wird der vorher markierte Bereich in die Windows- **Zwischenablage** übertragen.

FACHWORT

Windows besitzt einen Speicherbereich, der als **Zwischenablage** bezeichnet wird. Wählen Sie die Funktionen *Ausschneiden* oder *Kopieren* (z.B. im Menü *Bearbeiten*), fügt Windows den markierten Bereich (Text, Bildbereiche, Dateinamen etc.) in die Zwischenablage ein. Mit dem Befehl *Einfügen* im Menü *Bearbeiten* wird der Inhalt der Zwischenablage im aktuellen Fenster eingefügt. Der Inhalt der Zwischenablage geht übrigens verloren, wenn Sie den Rechner ausschalten, und beim Einfügen eines neuen markierten Bereichs wird der alte Inhalt der Zwischenablage überschrieben.

3 Klicken Sie in die Zeile hinter »von« und fügen Sie ein Leerzeichen mit der Taste [ ] ein.

4 Klicken Sie auf die Schaltfläche oder wählen Sie im Menü *Bearbeiten* den Befehl *Einfügen* oder drücken Sie die Tastenkombination Strg+V.

WordPad fügt jetzt den **Text** aus der **Zwischenablage** an der **Einfügemarke** im Dokument ein.

von Marlene| Dir und .

Sie haben mit diesem Schritten den vorher markierten Text an die neue Position kopiert (oder verschoben, wenn der Befehl *Ausschneiden* gewählt wurde).

5 Wiederholen Sie nun die letzten Schritte und verschieben Sie den Text »Dir« hinter »und« ans Ende des Satzes.

Damit hat sich wieder ein sinnvoller Satzteil ergeben: »von Marlene und Dir«.

HINWEIS

Sie können nicht nur einzelne Wörter, sondern ganze Sätze, Abschnitte oder auch einen Text insgesamt markieren und diese Teile in die Zwischenablage übernehmen. Anschließend lässt sich der Inhalt der Zwischenablage beliebig oft im Dokument einfügen.

Der **Datenaustausch** über die **Zwischenablage** funktioniert auch **zwischen verschiedenen Fenstern** (also z.B. zwischen zwei Dokumenten). Starten Sie WordPad einfach zweimal. Markieren Sie in einem Fenster den Text, und übernehmen Sie diesen in die Zwischenablage. Dann wechseln Sie zum zweiten Fenster und fügen den Text aus der Zwischenablage wieder ein. Weiter unten in diesem Kapitel wird gezeigt, wie Sie mit dieser Technik eine Grafik aus dem Programm Paint in WordPad übernehmen.

Dokumente speichern, laden und drucken

Nachdem Sie den obigen Brieftext zur Übung bearbeitet haben, möchten Sie ihn vielleicht aufheben. Na ja, der Übungstext ist für die Nachwelt bestimmt nicht so interessant. Aber Sie lernen in diesem Kapitel ja noch mehr und können bald einen eigenen Briefkopf entwerfen. Dann wäre es sicherlich wünschenswert, diesen Briefkopf zur weiteren Verwendung zu speichern und später wieder laden zu können.

So funktioniert das Speichern

In WordPad (und in anderen Programmen) können Sie den Text in Dateien speichern. Zum Speichern sind ebenfalls verschiedene Varianten möglich. Wählen Sie im Menü *Datei* den Befehl *Speichern* oder drücken Sie die Tastenkombination Strg+S, wird das Dokument gespeichert. Da WordPad eine Symbolleiste besitzt, geht das Speichern aber noch einfacher:

1 Klicken Sie in der Symbolleiste auf die Schaltfläche *Speichern*.

Bei einem neuen Dokument erscheint des Dialogfeld *Speichern unter*, welches aber je nach Windows-Version einen geringfügig abweichenden Aufbau besitzt.

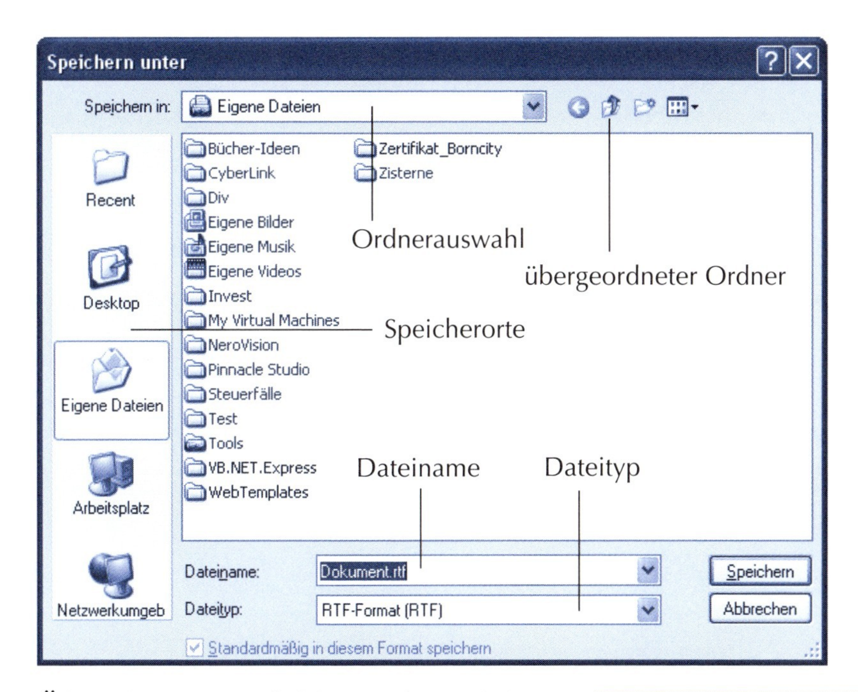

Über das **Listenfeld** *Speichern (in)* wählen Sie ggf. das Laufwerk und den Ordner, in dem die Datei zu speichern ist.

Das Listenfeld lässt sich durch einen Mausklick auf den Pfeil öffnen. Einen Ordner öffnen Sie durch einen Doppelklick auf das zugehörige Symbol.

Auf dieses Listenfeld habe ich bereits in Kapitel 4 hingewiesen. Auch im Ordnerfenster lässt sich ein solches Listenfeld über die Symbolleiste *Adresse* öffnen.

Nun stellt sich noch die Frage, wo wir das Dokument speichern können. Einmal könnten Sie natürlich Briefe auf Disketten speichern (sofern noch ein entsprechendes Laufwerk vorhanden ist). Die Alternative besteht darin, die Textdokumente auf der Festplatte im Ordner *Eigene Dateien* bzw. in Unterordnern zu hinterlegen. Sie könnten z.B. einen Unterordner für private Post, einen weiteren Unterordner für geschäftliche Korrespondenz und so weiter führen. Auch eine Verwendung von Ordnern für die Korrespondenz eines bestimmten Jahres ist denkbar.

Für unsere Zwecke soll das Dokument im Ordner *Eigene Dateien/ Briefe* hinterlegt werden. Falls dieser Unterordner noch nicht existiert, sind einige zusätzliche Schritte erforderlich.

1 Klicken Sie in der Liste *Speichern (in)* des Dialogfeldes (bzw. in der in Windows XP angezeigten Leiste der Speicherorte) auf das Symbol *Eigene Dateien.*

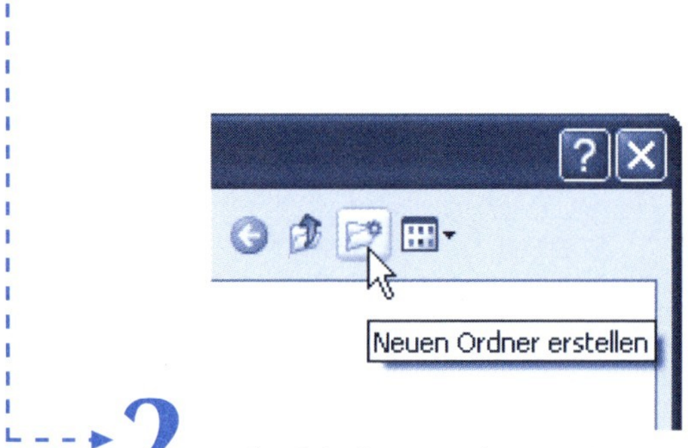

2 Sobald der Ordner *Eigene Dateien* im Dialogfeld angezeigt wird, wählen Sie in der Symbolleiste des Dialogfelds die Schaltfläche *Neuen Ordner erstellen.*

Im Dialogfeld *Speichern unter* wird ein neuer Ordner angelegt.

Briefe

3 Tippen Sie jetzt den Ordnernamen *Briefe* ein.

4 Klicken Sie auf eine freie Stelle des Ordnerfensters, um den Namen zu übernehmen.

5 Doppelklicken Sie auf das neue Ordnersymbol oder markieren Sie das Ordnersymbol und drücken Sie die [↵]-Taste.

Damit haben Sie den Zielordner für das neue Dokument erreicht. Jetzt gilt es, den Namen für die neue Datei sowie deren Dateinamenerweiterung festzulegen. Sie erinnern sich vielleicht noch aus Kapitel 4, dass Windows diese Informationen braucht, um die Datei wiederzufinden und mit dem zugehörigen Programm (hier WordPad) zu öffnen.

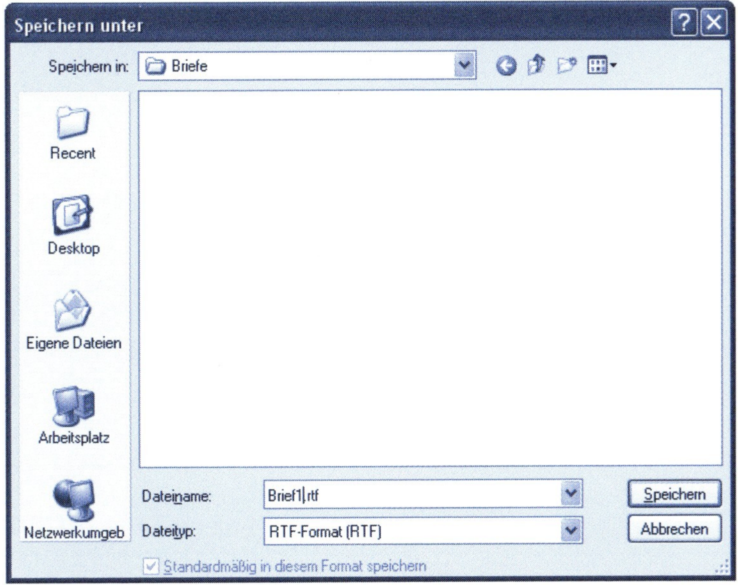

6 Geben Sie jetzt den Dateinamen im Feld *Dateiname* an.

Die Erweiterung *.doc* oder *.rtf* brauchen Sie im Dateinamen nicht unbedingt anzugeben, da WordPad diese meist automatisch in Abhängigkeit vom Dateityp ergänzt.

7 Wählen Sie bei Bedarf den Dateityp im gleichnamigen Listenfeld. Klicken Sie hierzu auf den Pfeil des Listenfelds und wählen Sie den Eintrag *RTF-Format (RTF).*

HINWEIS

Standardmäßig verwendet WordPad das auch in Microsoft Word unterstützte RTF-Dateiformat (Dateinamenerweiterung *.rtf*). Bei älteren Windows-Versionen unterstützt WordPad im Feld *Dateityp* auch den Eintrag *Word für Windows 6.0* (Dateinamenerweiterung *.doc*). Beide Formate können mit Programmen wie Microsoft Word oder Writer (aus OpenOffice.org bzw. StarOffice) gelesen werden. Beim Dateityp *Textdokument* (Dateinamenerweiterung *.txt*), speichert WordPad das Dokument als einfache Textdatei – dann geht die Formatierung (siehe Folgeseiten) verloren. Markieren Sie das Kontrollkästchen *Standardmäßig in diesem Format speichern,* bleibt das zuletzt eingestellte Dateiformat erhalten und wird automatisch bei den nächsten Dokumenten eingestellt. Das Aussehen des Dialogfelds *Speichern unter* weicht bei einigen Windows-Versionen etwas von der hier gezeigten Variante ab – in Windows XP findet sich z.B. am linken Rand eine Spalte mit Symbolen für wichtige Speicherorte.

8 Klicken Sie auf die Schaltfläche *Speichern.*

WordPad schließt das Dialogfeld und legt jetzt das Dokument in einer Datei im gewünschten Ordner ab. Die Datei erhält den von Ihnen gewählten Namen und die zugehörige Dateinamenerweiterung. Wenn Sie jetzt WordPad beenden und den Rechner ausschalten, bleibt die Datei erhalten und Sie können das Dokument später wieder im Programm laden.

Möchten Sie ein geändertes Dokument später erneut speichern, reicht ein Mausklick auf die Schaltfläche *Speichern*. WordPad sichert dann die Änderungen in der zugehörigen Datei ohne weitere Nachfragen.

Ein Dokument unter neuem Namen speichern

Um ein Dokument unter einem neuen Namen zu speichern, wählen Sie im Menü *Datei* den Befehl *Speichern unter*. Dann erscheint das oben gezeigte Dialogfeld *Speichern unter* und Sie können einen neuen Dateinamen angeben.

TIPP

In den Dialogfeldern *Speichern unter* und *Öffnen* können Sie mit der rechten Maustaste ein Kontextmenü öffnen und Befehle zur Dateibearbeitung (löschen, umbenennen etc.) abrufen.

Wie kann ich ein Dokument laden?

Textdokumente lassen sich in WordPad **laden** (d.h. aus der Datei lesen) und anschließend anzeigen, bearbeiten oder drucken.

1 Klicken Sie im WordPad-Fenster auf die Schaltfläche *Öffnen*.

WordPad öffnet dieses Dialogfeld, welches aber je nach Windows-Version etwas anders aussieht.

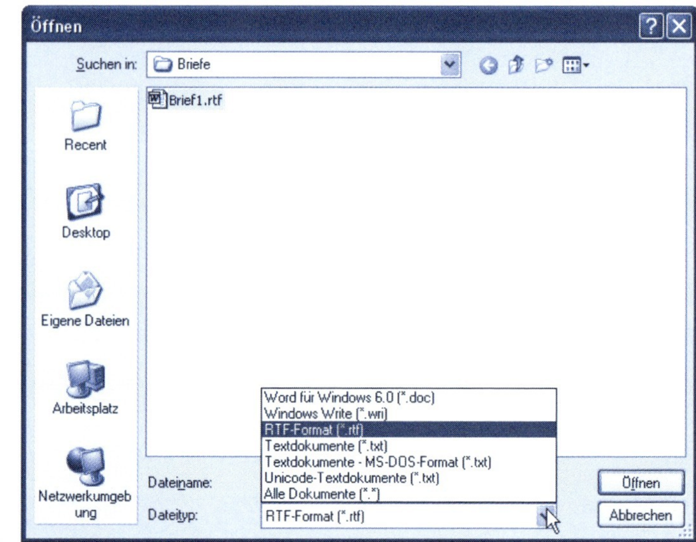

2 Stellen Sie, falls nicht angezeigt, im Listenfeld *Dateityp* »Word für Windows 6.0 (*.doc)« oder »RTF-Format(*rtf)« ein.

3 Wählen Sie, wie auf den vorherigen Seiten beim Speichern gezeigt, den Ordner aus, der die zu ladende Datei enthält (einfach auf die Ordnersymbole doppelklicken, bis der Unterordner *Eigene Dateien/Briefe* erscheint).

4 Klicken Sie auf die Datei, die Sie öffnen möchten.

5 Klicken Sie auf die Schaltfläche *Öffnen*.

WordPad lädt anschließend die Datei und zeigt das Ergebnis im Dokumentfenster an. Das ist doch ganz einfach, oder? Die einzige Schwierigkeit besteht vielleicht darin, den Ordner zu finden, in dem die Datei gespeichert ist.

HINWEIS

WordPad kann nicht nur Dateien mit der Erweiterung *.doc* laden. Über das Listenfeld *Dateityp* lassen sich auch Dateien mit Erweiterungen wie *.txt* (Textdateien) oder *.rtf* (spezielle Textdateien aus Word für Windows) laden. Am günstigsten ist der Wert »Alle Dokumente(*.*)«, da dann alle Dateien des Ordners angezeigt werden. Sie können dann eine für WordPad geeignete Dokumentdatei (*.txt, .doc, .rtf, .wri*) wählen.

TIPP

Und es gibt noch einen Trick, wie Sie eine Dokumentdatei sehr einfach laden können. Öffnen Sie ein Ordnerfenster (z.B. über das Desktop-Symbol *Arbeitsplatz*) und suchen Sie die Datei. Dann reicht es, das Symbol der Dokumentdatei (z.B. *Brief1.doc*) mit einem Doppelklick anzuwählen. Windows erkennt anhand der Dateinamenerweiterung, mit welchem Programm die Datei erstellt wurde. Dieses Programm wird dann gestartet und die Datei geladen. Falls Sie Microsoft Word auf dem Computer installiert haben, nimmt Windows dieses Programm zum Öffnen einer *.rtf*-oder *.doc*-Datei (auch wenn Sie diese Datei vielleicht mit WordPad erstellt haben). Das Gleiche gilt sinngemäß für das Programm Writer, falls OpenOffice.org oder StarOffice auf dem Computer eingerichtet ist.

Jetzt wird gedruckt

Das **Drucken** eines **Dokuments** ist mit WordPad sehr einfach.

1 Klicken Sie in der Symbolleiste auf die nebenstehend gezeigte Schaltfläche mit dem Druckersymbol.

Das war's schon. Während des Ausdrucks zeigt WordPad kurzzeitig ein Dialogfeld an, über dessen Schaltfläche *Abbrechen* Sie den Ausdruck stoppen können.

Bei längeren Dokumenten wie einem Reisebericht möchten Sie vielleicht nur eine oder mehrere Seiten und nicht das ganze Dokument drucken. Oder Sie benötigen mehr als eine Kopie. Auch diese Funktionen lassen sich unter Windows abrufen – und der hier gezeigte Ansatz funktioniert bei fast allen Windows-Programmen gleich!

1 Wählen Sie im Menü *Datei* den Befehl *Drucken* oder drücken Sie die Tastenkombination Strg+P.

Dann erscheint das Dialogfeld *Drucken*. Dieses Dialogfeld sieht zwar bei den verschiedenen Windows-Versionen unterschiedlich aus, aber die wichtigsten Elemente entsprechen sich. Über die Liste *Drucker auswählen* bzw. über das Listenfeld *Name* können Sie z.B. den **Drucker wählen** (falls mehrere Drucker installiert sind).

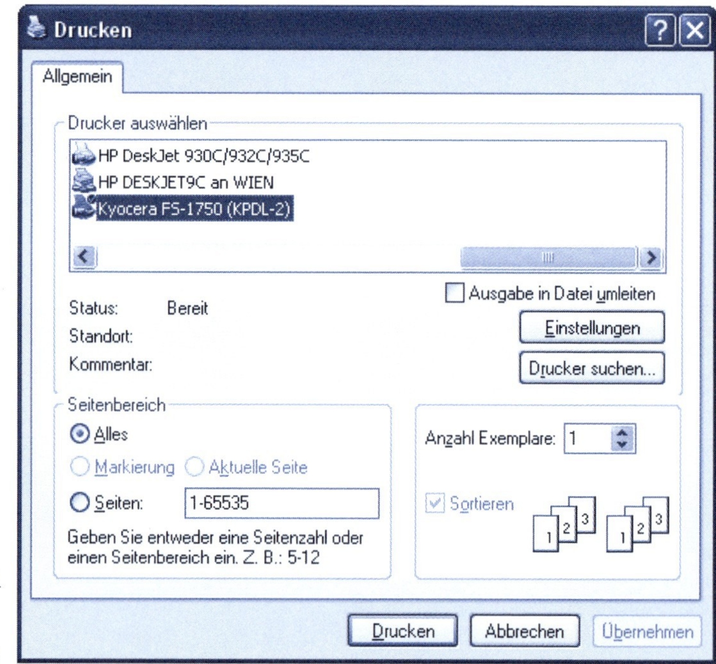

Die Schaltfläche *Einstellungen* bzw. *Eigenschaften* erlaubt Druckereinstellungen, wie die Anpassung des Papierformats, vorzunehmen. Möchten Sie nur einzelne Seiten eines Dokuments drucken?

2 Klicken Sie im Dialogfeld *Drucken* auf das Optionsfeld *Seiten* und geben Sie die zu druckenden Seitenzahlen in den Feldern *von* und *bis* ein.

1

3 Benötigen Sie mehrere Kopien, klicken Sie auf das Drehfeld *Anzahl der Exemplare.* Dann können Sie entweder die Kopienzahl per Tastatur eintippen oder den Zähler durch Anklicken der beiden Schaltflächen erhöhen oder erniedrigen.

4 Um den Ausdruck zu starten, klicken Sie auf die mit *OK* oder *Drucken* bezeichnete Schaltfläche.

Und was noch ganz praktisch ist: Sie müssen nicht warten, bis der Drucker fertig mit dem Ausgeben der Seiten ist. Windows speichert vielmehr die Druckausgaben von WordPad (oder anderen Programmen) zwischen. Sie können dadurch bereits nach kurzer Zeit mit der Anwendung weiterarbeiten, während der Drucker noch beschäftigt ist. Wer viel druckt, wird dies zu schätzen wissen.

HINWEIS

Der genaue Aufbau des Dialogfelds *Drucken* hängt neben der Windows-Version auch vom benutzten Programm ab. Weitere Informationen zu diesen Funktionen finden Sie in der Programmhilfe sowie in der Direkthilfe des betreffenden Dialogfelds.

Und wie lässt sich WordPad beenden?

Um WordPad zu beenden, klicken Sie entweder auf die Schaltfläche *Schließen* in der rechten oberen Ecke des WordPad-Fensters oder Sie wählen den Befehl *Beenden* im Menü *Datei*.

Enthält das Dokumentfenster noch ungespeicherte Änderungen, erscheint die folgende Warnung.

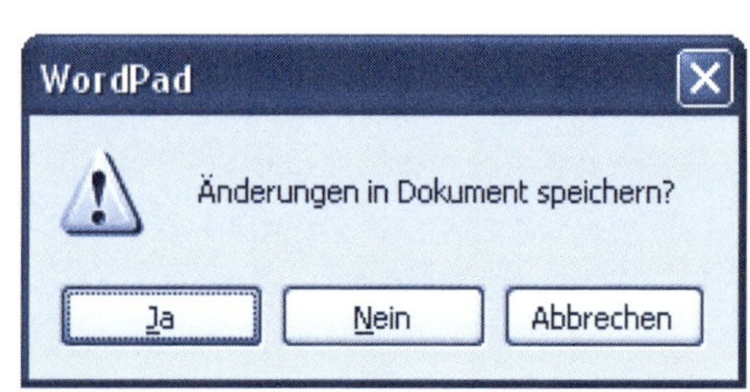

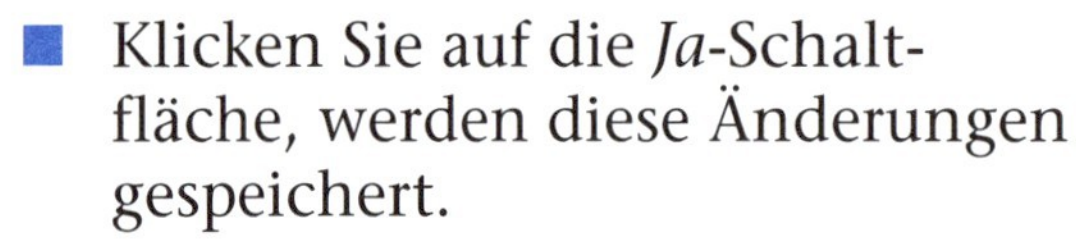

- Klicken Sie auf die *Ja*-Schaltfläche, werden diese Änderungen gespeichert.
- Mit der *Nein*-Schaltfläche wird WordPad beendet und die Änderungen werden verworfen.

Haben Sie irrtümlich die Funktion zum Beenden aufgerufen? Um mit WordPad weiterzuarbeiten, klicken Sie auf die Schaltfläche *Abbrechen*.

HINWEIS

Die Funktion zum Beenden eines Programms kennen Sie bereits aus früheren Kapiteln. Auch hier können Sie bereits erlerntes Wissen wieder verwenden. Neu ist lediglich, dass WordPad Sie daran erinnert, wenn ungespeicherte Änderungen am Dokument verloren gehen können.

Ein Textdokument formatieren

Der in den vorhergehenden Lernschritten entworfene Brief besteht aus reinem Text. Als simpler Schreibmaschinenersatz mit komfortabler Korrekturfunktion ist das schon ganz nett. Dafür braucht man aber keinen teuren Computer samt

FACHWORT

Die Gestaltung eines Textdokuments mit verschiedenen Schrifteffekten wie Fett, Farbe, größere Buchstaben etc. bezeichnet man auch als **formatieren**.

Drucker. Vermutlich haben Sie bereits häufiger Schriftstücke wie Briefe oder Einladungen bekommen, die besonders schön gestaltet waren. Bestimmte Textstellen waren fett gedruckt und Überschriften standen in der Zeilenmitte. In WordPad können auch Sie Ihre Dokumente entsprechend **formatieren**.

1 Markieren Sie den zu formatierenden Textbereich. Wie dies funktioniert, ist auf den vorhergehenden Seiten beschrieben.

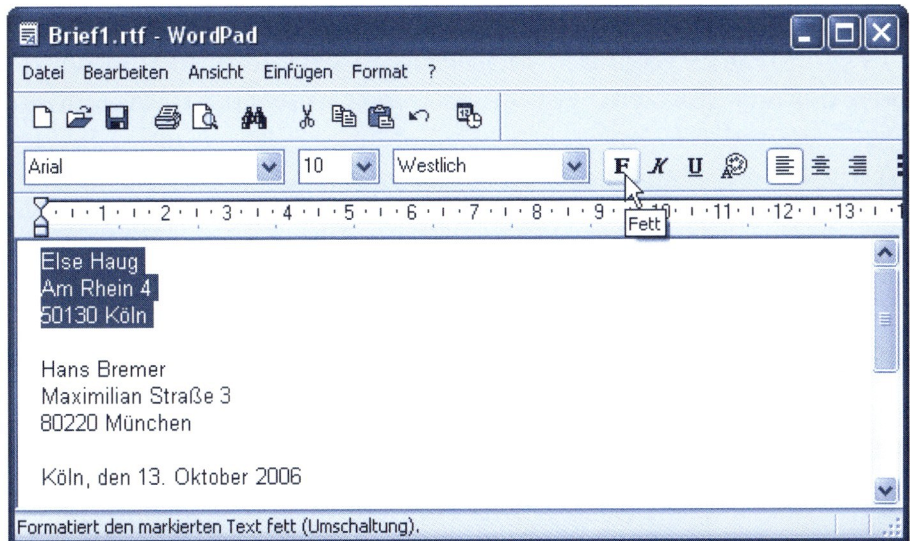

2 Anschließend weisen Sie die gewünschten Formate über die Elemente der *Format*-Symbolleiste oder die Befehle des Menüs *Format* zu.

Wenn Sie die Markierung wieder aufheben, ist das zugewiesene Format im Textdokument zu sehen. Bei der Formatierung wird dabei noch unterschieden, ob sich das Format auf die Zeichen eines Texts (z.B. Fettschrift) oder auf die Absätze (linksbündig oder rechtsbündig ausgerichtet) bezieht. Nachfolgend finden Sie eine Kurzübersicht über diese Formatvarianten.

Zeichen formatieren

Sie können Textstellen in WordPad fett, kursiv oder unterstrichen hervorheben. WordPad bietet Ihnen hierzu drei Schaltflächen:

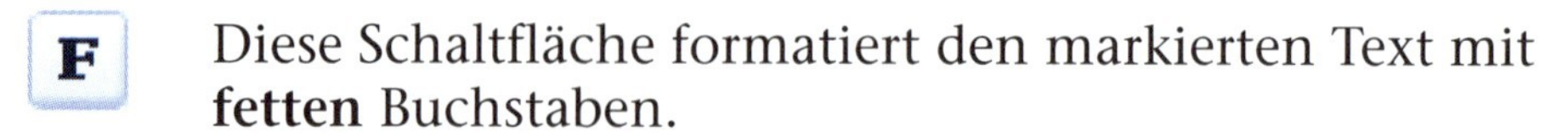

Diese Schaltfläche formatiert den markierten Text mit **fetten** Buchstaben.

Klicken Sie auf diese Schaltfläche, erscheint der markierte Text mit schräg gestellten Buchstaben. Man bezeichnet dies auch als *kursiv*.

Um einen markierten Text zu unterstreichen, klicken Sie auf diese Schaltfläche.

Klicken Sie eine solche Schaltfläche an, wird ein markierter Text oder der anschließend eingetippte Text in der entsprechenden Weise formatiert.

TIPP

Sie erkennen an einer »eingedrückt« dargestellten Schaltfläche, welcher Formatmodus für den markierten Text gerade eingeschaltet ist. Klicken Sie auf eine solche eingedrückte Schaltfläche, hebt WordPad die Formatierung für den markierten Text wieder auf.

Falls Sie einen farbigen Text benötigen, markieren Sie diesen und klicken auf diese Schaltfläche. Dann öffnet sich ein Menü mit einer Farbpalette zur Farbauswahl.

WordPad kann (markierte) Texte auch in größerer oder kleinerer Schrift ausgeben. Der Fachbegriff für die Schriftgröße lautet **Schriftgrad** und die Maßeinheit ist **Punkt**. Markieren Sie einen Text und klicken Sie in der *Format*-Symbolleiste auf die Schaltfläche des Listenfelds *Schriftgrad*, können Sie einen der in der Liste angezeigten Werte per Mausklick abrufen. Der Text wird dann mit diesem Schriftgrad angezeigt. In Briefen wird meist ein Schriftgrad von 10 oder 11 Punkt benutzt. Absenderangaben im Fenster eines Briefkuverts lassen sich mit 8 Punkt formatieren.

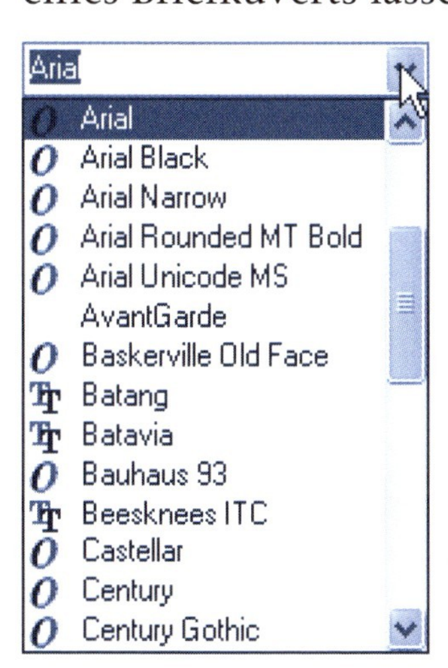

Zur Darstellung von Texten werden so genannte **Schriftarten** benutzt. Es gibt verschiedene Schriftarten (Times Roman, Courier, Helvetica etc.), die für unterschiedliche Stile stehen. Markieren Sie den Text, öffnen Sie das Listenfeld *Schriftart* der *Format*-Symbolleiste und wählen Sie die gewünschte Schriftart aus. Für Überschriften wählt man gerne »Arial«, während »Times New Roman« die Lesbarkeit längerer Texte verbessert.

Wichtig ist beim Gestalten von Schriftstücken, dass Sie nicht zu viele unterschiedliche Formate verwenden, da das Ergebnis sonst etwas »wild« wirkt und schlecht lesbar ist.

Absätze ausrichten

Neben Zeichenformaten können Sie auch ganzen Absätzen bestimmte Absatzformate zuweisen. Mit den drei Schaltflächen *Linksbündig*, *Zentrieren* und *Rechtsbündig* der Symbolleiste können Sie den Text am linken (Seiten-) Rand, in der Zeilenmitte und am rechten Rand ausrichten.

Die Schaltfläche *Linksbündig* sorgt dafür, dass die Zeilen am linken Rand ausgerichtet werden. Erreicht der Text den rechten Rand, wird das nächste Wort automatisch in die Folgezeile übernommen (umbrochen). Weil die Zeilen am rechten Rand unterschiedlich lang sind, bezeichnet man dies auch als Flattersatz. Eine linksbündige Ausrichtung ist die übliche Art der Texterfassung.

Verwenden Sie die Schaltfläche *Zentrieren*, um Texte in die Mitte zwischen dem linken und rechten Rand zu setzen. Diese Anordnung eignet sich zum Beispiel zur Gestaltung von Überschriften.

Über die Schaltfläche *Rechtsbündig* enden die Textzeilen am rechten Seitenrand, während der Flattersatz sich auf den linken Rand bezieht.

Die Art der Ausrichtung erkennen Sie an den Linien des Schaltflächensymbols. Außerdem blendet WordPad eine QuickInfo mit dem Namen der Funktion ein, sobald Sie auf eine dieser Schaltfläche zeigen. Bei Word bzw. beim Writer gibt es noch eine vierte Schaltfläche *Blocksatz*, die den Text am linken und rechten Rand ausrichtet. Das **Ausrichten** bezieht sich auf den **markierten Textbereich** oder den aktuellen **Absatz**. Hier sehen Sie einen Textausschnitt des Briefs, der mit verschiedenen Zeichen- und Absatzformaten gestaltet wurde.

Ilse Meisner
Am Rheinpfad 3a
50130 Köln
Tel. 06520-3-001

Ilse Meisner - Am Rheinpfad 3a -50130 Köln

Herrn Hans Brenner
Am Stachus 3
80220 München

Köln, den 13. Oktober 2006

HINWEIS

Mit dem auf den vorhergehenden Seiten vermittelten Wissen beherrschen Sie die Grundlagen zur Texteingabe und -gestaltung. Sie sollten daher sofort mit den meisten Textverarbeitungsprogrammen (wie Word, Writer etc.) arbeiten können, da diese die gleichen Techniken verwenden. Wer die umfangreichen Funktionen von Microsoft Word bzw. dem Writer nutzen möchte, sei auf meine bei Markt+Technik publizierten Titel »Computer – leichter Einstieg für Senioren« und »Easy – Office« verwiesen. Dort erfahren Sie Schritt-für-Schritt, wie Sie Dokumente gestalten, Texte über die Randsteller des Lineals nach links oder rechts einziehen, Listen mit Tabulatoren oder Tabellen gestalten, Grafiken im Dokument einfügen und vieles mehr.

Bilder mit Paint erstellen

Windows enthält auch das Programm *Paint*. Mit diesem Programm können Sie einfache Bilder bearbeiten oder kleine Zeichnungen und Malereien erstellen.

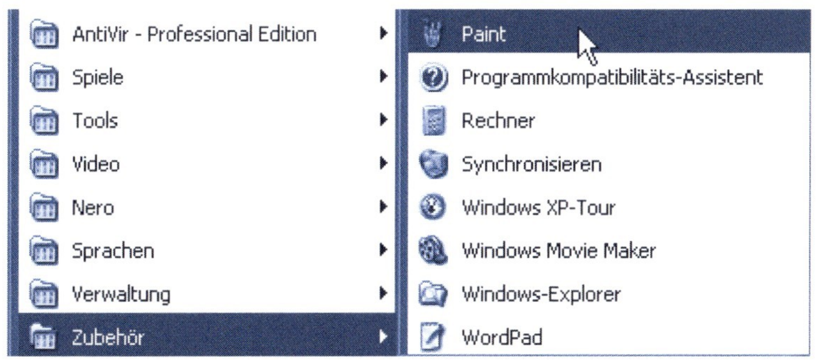

1 Klicken Sie im Startmenü auf *(Alle) Programme/ Zubehör/Paint*.

Windows startet das Programm *Paint*. Paint zeigt ein Fenster, das eine Titelleiste und eine Menüleiste enthält. Diese beiden Elemente kennen Sie bereits aus anderen Fenstern.

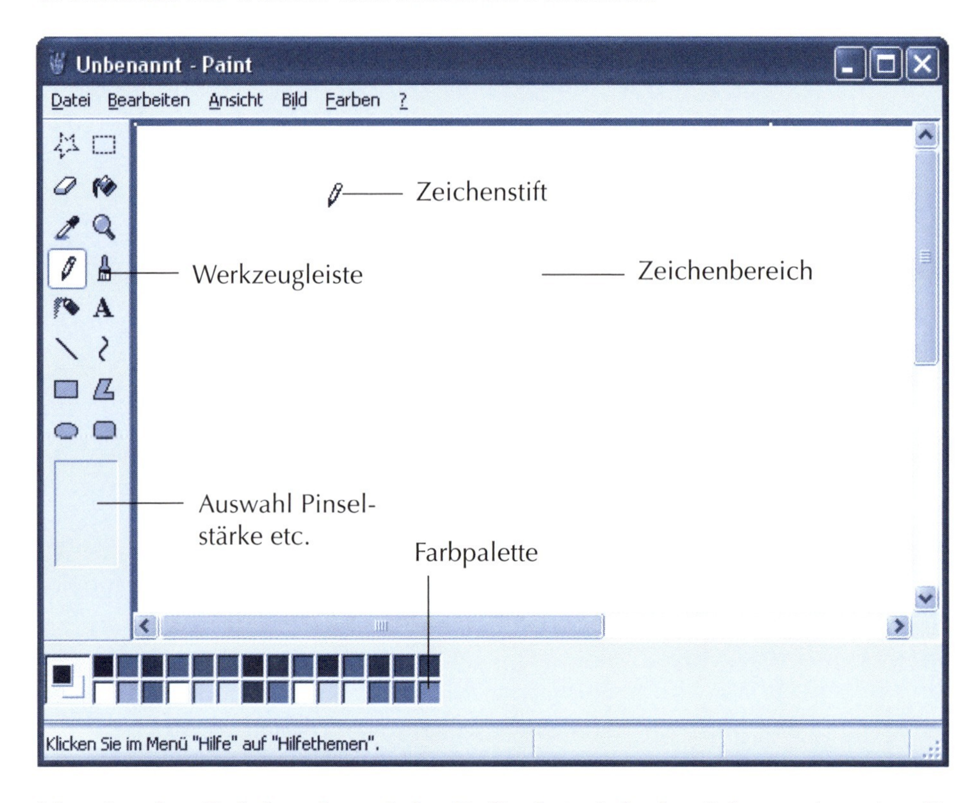

Neu ist der **Zeichenbereich**. Befindet sich der Mauszeiger in diesem Bereich, nimmt er die Form eines Werkzeugs (Stiftes, Pinsels etc.) an. Am linken Fensterrand finden Sie eine **Werkzeugleiste** mit den Schaltflächen zur Auswahl der Zeichenfunktionen. Am unteren Fensterrand befindet sich die **Farbpalette** zur Auswahl der Zeichenfarben. Dass die Fensterelemente in Windows XP einen leicht abweichenden Stil aufweisen, braucht Sie nicht zu irritieren. Sie kennen dies ja bereits von anderen Programmen.

Linien zeichnen, Farben wählen

Um etwas zu zeichnen, führen Sie die folgenden Schritte aus:

1 Klicken Sie mit der linken Maustaste auf die gewünschte Farbe in der Farbpalette.

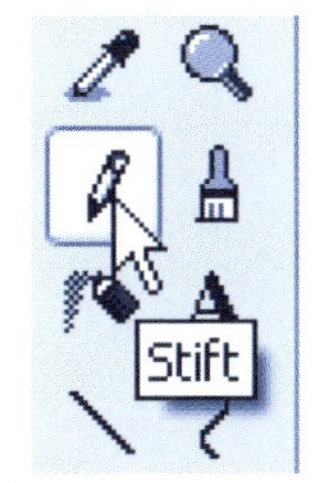

2 Wählen Sie das gewünschte Zeichenwerkzeug (z.B. den Stift) durch einen Mausklick auf die Schaltfläche der Werkzeugleiste.

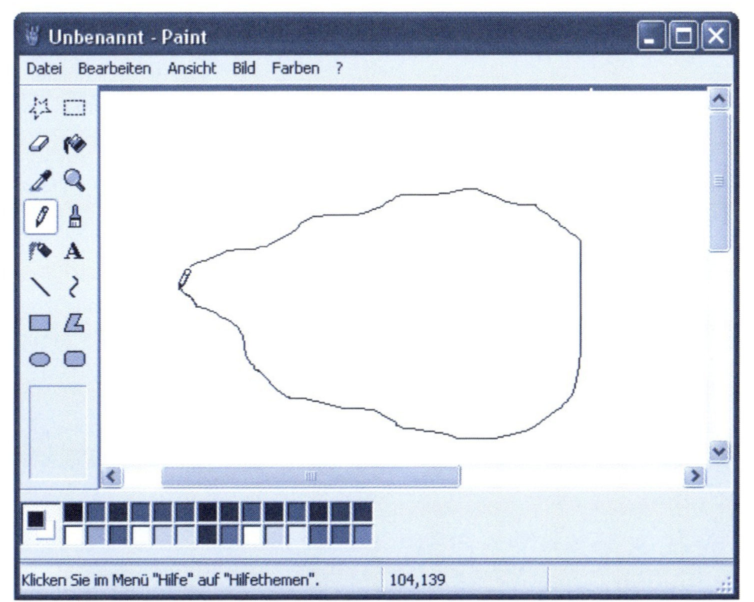

3 Zeigen Sie im Zeichenbereich auf einen Punkt.

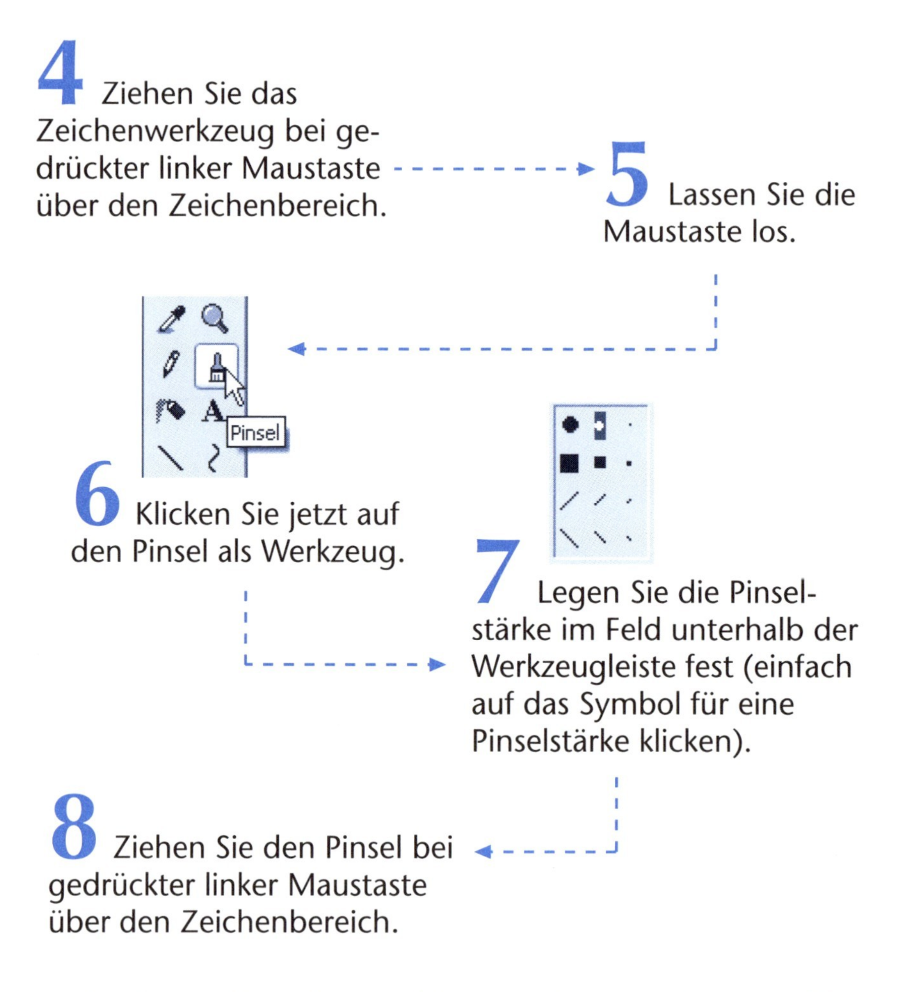

Hier wurde eine freihändig gezeichneten Linie in der gewählten Farbe und Strichstärke im Zeichenbereich ausgegeben.

HINWEIS

Die gewählte Zeichenfarbe sehen Sie im linken Viereck der Farbpalette. Das gewählte Werkzeug erkennen Sie an der eingedrückt dargestellten Schaltfläche im Werkzeugbereich. Das Feld zur **Auswahl** der **Strichstärke** wird auch bei anderen Werkzeugen (Radiergummi, Spraydose etc.) angezeigt. Durch Anklicken einer Option lässt sich dann die »Stärke« des Werkzeugs ändern.

TIPP

Ist Ihnen ein **Fehler beim Zeichnen** unterlaufen? Drücken Sie die Tastenkombination Strg+Z. Der letzte **Befehl** zum Zeichnen wird **rückgängig** gemacht. Sie können mit dieser Tastenkombination z.B. den zuletzt gezeichneten Strich entfernen. In Paint lassen sich die drei zuletzt durchgeführten Befehle wieder zurücknehmen. Um die zuletzt durchgeführte Aktion dagegen zu wiederholen, wählen Sie den Befehl *Wiederholen* im Menü *Bearbeiten*.

Radieren in der Zeichnung

Leider besitzt Paint keine Funktion, um ein »Element« in einem Bild anzuklicken und dann zu löschen. Es gibt aber die Möglichkeit, Teile der Zeichnung mit dem »Radiergummi wegzuradieren«.

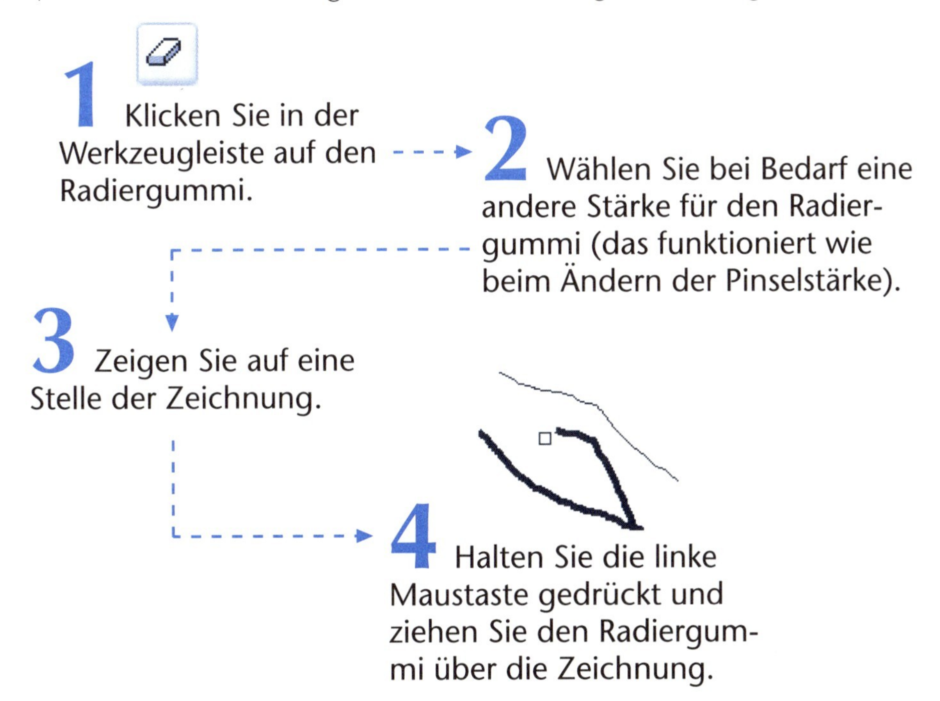

1 Klicken Sie in der Werkzeugleiste auf den Radiergummi.

2 Wählen Sie bei Bedarf eine andere Stärke für den Radiergummi (das funktioniert wie beim Ändern der Pinselstärke).

3 Zeigen Sie auf eine Stelle der Zeichnung.

4 Halten Sie die linke Maustaste gedrückt und ziehen Sie den Radiergummi über die Zeichnung.

Paint löscht die Teile der Zeichnung, die unterhalb des Radiergummis liegen.

HINWEIS

In der Regel arbeiten Sie mit einem weißen Hintergrund. Sie können aber auch eine Farbe mit der **rechten Maustaste** in der Farbpalette anklicken. Diese Farbe wird dann als **Hintergrundfarbe** beim Radieren verwendet. Falls Ihnen dies irrtümlich passiert, wählen Sie eine andere Hintergrundfarbe (einfach mit der rechten Maustaste auf die gewünschte Farbe der Farbpalette klicken).

Weitere Zeichenwerkzeuge und Spezialeffekte

Das Programm *Paint* stellt Ihnen weitere Zeichenwerkzeuge zur Verfügung. Mit diesen Werkzeugen können Sie spezielle Objekte zeichnen oder besondere Effekte erzielen.

Die *Sprühdose* lässt sich beispielsweise ähnlich wie ein Pinsel verwenden, das Ergebnis sieht jedoch wie gesprüht aus.

1 Klicken Sie auf das Werkzeug *Sprühdose*.

2 Ziehen Sie das Werkzeug bei gedrückter linker Maustaste über den Zeichenbereich.

Es entsteht dabei der von Sprühdosen bekannte Effekt. Ziehen Sie langsamer, wird die »Farbe« dicker aufgetragen. Das Werkzeug verwendet zum »Sprühen« die zuletzt eingestellte Farbe.

Die Breite des Zeichenwerkzeugs lässt sich übrigens ähnlich wie beim Pinsel über das nebenstehend gezeigte Feld (befindet sich unterhalb der Werkzeugleiste) einstellen.

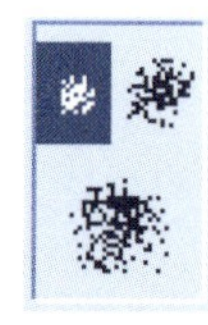

Linien und Figuren zeichnen

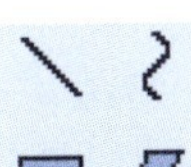

Diese Schaltflächen dienen zur Auswahl von Werkzeugen, um gerade Linien, Bögen, Vielecke und Figuren zu zeichnen.

Das Zeichnen von Linien und Figuren funktioniert bei den meisten Werkzeugen auf ähnliche Weise.

1 Klicken Sie auf das gewünschte Werkzeug (hier das Rechteck).

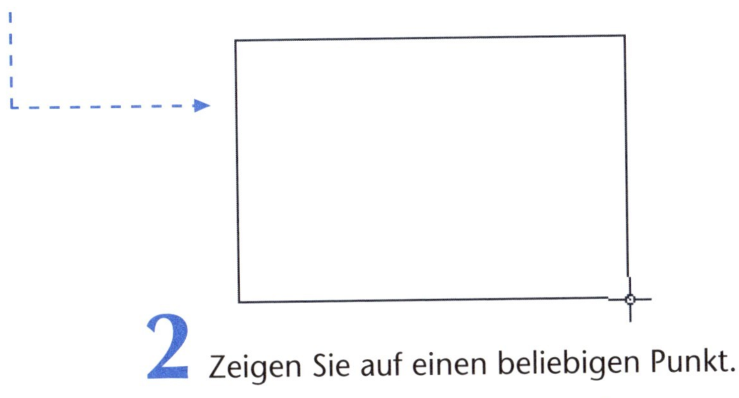

2 Zeigen Sie auf einen beliebigen Punkt.

3 Halten Sie die linke Maustaste gedrückt und ziehen Sie mit der Maus das Rechteck auf.

Beim Ziehen zeigt Paint bereits die Umrisse der Linie oder der Figur. Sobald Sie die Maustaste loslassen, zeichnet Paint die Figur oder die Linie in der gewählten Größe.

Bei Flächen (Rechteck, Kreis) können Sie übrigens über die nebenstehend gezeigten Symbole wählen, ob die Figur aus einer Linie bestehen, in der Hintergrundfarbe gefüllt und/oder mit einem Rand versehen werden soll.

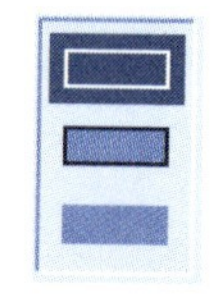

Auf die gleiche Art können Sie auch Linien ziehen. Sie wählen das Werkzeug *Linie*, klicken auf den Anfangspunkt und ziehen dann die Maus zum Endpunkt. Sobald Sie die linke Maustaste loslassen, zeichnet Paint eine gerade Linie zwischen Anfangs- und Endpunkt.

TIPP

Um Linien beim Zeichnen exakt senkrecht oder waagerecht bzw. unter 45 Grad auszurichten, halten Sie einfach die ⇧-Taste gedrückt. Paint passt dann den Endpunkt der Linie entsprechend an.

Mit dem Werkzeug *Vieleck* lassen sich kompliziertere Figuren durch Aneinanderfügen mehrerer Linien zeichnen. Sie müssen die Linien hierzu beginnend mit dem Ausgangspunkt per Maus »ziehen«.

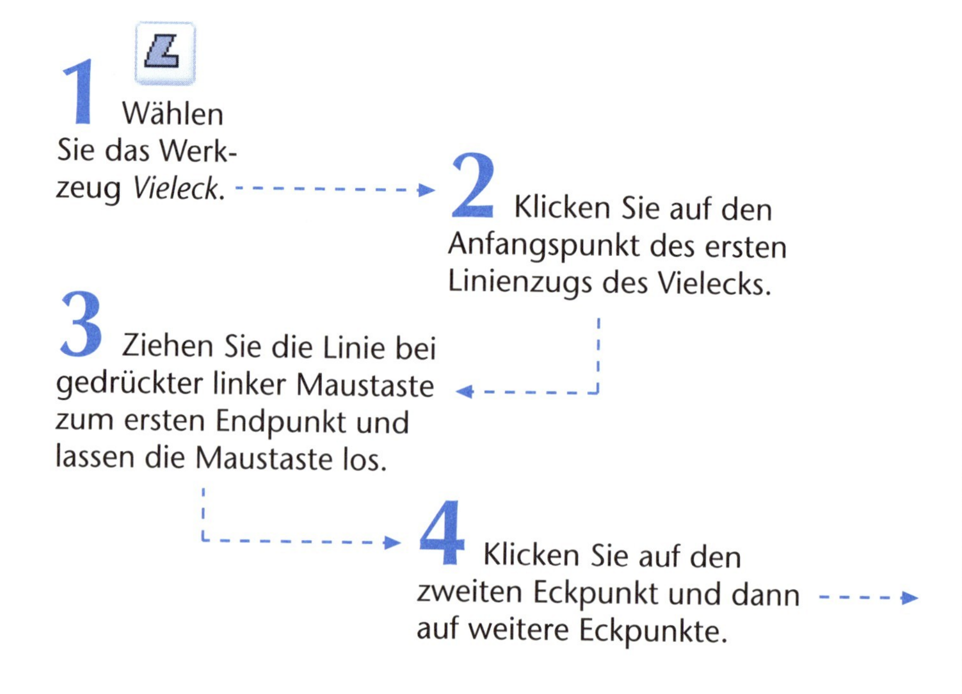

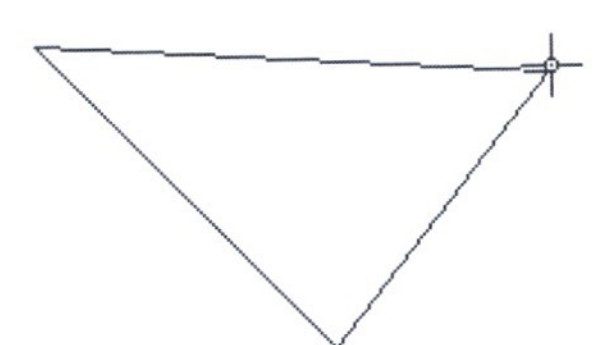

5 Zum Schließen des Vielecks doppelklicken Sie auf die Zeichnung.

Paint verbindet automatisch die Eckpunkte durch Linienstücke.

Figuren farbig füllen

Geschlossene **Figuren** lassen sich mit dem *Farbfüller* **füllen**.

1 Legen Sie über die Farbpalette die gewünschte Füllfarbe fest.

2 Wählen Sie das Werkzeug *Farbfüller* aus.

Paint zeigt nach der Auswahl des Werkzeugs einen Farbeimer als Mauszeiger.

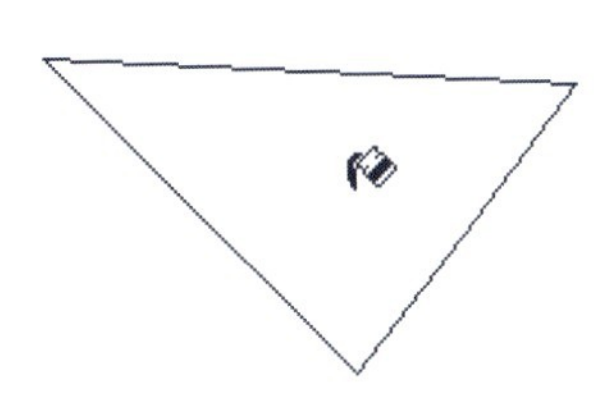

3 Klicken Sie in die zu füllende Figur.

Sobald Sie eine **geschlossene Figur** anklicken, wird deren Inhalt mit Farbe gefüllt.

HINWEIS

Falls die Figur aber an einer Ecke geöffnet ist, klappt das Ausfüllen nicht. Die Farbe läuft aus der Figur heraus und verdeckt die Zeichnung. Sie können dieses Malheur durch Drücken der Tastenkombination Strg+Z aber rückgängig machen, die Figur schließen und erneut füllen.

Zeichnung beschriften

Häufig sollen **Zeichnungen beschriftet** werden. Mit dem Werkzeug *Text* ist das kein Problem.

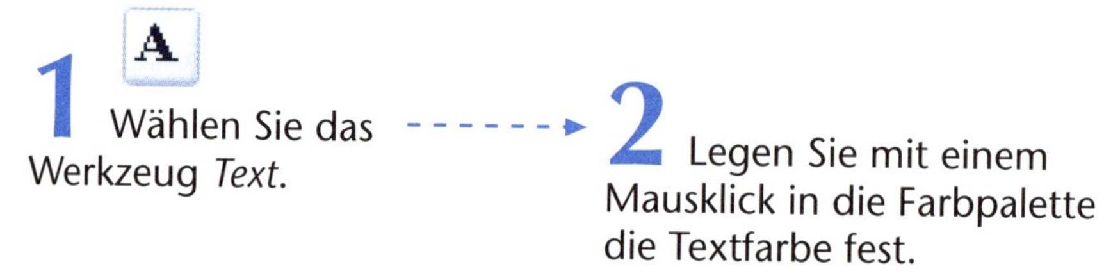

1 Wählen Sie das Werkzeug *Text*.

2 Legen Sie mit einem Mausklick in die Farbpalette die Textfarbe fest.

3 Zeigen Sie mit der Maus auf den Textanfang und ziehen Sie sie schräg nach unten. Paint zeigt ein blau gestricheltes Rechteck an.

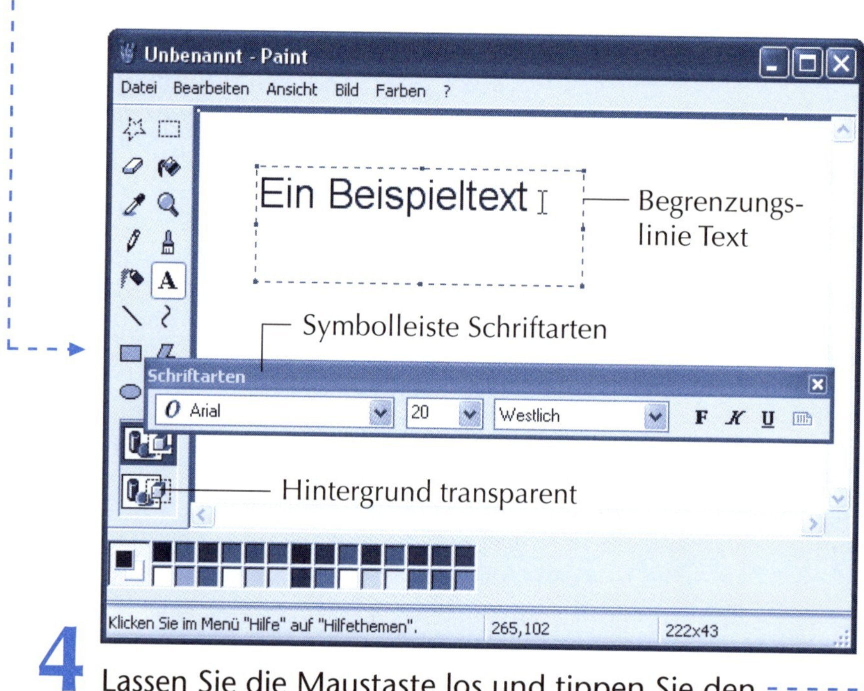

4 Lassen Sie die Maustaste los und tippen Sie den gewünschten Text ein.

5 Klicken Sie auf eine Stelle neben dem Textkästchen.

Mit Schritt 5 fixieren Sie den Text an der aktuellen Position in der Zeichnung. Sie können den Text anschließend nicht mehr bearbeiten, da er jetzt quasi als »Bild« in der Zeichnung enthalten ist. Sie haben aber die Möglichkeit, sofort die Tastenkombination Strg+Z zu drücken oder den Text später mit dem Werkzeug *Radiergummi* zu entfernen.

HINWEIS

Während der Texteingabe erscheint die Symbolleiste *Schriftarten*. Während Sie den Text eingeben, lässt sich dieser über die Symbolleiste formatieren. In der Symbolleiste lassen sich die *Schriftart*, der *Schriftgrad* sowie die Formatierung für *Fett*, *Kursiv* und *Unterstrichen* wählen. Anders als in WordPad bezieht sich die Formatierung jedoch auf den gesamten Text, der gerade geschrieben wird. Das Gleiche gilt für einen Wechsel der Schriftfarbe über die Farbpalette.

In der Werkzeugleiste sehen Sie weitere Symbole. Hier noch einige Erläuterungen.

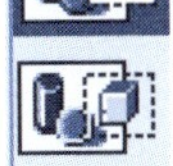

Im Auswahlfeld der Werkzeugpalette zeigt Paint zwei Symbole an, über die Sie die Transparenz des gezeichneten Elements (hier des Texts) festlegen. Das untere Symbol bewirkt, dass der Hintergrund des aktuell gezeichneten Elements transparent (durchsichtig) bleibt.

Mit dem Werkzeug *Farbe auswählen* können Sie die Vorder- und Hintergrundfarbe direkt in der Zeichnung wählen (anstatt über die Farbpalette). Sie müssen lediglich den gewünschten Farbpunkt mit der linken oder rechten Maustaste anklicken.

Ist das Werkzeug *Lupe* gewählt, können Sie mit einem Klick der linken Maustaste den Bildausschnitt vergrößern, während ein Klick mit der rechten Maustaste die Vergrößerung wieder zurücknimmt.

Bildteile ausschneiden und kopieren

Die Funktionen zum Markieren, Ausschneiden, Kopieren und Einfügen in WordPad haben Sie schon kennen gelernt. Etwas Ähnliches steht Ihnen auch unter Paint zur Verfügung. Sie können mit diesen Funktionen Bildteile in einer Zeichnung ausschneiden bzw. in die Zwischenablage kopieren. Der Inhalt der Zwischenablage lässt sich dann sowohl in einer Zeichnung als auch in anderen Windows-Programmen (wie z.B. WordPad) einfügen.

1 Öffnen Sie eine neue Seite und zeichnen Sie eine einfache Grafik.

Hier sehen Sie eine Zeichnung mit einigen Luftballons. Die Luftballons habe ich mit dem Werkzeug *Kreise* erstellt und mit verschiedenen Farben gefüllt, die Schnüre wurden als Linien gezeichnet. Dieses Motiv gilt es nun zu kopieren. Als Erstes müssen Sie den zu bearbeitenden Zeichnungsteil markieren.

2 Klicken Sie in der Werkzeugleiste auf das Werkzeug *Auswahl.*

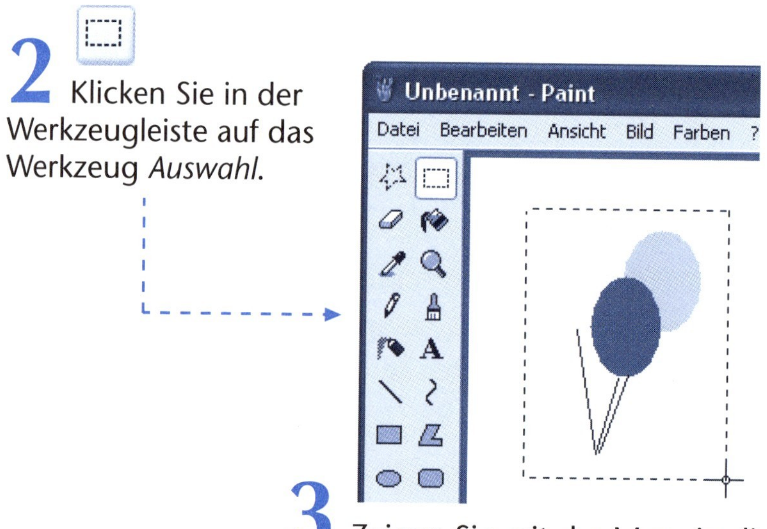

3 Zeigen Sie mit der Maus in die obere linke Ecke des auszuschneidenden Bereichs.

4 Halten Sie die linke Maustaste gedrückt, und ziehen Sie die Maus in die schräg gegenüberliegende Ecke des Bereichs.

Paint markiert den Bereich mit einem gestrichelten Rechteck. Sobald Sie die linke Maustaste loslassen, wird dieses Rechteck als Markierung fixiert. Jetzt können Sie den Bereich ausschneiden, kopieren und anschließend aus der Zwischenablage einfügen.

Die drei Funktion lassen sich über das Menü *Bearbeiten* oder über die folgenden Tastenkombinationen abrufen:

Strg+X Schneidet den markierten Bereich aus und kopiert ihn in die Zwischenablage. Der markierte Bereich verschwindet und wird durch die Hintergrundfarbe ersetzt.

Strg+C Kopiert den markierten Bereich in die Zwischenablage. Die Zeichnung wird dabei nicht verändert.

Strg+V Der Inhalt der Zwischenablage wird in der linken oberen Ecke des Zeichenbereichs als Markierung eingefügt. Sie können diesen markierten Bereich mit der Maus an jede beliebige Stelle der Zeichnung ziehen.

Diese Tastenkombinationen verwenden Sie in allen Windows-Programmen, um markierte Bereiche auszuschneiden, zu kopieren und wieder einzufügen.

1 Drücken Sie jetzt die Tastenkombination Strg+C, um den markierten Bildbereich in die Zwischenablage zu kopieren.

2 Betätigen Sie anschließend die Tastenkombination Strg+V, um den Inhalt der Zwischenablage wieder im Paint-Fenster einzufügen.

Das eingefügte Motiv erscheint in der linken oberen Ecke.

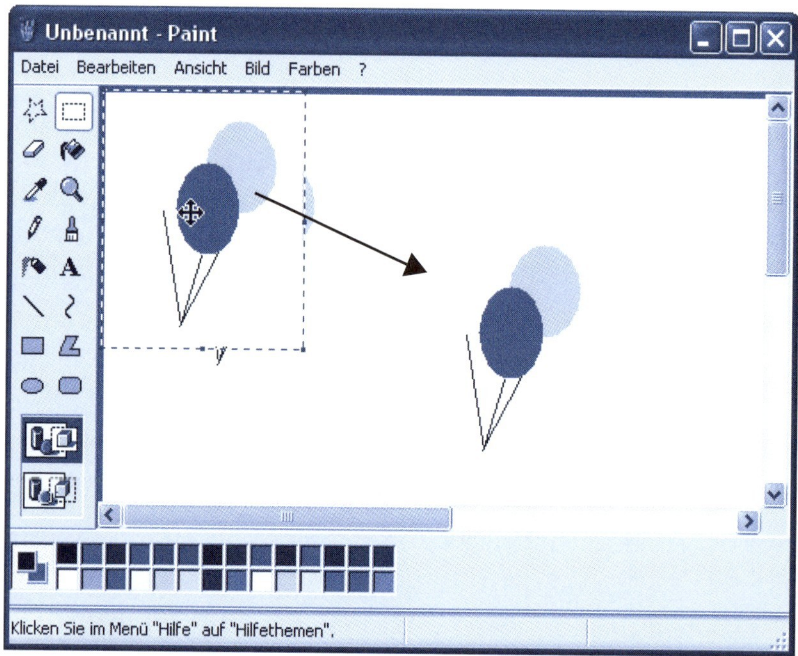

3 Zeigen Sie in der linken oberen Ecke auf den markierten Bereich mit dem eingefügten Bild und ziehen Sie den markierten Teil bei gedrückter linker Maustaste an die gewünschte Stelle in der Zeichnung.

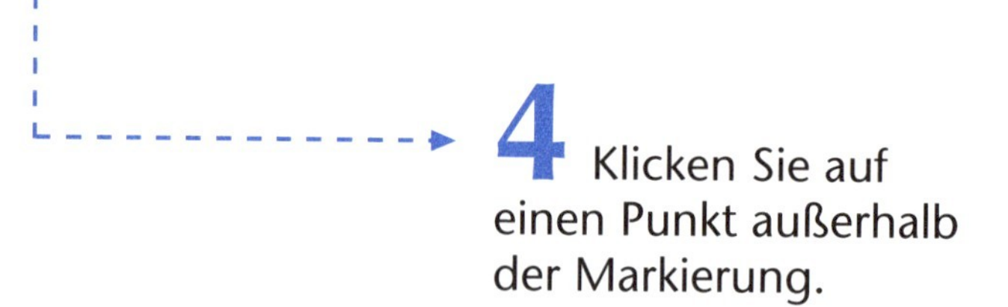

4 Klicken Sie auf einen Punkt außerhalb der Markierung.

Mit dem letzten Schritt heben Sie die Markierung wieder auf und das Teilbild wird in der Zeichnung an der gewünschten Stelle eingefügt.

HINWEIS

Um einen Teil einer Zeichnung zu verschieben, müssen Sie diesen also lediglich markieren und anschließend lässt sich der markierte Bereich per Maus in der Zeichnung verschieben.

Haben Sie einen markierten Bereich der Zeichnung mit Strg+C in die Zwischenablage übertragen, können Sie diesen Inhalt auch in anderen Programmen übernehmen. Starten Sie beispielsweise WordPad, lässt sich die in der Zwischenablage hinterlegte Grafik über die Schaltfläche *Einfügen* oder die Tastenkombination Strg+V (bzw. über den Befehl *Einfügen* im Menü *Bearbeiten*) im Textdokument einfügen.

Bilder speichern, laden und drucken

Mit den auf den vorhergehenden Seiten beschriebenen Funktionen lassen sich in Paint Zeichnungen, Einladungen und Bilder bearbeiten. Sobald Sie das Bild oder die Zeichnung fertig gestellt haben, lässt sich das Ergebnis in einer Datei speichern. Das funktioniert in Paint ähnlich wie in anderen Programmen.

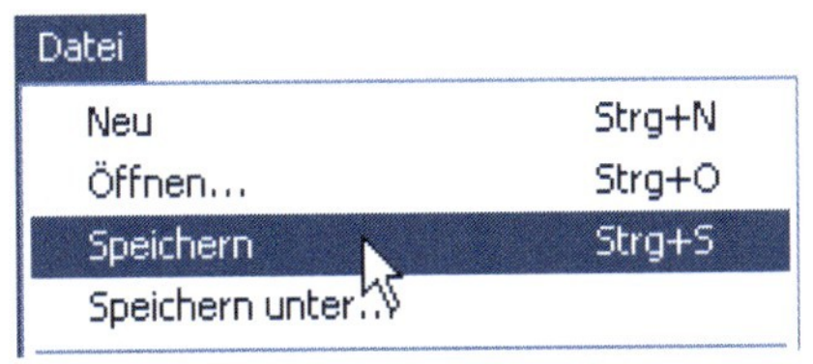

1 Wählen Sie im Menü *Datei* den Befehl *Speichern* oder drücken Sie die Tastenkombination Strg+S.

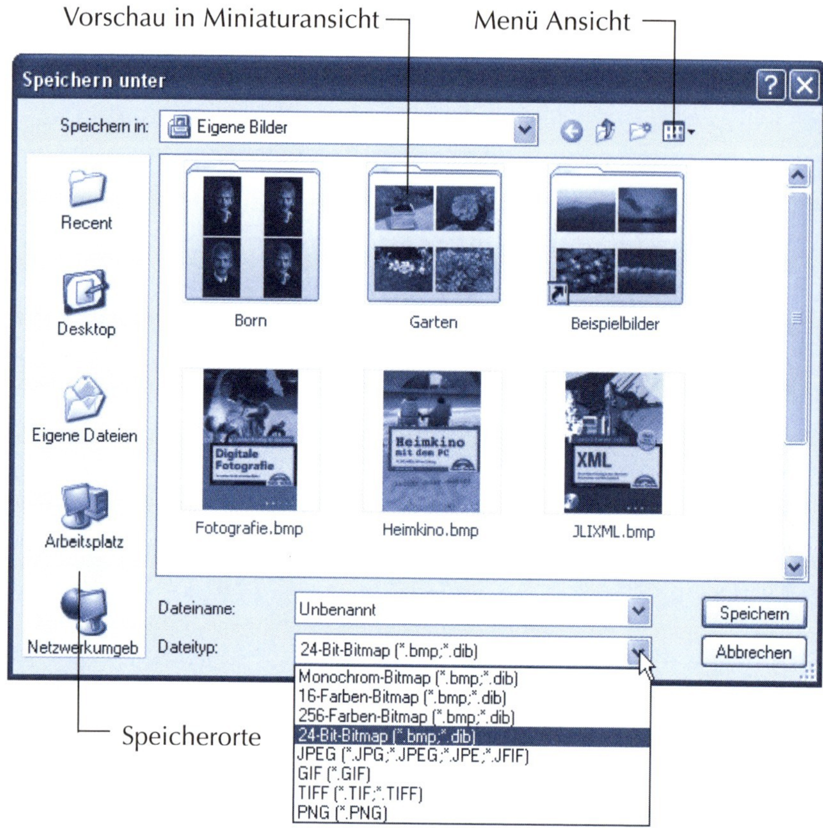

2 Legen Sie im Dialogfeld *Speichern unter* das Laufwerk und den Ordner fest, in denen die Datei abgelegt werden soll.

HINWEIS

Die Dateidialoge in Paint sehen je nach Windows-Version etwas anders aus. Bei älteren Versionen fehlt die Leiste mit den Speicherorten. Diese Spalte des Dialogfelds erlaubt die direkte Auswahl eines Speicherorts (z.B. *Eigene Dateien*). Dateien lassen sich in neueren Windows-Versionen über die Schaltfläche *Menü Ansicht* in verschiedenen Anzeigemodi darstellen (z.B. Miniaturansicht, siehe auch Kapitel 4). Für das Speichern ist das aber alles nicht so wichtig. Sie können den Speicherort in allen Windows-Versionen über das Listenfeld *Speichern in* wählen (siehe auch Kapitel 4).

3 Tippen Sie im Feld *Dateiname* den Dateinamen ein.

4 Bei Bedarf können Sie im Listenfeld *Dateityp* noch wählen, mit wie vielen Farben und in welchem Format das Bild zu speichern ist.

5 Klicken Sie auf die Schaltfläche *Speichern*, um das Bild in der Datei zu sichern.

Paint legt eine neue Datei an und speichert das Bild darin. Das Dialogfeld *Speichern unter* erscheint allerdings nur beim ersten Speichern eines neuen Bildes. Existiert die Datei bereits, sichert der Befehl *Speichern* in Paint die Änderungen ohne weitere Nachfrage. Um einen anderen Dateinamen anzugeben, müssen Sie den Befehl *Speichern unter* im Menü *Datei* wählen.

HINWEIS

Zur Speicherung von Dateien gibt es viele verschiedene Formate, die sich durch Dateinamenerweiterungen wie *.bmp, .pcx, .tif, .gif, .jpeg* etc. unterscheiden. Um eine Datei später lesen zu können, muss ein Programm den betreffenden Dateityp kennen. Paint legt die Bilder in Dateien mit der Erweiterung *.bmp* ab. Diese Dateien können von vielen Windows-Programmen gelesen werden. Sie können dabei die Bilder schwarz-weiß (monochrom) oder mit 16, 256 oder 16,8 Millionen Farben speichern. Die 16,8 Millionen Farben werden durch den Dateityp *24-Bit-Bitmap* gespeichert. Je mehr Farben Sie beim Speichern wählen, umso größer wird die Datei. Wenn Microsoft Office installiert ist (bzw. unter Windows XP), unterstützt Paint auch weitere Grafikformate wie GIF und JPEG. Diese Grafikformate werden häufig zur Gestaltung von Webseiten für das Internet oder für Fotos verwendet.

TIPP

Falls Paint auf Ihrem System keine Grafiken mit den Dateinamenerweiterungen *.gif* oder *.jpg* laden kann, hilft ein einfacher Trick: Doppelklicken Sie die Datei im Ordnerfenster an. Das Bild wird im Internet Explorer angezeigt. Sie können dann das Bild mit der rechten Maustaste anklicken und über den Kontextmenübefehl *Bild speichern unter* mit dem Dateityp *.bmp* speichern (siehe Kapitel 7). Dadurch können Sie eventuell Bilder aus dem Internet laden, in Paint bearbeiten und in WordPad-Dokumente einbinden (siehe unten).

Ein Bild laden

Bilder, die im Dateiformat *.bmp* gespeichert sind, lassen sich in Paint **laden**. Es kann sich hierbei um von Ihnen erstellte Bilder oder Zeichnungen handeln. Sie können aber auch *.bmp*-Bilder aus anderen Quellen in Paint laden und bearbeiten. Im Lieferumfang von Windows sind zum Beispiel einige *.bmp*-Dateien enthalten und auf vielen CD-ROMs finden sich ebenfalls *.bmp*-Bilder.

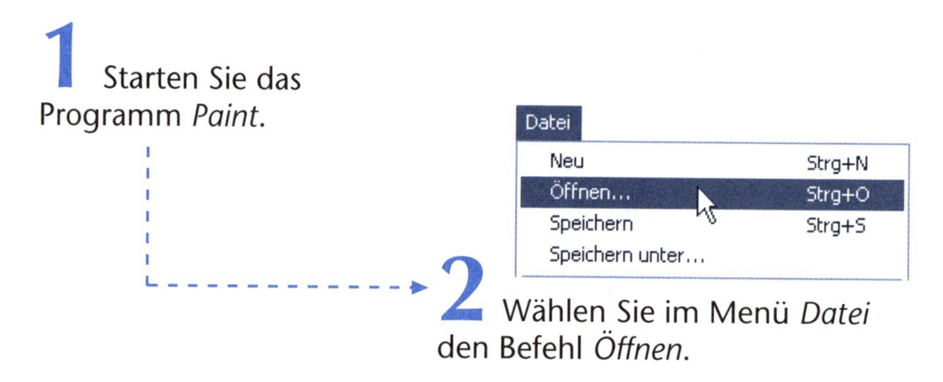

Alternativ können Sie auch die Tastenkombination Strg+O zum Aufruf des Befehls *Öffnen* verwenden.

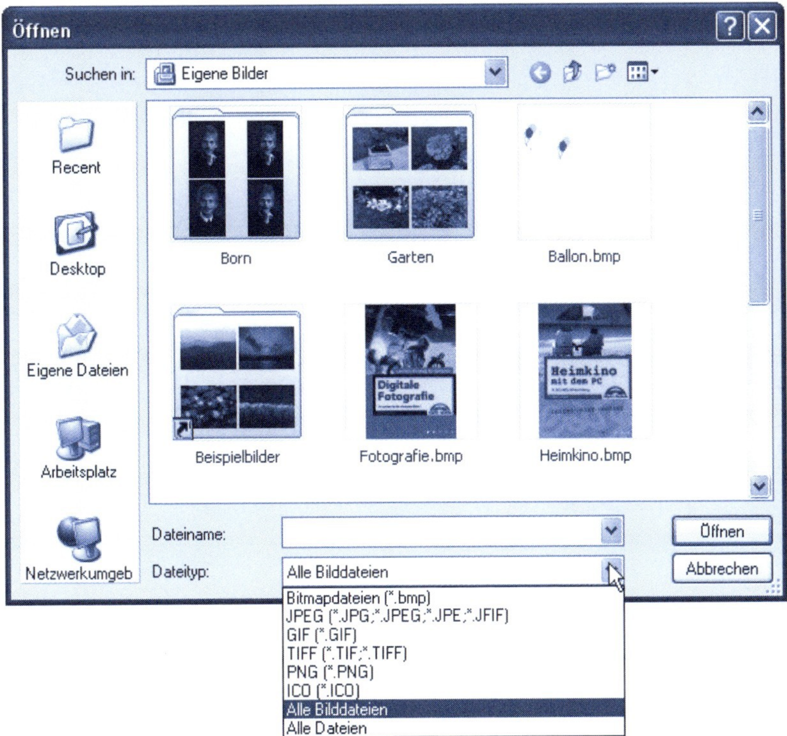

3 Wählen Sie im Dialogfeld *Öffnen* den Ordner mit den Dateien aus.

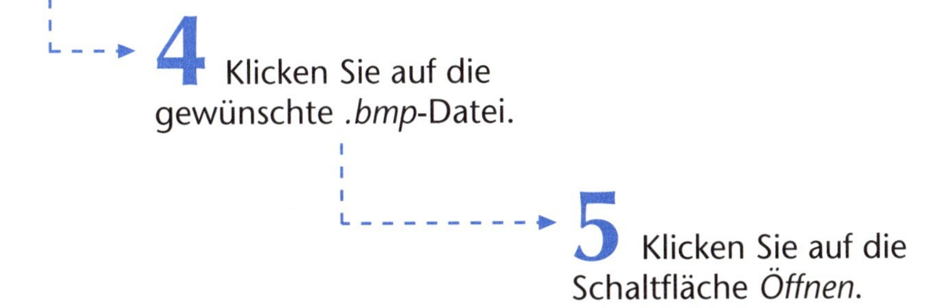

4 Klicken Sie auf die gewünschte *.bmp*-Datei.

5 Klicken Sie auf die Schaltfläche *Öffnen*.

Paint öffnet die gewählte *.bmp*-Datei und lädt das in dieser Datei enthaltene Bild. Sie können dieses Bild anschließend bearbeiten, speichern und drucken.

HINWEIS

Im Feld *Dateityp* können Sie neben Bitmap-Dateien auch andere Dateiformate einstellen. JPEG-Dateien lassen sich aber nur unter Windows XP laden, oder wenn Microsoft Office oder ähnliche Programme installiert sind. Ob die Grafikdateien im Dialogfeld *Öffnen* in einer Miniaturansicht dargestellt werden, hängt von der Windows-Version ab.

TIPP

Paint merkt sich wie viele andere Windows-Programme die Namen der vier zuletzt bearbeiteten Dateien. Sie finden die Namen dieser Dateien im Menü *Datei*.

Bilder drucken

Sie können **Bilder** oder **Fotos** in Paint laden und anschließend **auf einem Drucker ausgeben**. Abhängig vom benutzten Drucker setzt Windows Farbbilder gegebenenfalls in eine Schwarz-Weiß-Darstellung um.

1 Starten Sie das Programm *Paint*.

2 Laden Sie die Datei mit dem gewünschten Bild.

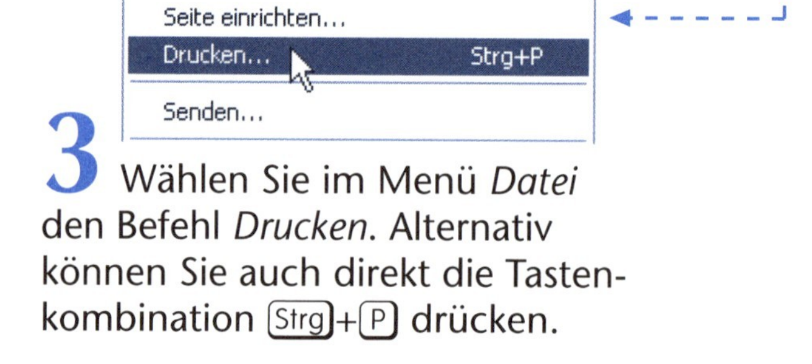

3 Wählen Sie im Menü *Datei* den Befehl *Drucken*. Alternativ können Sie auch direkt die Tastenkombination Strg+P drücken.

Paint öffnet das Dialogfeld *Drucken* zur Auswahl der Druckoptionen. Über die Liste *Drucker auswählen* lässt sich auch der zur Ausgabe zu verwendende Drucker vorgeben.

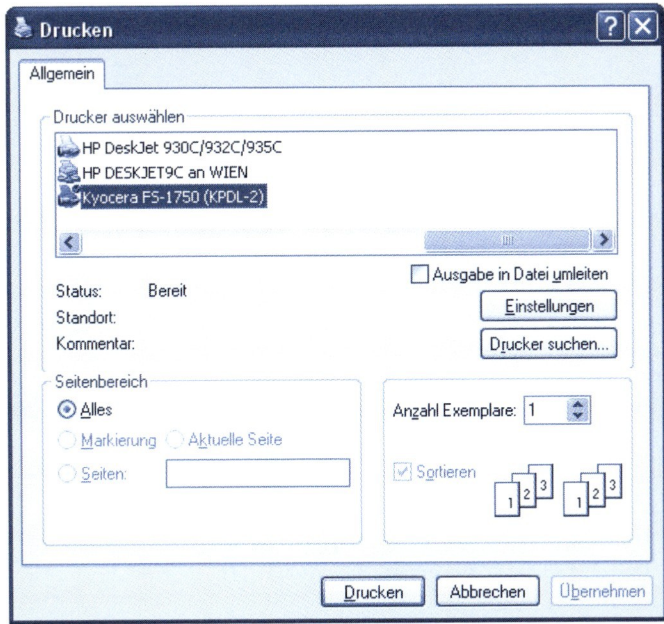

4 Klicken Sie auf die Schaltfläche *OK* bzw. *Drucken*.

Jetzt beginnt Paint mit dem Ausdrucken des Bildes. Hierbei wird das komplette Bild ausgegeben, auch wenn dieses nur unvollständig im Fenster zu sehen ist.

HINWEIS

Sind Ihnen im Menü *Datei* die beiden Befehle *Als Hintergrund (Fläche)* und *Als Hintergrund (zentriert)* aufgefallen? Windows kann auf dem Desktop Hintergrundbilder anzeigen. Diese Hintergrundbilder dürfen als *.bmp*-Dateien gespeichert sein. Das bedeutet aber auch, dass Sie solche Hintergrundbilder mit Paint laden, bearbeiten und/ oder erstellen können. Haben Sie ein solches Bild geladen, können Sie einen der beiden Befehle wählen. Paint sorgt dann automatisch dafür, dass dieses Bild als Desktop-Hintergrund verwendet wird.

Paint besitzt eine Reihe weiterer Funktionen, die in diesem Buch nicht vorgestellt werden. Rufen Sie notfalls die *Paint*-Hilfe auf, um mehr über dieses Programm zu erfahren.

Fotos und Bilder handhaben

Vielleicht haben Sie ein Foto oder ein Bild aus dem Internet auf dem Computer gespeichert (siehe Kapitel 7). Besitzen Sie einen Scanner und/oder eine Digitalkamera, lassen sich Fotos als Bilddateien auf dem Computer einlesen. Dann interessiert Sie vermutlich auch, welche Funktionen Windows noch zum Einlesen, Anzeigen, Bearbeiten, Speichern und Drucken dieser Fotodateien bietet. Nachfolgend möchte ich kurz auf diese Fragen eingehen.

TIPP

Sie können **Bilder** und **Fotodateien** natürlich in jedem Ordner der Festplatte **speichern**. Besser ist es aber, den in neueren Windows-Versionen im Ordner *Eigene Dateien* enthaltenen Unterordner *Eigene Bilder* zu nutzen, da dieser Windows-Funktionen zur Anzeige von Bilddateien bereitstellt.

Zum schnelleren Auffinden der Fotos empfiehlt es sich, beim Speichern Unterordner unter *Eigene Bilder* anzulegen. Sie können Fotos z.B. nach Jahr, Monat sowie nach speziellen Ereignissen wie Geburtstage, Urlaube etc. in Unterordnern speichern. Die hier den Ordnernamen für die Monate vorangestellten Ziffern bewirken übrigens eine chronologische Sortierung der Anzeige.

Bilder und Fotos anzeigen

Paint eignet sich wegen des reduzierten Funktionsumfangs kaum zur Fotobearbeitung. **Fotodateien** lassen sich aber mit Grafikprogrammen, die z.B. Scannern und Digitalkameras beiliegen, laden, drucken, bearbeiten und auch speichern. Zudem stellt Windows selbst einige einfache Funktionen bereit, mit denen Sie Grafikdateien ansehen können.

In **Windows 98** lässt sich im Menü der Schaltfläche *Ansichten* bzw. im Menü *Ansicht* der Befehl *Als Webseite* markieren. Klicken Sie anschließend auf eine Grafikdatei, wird deren Inhalt in der linken Spalte des Ordnerfensters als Vorschau eingeblendet.

HINWEIS

Verweigert Windows 98 im Modus *Als Webseite* die Miniaturansicht in der linken Spalte des Ordnerfensters, öffnen Sie über den Kontextmenübefehl *Eigenschaften* des Bildordners das Eigenschaftenfenster und setzen auf der Registerkarte *Allgemein* die Option *Miniaturansicht aktivieren.*

Bildanzeige unter Windows

In Windows Millennium, Windows 2000 oder Windows XP reicht es, den Anzeigemodus *Miniaturansicht* im Menü *Ansicht* zu wählen (siehe Kapitel 4). Dann blendet Windows bei Bilddateien ein verkleinertes Abbild als Dateisymbol im Ordnerfenster ein.

Wählen Sie in Windows 2000 oder in Windows Millennium eine Bilddatei in *Eigene Dateien* an, erscheint zusätzlich eine Vorschau in der linken Spalte des Ordnerfensters.

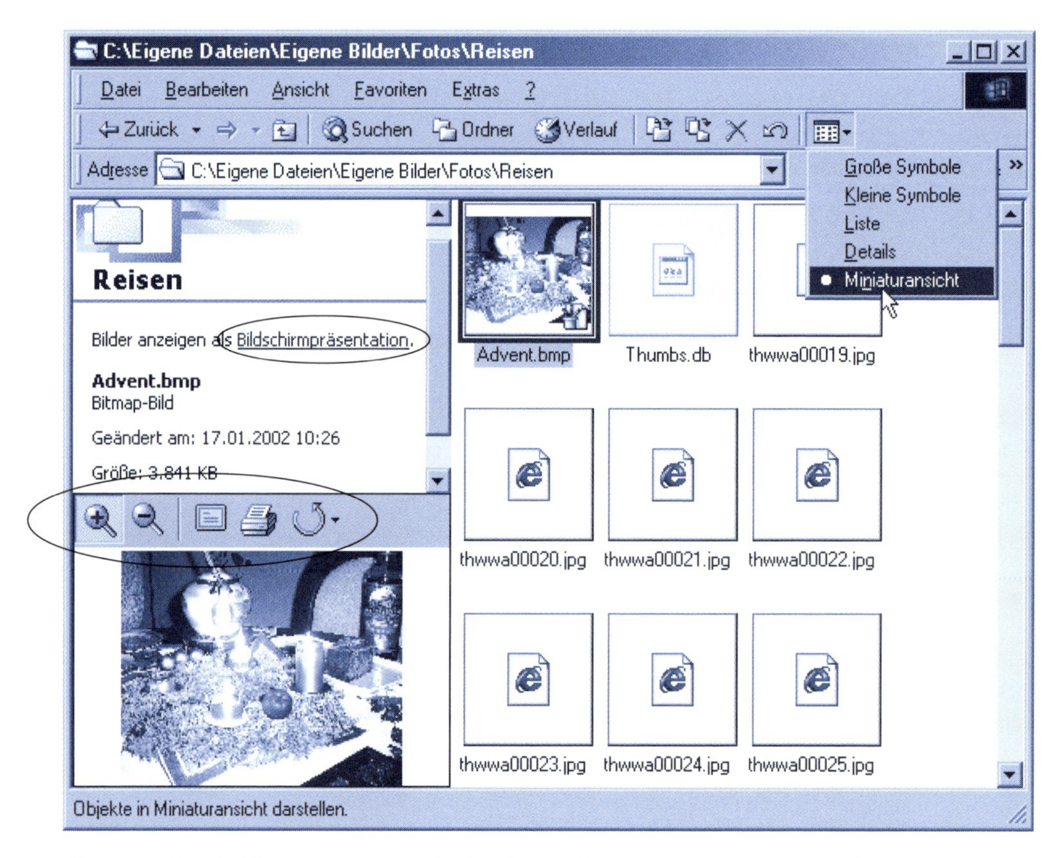

Über **Schaltflächen** lässt sich das Bild vergrößern, drucken, drehen oder in der **Vollbilddarstellung** aufrufen.

TIPP

Der Hyperlink *Bildschirmpräsentation* in der linken Spalte öffnet in Windows Millennium eine Art **Diashow**, mit der sich das Foto auf dem gesamten Bildschirm anzeigen lässt (vergleiche auch die folgenden Ausführungen).

Fotoanzeige in Windows XP

In **Windows XP** sind die **Funktionen zur Bildanzeige** noch komfortabler. Setzen Sie den Anzeigemodus des Ordners (z.B. über das Menü *Ansicht*) statt auf *Miniaturansicht* auf *Filmstreifen*, zeigt

Windows anstelle der Dateien einen Bildkatalog mit dem Inhalt der Fotodateien.

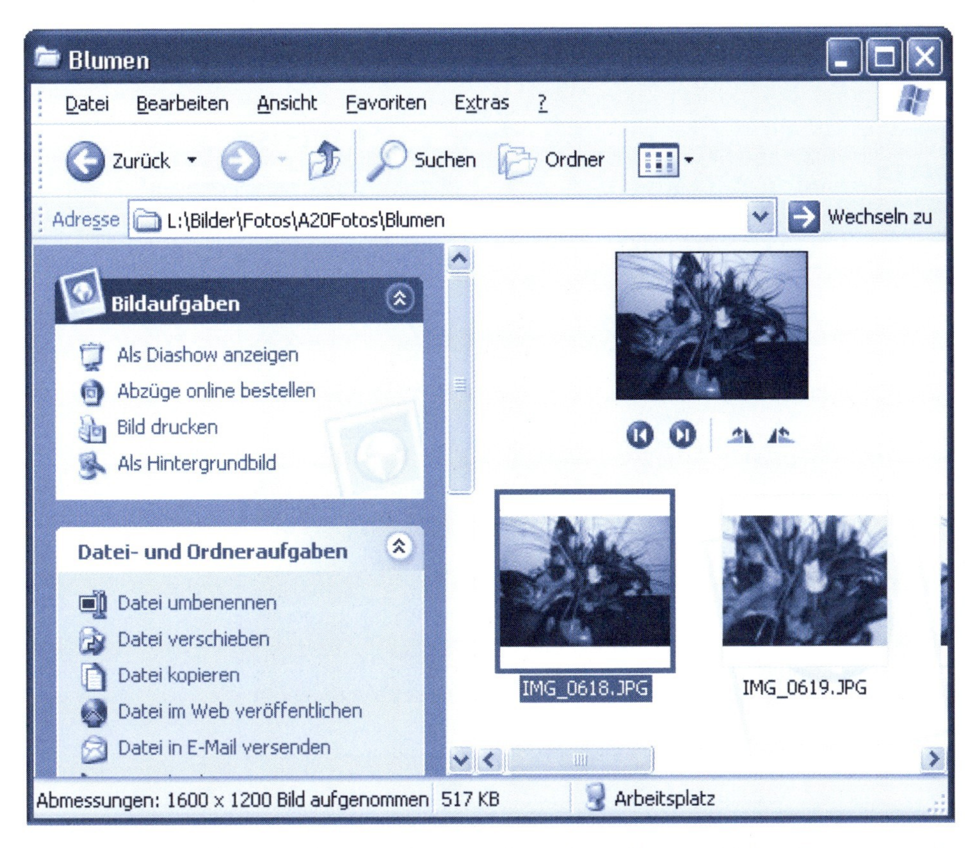

Im Modus *Filmstreifen* erscheint das aktuell gewählte Foto im oberen Teil der rechten Spalte des Fensters. Die linke Spalte des Ordnerfensters zeigt eine Liste der auf die Bilddatei anwendbaren Funktionen (einfach auf einen Listeneintrag klicken).

TIPP

Drücken Sie in Windows XP die Funktionstaste F11, um das Ordnerfenster zwischen Normalansicht und dem so genannten »Kiosk-Modus« hin und her zu schalten. Dieser Modus erweitert das Ordnerfenster zur Größe des Bildschirms und zeigt ein ganzes Fotoalbum mit Miniaturbildern an.

Ein **Doppelklick** auf eine Fotodatei **öffnet** in Windows XP die **Bild- und Faxanzeige**. Über die Schaltflächen am unteren Rand des Bildfensters können Sie dann verschiedene Funktionen abrufen.

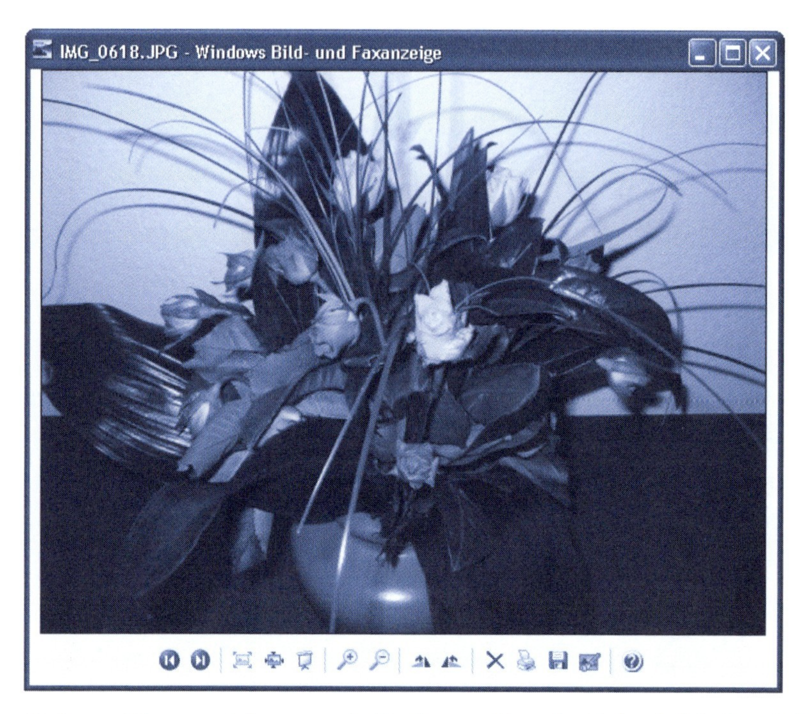

Zeigen Sie per Maus auf die betreffende Schaltfläche, blendet Windows eine QuickInfo-Anzeige (ein kleines Fenster) mit der zugehörigen Funktion ein. Die Schaltflächen erlauben es beispielsweise, die Bildgröße anzupassen, zwischen den Fotodateien zu blättern, die Diashow aufzurufen oder eine Datei zu löschen.

ACHTUNG

Im Anzeigemodus *Filmstreifen* sowie in der Windows-Bild- und Faxanzeige (oder in der Bildvorschau von Windows Millennium) finden Sie Schaltflächen (und Kontextmenübefehle) zum Drehen der Grafik. Verzichten Sie auf deren Verwendung, da es die Bildqualität verringert.

Fotos als Diashow am Computer ansehen

Auch unter Windows XP gibt es (ähnlich wie bereits bei Windows Millennium) die Funktion einer Diashow.

1 Öffnen Sie den Ordner mit den Fotos und doppelklicken Sie auf eine Bilddatei.

2 Sobald das Fenster der Windows-Bild- und Faxanzeige mit dem Bild erscheint, drücken Sie die Funktionstaste F11 oder klicken Sie auf diese Schaltfläche.

Windows öffnet die Diashow, in der die im aktuellen Ordner vorliegenden Bilddateien in festen Zeitabständen auf dem Bildschirm angezeigt werden.

TIPP

In Windows Millennium lässt sich eine ähnliche Funktion über den Hyperlink *Bildschirmpräsentation* aufrufen (siehe vorherige Seiten).

Zeigen Sie mit der Maus in die obere rechte Ecke des Bildschirms, erscheinen Schaltflächen zur manuellen Steuerung der Diashow. Wenn Sie den Mauszeiger über einer Schaltfläche positionieren, wird eine QuickInfo mit der Bezeichnung der Funktion angezeigt.

Fotos in Windows XP drucken

Besitzen Sie Microsoft Windows XP und einen Fotodrucker, können Sie selbst Papierabzüge anfertigen. Die im Bildordner (z.B. *Eigene Dateien/Eigene Bilder*) hinterlegten Fotodateien lassen sich mit folgenden Schritten drucken:

1 Öffnen Sie den Ordner, der Ihre Fotodateien enthält.

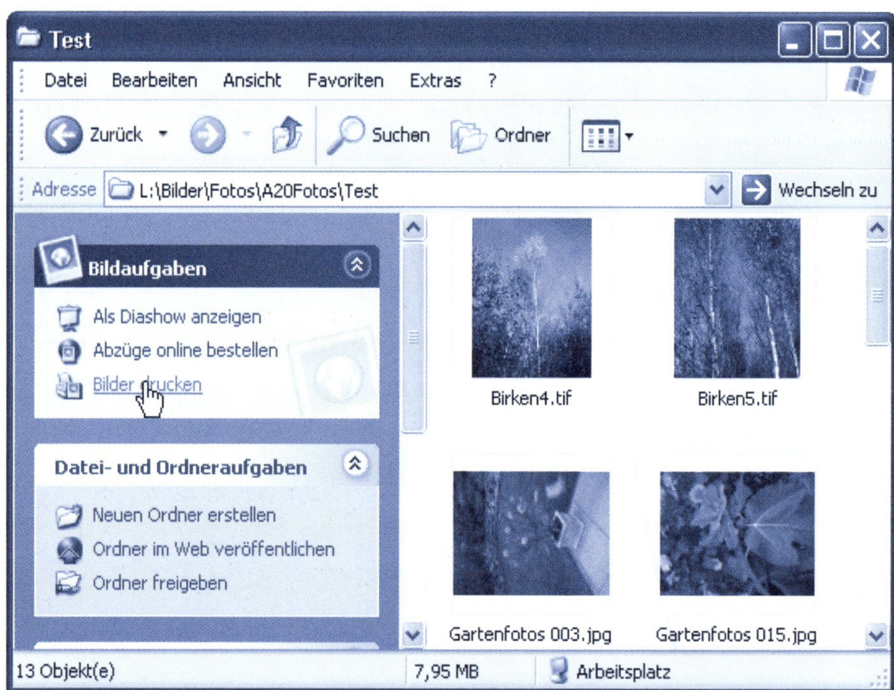

2 Klicken Sie in der Aufgabenleiste des Ordnerfensters auf den Befehl *Bilder drucken.*

Windows XP startet den Fotodruck-Assistenten, der Sie zur Druckausgabe führt.

3 Den Startdialog des Assistenten bestätigen Sie durch einen Klick auf die Schaltfläche *Weiter*.

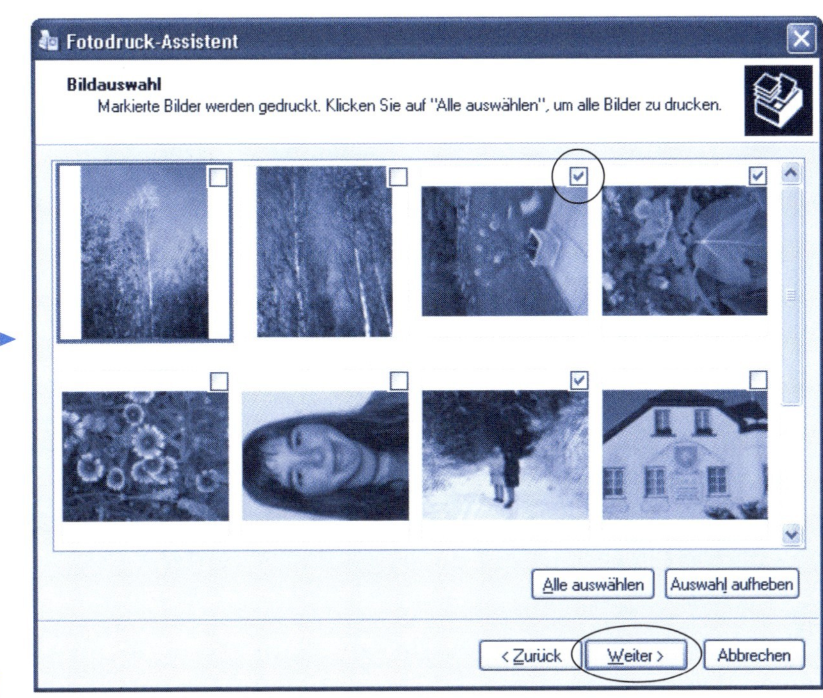

4 Markieren Sie im Dialogfeld *Bildauswahl* die auszudruckenden Bilder (einfach die Markierung der Kontrollkästchen in der rechten oberen Bildecke durch Anklicken setzen oder löschen) und klicken Sie dann auf die Schaltfläche *Weiter*.

5 Im nächsten Dialogfeld wählen Sie den Drucker (falls mehrere Geräte vorhanden sind) und stellen ggf. die Druckoptionen (z.B. Papiersorte) ein, dann klicken Sie auf die Schaltfläche *Weiter*.

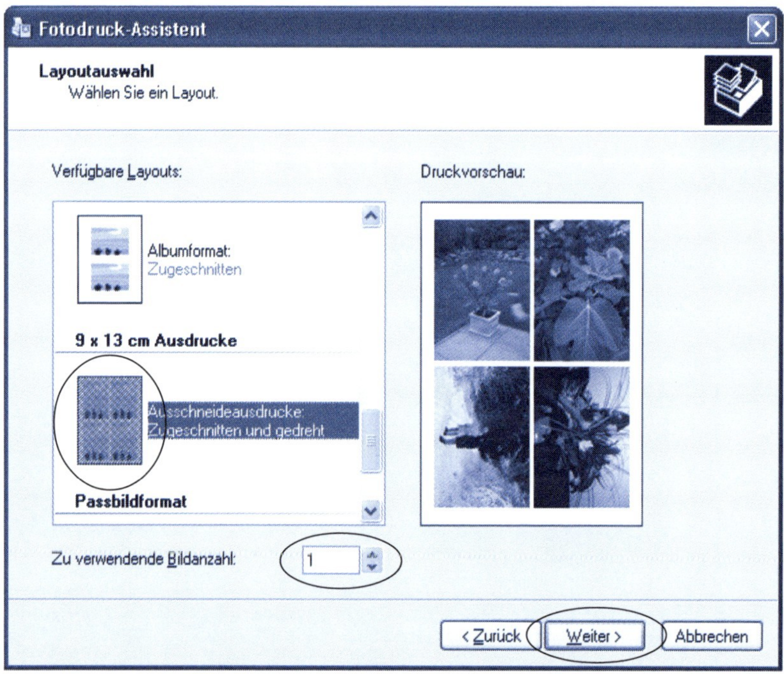

6 Wählen Sie im Dialogfeld *Layoutauswahl* das Layout, das Ihren Wünschen entspricht, stellen Sie ggf. die Zahl der Abzüge ein und klicken Sie auf die Schaltfläche *Weiter*.

Der Assistent bereitet jetzt die Druckausgabe vor und zeigt Ihnen das in einem Dialogfeld. Ist der Druckauftrag fertig gestellt, erscheint der Abschlussdialog mit der Fertigmeldung. Das Dialogfeld schließen Sie durch Anklicken der Schaltfläche *Fertig stellen*. Sobald der Bogen gedruckt und getrocknet ist, können Sie ihn entnehmen und die einzelnen Fotos mit der Schere ausschneiden.

HINWEIS

Windows XP stellt Ihnen zudem Assistenten bereit, um Vorlagen direkt aus einem Scanner oder einer Digitalkamera zu übernehmen. Es würde an dieser Stelle aber zu weit führen, auf diese Möglichkeiten einzugehen. Dazu möchte ich auf den Markt+Technik-Titel »Digitale Fotografie – leichter Einstieg für Senioren« verweisen.

Zusammenfassung

Das war ein etwas umfangreicheres Kapitel. Wenn Sie die entsprechenden Lernschritte nachvollzogen haben, verfügen Sie schon über ein beachtliches Wissen über den Umgang mit Windows-Programmen. Dann können Sie Briefe oder andere Dokumente schreiben und wissen auch, wie Grafiken gestaltet und Fotos angezeigt werden. Außerdem können Sie Dateien speichern, laden und drucken. Mit dem in diesem Kapitel erworbenen Wissen sollte Ihnen das Umsteigen auf Word, den Writer oder andere Programme leicht fallen. Näheres zu den verschiedenen Versionen von Microsoft Office, zu Microsoft Word oder zu OpenOffice.org 2.0 finden Sie in meinen bei Markt+Technik erschienenen Titeln aus der Easy-Buchreihe.

Lernkontrolle

Zur Überprüfung Ihres Wissens können Sie die folgenden Aufgaben lösen. Die Antworten sind in Klammern angegeben.

- **Erstellen Sie einen Text mit WordPad und speichern Sie diesen in eine Datei auf einer Diskette.**
  (Die Schritte finden Sie am Anfang dieses Kapitels, als Ziel müssen Sie das Diskettenlaufwerk z.B. über den Befehl *Speichern unter* verwenden.)
- **Laden Sie eine Textdatei (.txt) in WordPad.**
  (WordPad starten, die Funktion *Öffnen* aufrufen und als Dateityp »Textdatei« wählen. Wie Sie eine Datei laden, wird im Lernschritt »WordPad-Dokumente speichern, laden und drucken« erklärt.)
- **Erstellen Sie eine Einladung mit dem Programm WordPad.**
  (Die Schritte finden Sie weiter oben im Lernschritt »Schriftstücke mit WordPad erstellen«.)
- **Ergänzen Sie die Einladung durch ein Bild.**
  (Die Antworten finden Sie weiter oben im Lernschritt »Text mit Bildern und Objekten«.)
- **Erstellen Sie ein eigenes Bild für den Desktop-Hintergrund.**
  (Die Antwort finden Sie weiter oben im Lernschritt »Bilder mit Paint erstellen«. Dann im Menü *Datei* den Befehl *Als Hintergrund* anwenden.)

Spiel und Unterhaltung

Windows lässt sich auch zur Unterhaltung und Entspannung nutzen. Wie wäre es zum Beispiel, sich am Computer mit einem Kartenspiel zu entspannen? Windows wird mit verschiedenen Spielen ausgeliefert, die durchaus Spaß machen können. Moderne Computer sind zudem Multimediamaschinen, mit denen Sie Musik hören, Videos anzeigen oder sogar Spielfilme auf DVD ansehen können. Sofern Sie über die entsprechenden Programme verfügen, lassen sich sogar Bilder und Videos bearbeiten. In diesem Kapitel möchte ich Ihnen einige der in Windows enthaltenen Spiele vorstellen. Zudem lernen Sie, wie Sie unter Windows Musik hören oder Videos und DVDs ansehen können.

Das lernen Sie in diesem Kapitel

6

Spielen unter Windows

In Windows sind bereits einige Spiele enthalten. Der Umfang an Spielen hängt etwas von der Windows-Version ab. Alle Windows-Versionen bieten aber mindestens das Programm Minesweeper. Sie finden die Programme im Startmenü unter *Programme/Zubehör/Spiele* bzw. in neueren Windows-Versionen unter *Alle Programme/Spiele*. Nachfolgend möchte ich Ihnen einige dieser Windows-Spiele vorstellen. Gerade die Kartenspiele stellen eine ideale Möglichkeit zur Unterhaltung und Entspannung dar.

HINWEIS

Fehlen bei Ihrem Windows die Spiele? Dann müssen Sie diese als optionale Windows-Komponenten nachträglich installieren (siehe Kapitel 8).

Entspannen Sie sich mit Solitär

Solitär ist ein Kartenspiel (eine Patience), das ab Windows 98 in Form eines Computerspiels beiliegt. Das Ziel von Solitär ist, aus den Karten im so genannten **Ausgangsstoß** vier **Zielstöße** zu legen, bei denen die Karten einer Farbe in der Reihenfolge Ass, 2, 3 etc. bis König abgelegt sind.

1 Klicken Sie im Startmenü auf *Programme/Zubehör/Spiele* bzw. *Alle Programme/Spiele* und anschließend auf den Eintrag *Solitär* (bzw. *Klassisches Solitär*).

Beim ersten Aufruf werden die Karten automatisch gegeben.

2 Um ein neues Spiel zu beginnen, klicken Sie auf das Menü *Spiel* und dann auf den Befehl *Karten geben*.

Jetzt vergibt das Programm einen neuen Satz Karten vom **Ausgangsstapel** (in der linken oberen Ecke). Rechts oben finden Sie noch die Positionen der vier freien **Zielstöße**, auf denen Sie die Karten in der entsprechenden Reihenfolge ablegen können.

In der unteren Reihe sehen Sie sieben Stöße (als **Reihenstapel** bezeichnet) mit aufgedeckten Karten. Die Stapel dienen zur Zwischenspeicherung von Karten.

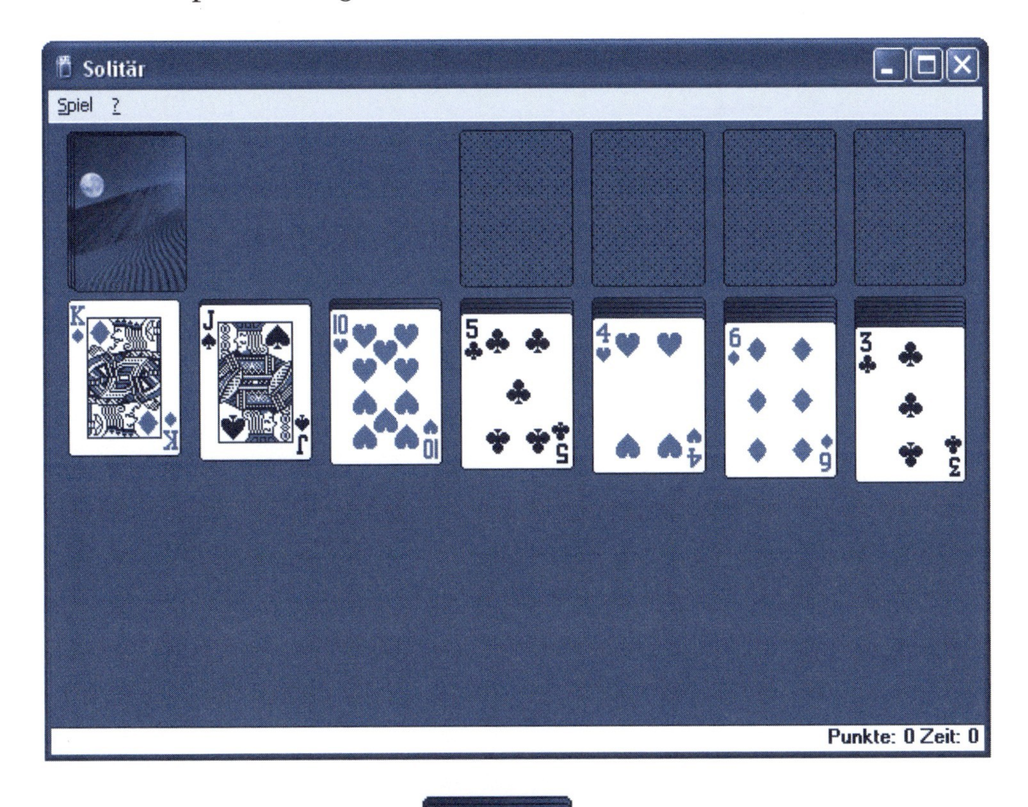

3 Zum Abheben neuer Karten klicken Sie auf den Ausgangsstapel.

Das Programm deckt dann ein(ig)e Karte(n) auf und legt diese rechts neben dem Stoß ab.

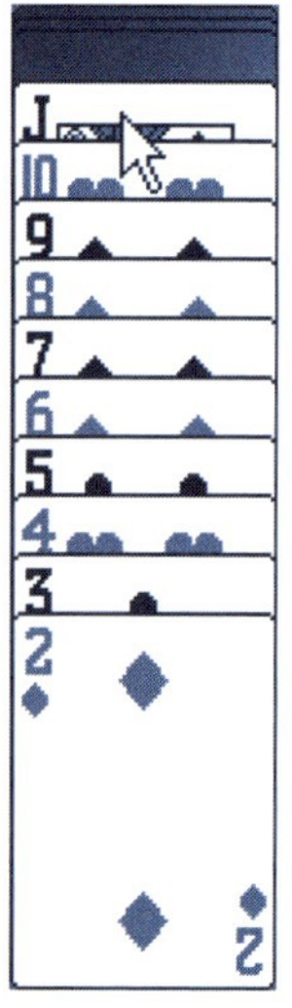

Beim Reihenstapel sind abwechselnd rote und schwarze Karten anzulegen. Dabei ist die **Reihenfolge der Karten** (König, Dame, Bauer, Zehn, Neun, Acht, Sieben, Sechs, Fünf, Vier, Drei, Zwei) einzuhalten. Dies bedeutet, auf eine Karte mit einer schwarzen Pik 5 kann nur eine rote Herz- oder Karo-Karte mit dem Wert 4 angelegt werden.

4 Aufgedeckte Karten können Sie von einem bestehenden Stoß abheben und per Maus zu einem jeweils passenden Stoß (**Reihenstapel** oder **Zielstapel**) ziehen und dort anlegen.

5 Wird ein **Ass** oben auf dem Kartenstapel aufgedeckt, legen Sie dieses mit einem Doppelklick **auf** einen der vier **Zielstöße** ab.

6 Liegt oben auf einem Reihenstapel eine abgedeckte Karte, decken Sie diese mit einem Doppelklick auf.

7 Ein König lässt sich zur freien (bereits abgeräumten) Position eines Reihenstapels ziehen.

Auf den vier **Zielstapeln** sind die Karten in einer Spielfarbe in aufsteigender Reihenfolge (z.B. Herz Ass, Herz 2, Herz 3 etc.) aufzuschichten. Unerlaubte Spielzüge weist das Programm ab.

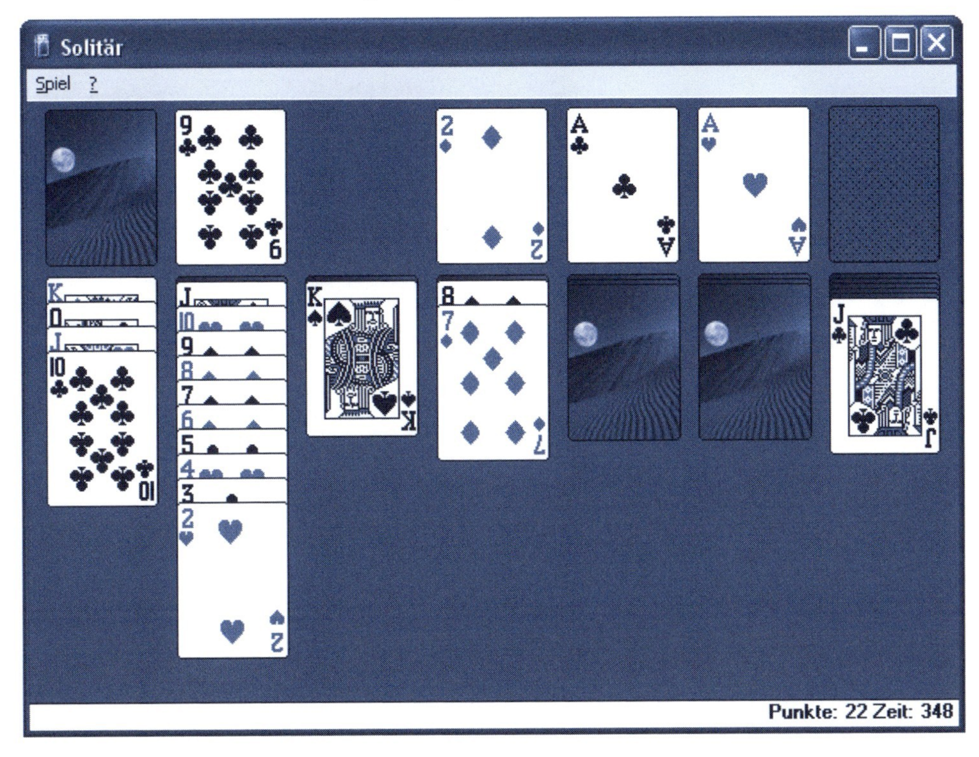

Führen Sie die gültigen Züge während des Spiels aus und legen Sie die Karten sortiert auf den Stößen ab.

Das Spiel ist beendet, wenn Sie entweder alle Karten in der richtigen Reihenfolge in vier Zielstößen angeordnet haben oder wenn es keine gültigen Spielzüge mehr gibt.

HINWEIS

Weitere Informationen zum Spielablauf finden Sie in der Programmhilfe, die Sie über das *?*-Menü aufrufen können. Über das Menü *Spiel* stehen Ihnen verschiedene Befehle zum Kartengeben, Rückgängig machen des letzten Spielzugs oder zum Einstellen der Optionen zur Verfügung.

Spider Solitär als Alternative

Dieses nette Kartenspiel finden Sie ab Windows Millennium in der Programmgruppe *Spiele*. Das Programm ist recht einfach zu verstehen und lässt sich mit verschiedenen Schwierigkeitsgraden spielen.

1 Starten Sie das Programm *Spider Solitär* über das Startmenü.

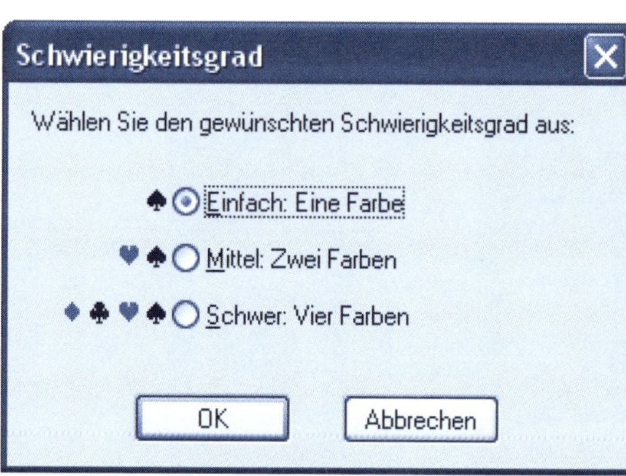

2 Klicken Sie im Dialogfeld *Schwierigkeitsgrad* auf ein Optionsfeld und bestätigen Sie über die *OK*-Schaltfläche.

TIPP

Zu Beginn sollten Sie die Option *Einfach: Eine Farbe* verwenden, da dann nur schwarze Spielkarten benutzt werden. Bei zwei oder vier Farben wird das Spiel doch etwas schwierig.

Nach Auswahl des Schwierigkeitsgrades vergibt das Programm einen neuen Satz Karten, die in der oberen Reihe abgelegt werden. Die jeweils oberste Karte ist aufgedeckt. Zudem finden Sie in der rechten unteren Ecke noch fünf weitere zugedeckte **Kartenstapel**, von denen Karten vergeben werden können.

3 Sie müssen nun die aufgedeckten Karten des oberen Stoßes durch Ziehen per Maus so umsortieren, dass sich eine vollständige Reihe mit absteigenden Werten ergibt.

Ist eine Reihe mit den Karten König, Dame, Bube, Zehn bis 2 und Ass vollständig, wird diese abgeräumt. Hier sehen Sie das Programmfenster, wobei ich bereits einige Karten zu Teilreihen umgruppiert habe.

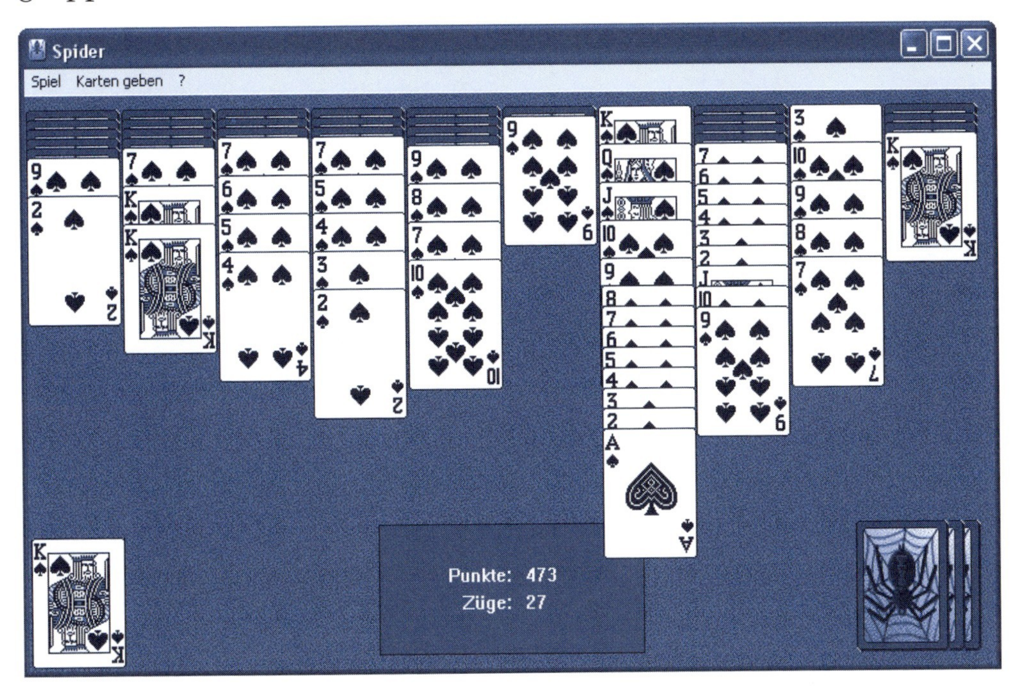

In der linken unteren Ecke sehen Sie den Pik-König eines bereits abgeräumten Kartenstapels. Auf der vierten Position von rechts habe ich bereits einen Stapel mit König, Dame und Bube begonnen, der gerade mit den Karten 10 bis 2 und dem Ass ergänzt wird. Das zweite Feld von rechts weist einen Teilstapel mit den Karten 10 bis 7 auf.

- Lassen sich keine Karten mehr durch gültige Spielzüge umgruppieren, können Sie auf eine der abgedeckten Kartenstapel in der rechten unteren Ecke klicken. Dann wird ein neuer Satz Karten gegeben und aufgedeckt an die 10 Reihen angelegt.
- Ergeben sich durch Abräumen oder Umgruppieren leere Plätze, können Sie einen Teilstapel zu dem jeweils leeren Platz in der oberen Reihe verschieben. Sind leere Plätze vorhanden, können Sie keine neuen Karten vergeben. Notfalls müssen Sie vorher Teilstapel umgruppieren, um leere Plätze zu füllen.

Das Spiel ist gewonnen, wenn Sie alle Spielkarten zu Reihen kombiniert und somit abgeräumt haben. Haben Sie alle Karten aus der rechten unteren Ecke vergeben und sind keine gültigen Spielzüge mehr möglich, haben Sie das Spiel leider verloren. Und nun viel Spaß!

Freecell, noch ein Kartenspiel

Das Kartenspiel Freecell ist in allen Windows-Versionen enthalten und ist ebenfalls leicht zu erlernen.

1 Starten Sie das Programm *Freecell* über das Startmenü.

Das Programm meldet sich mit diesem Fenster, in dem bereits alle Karten im unteren Bereich aufgedeckt sind. Jetzt gilt es die Karten umzusortieren.

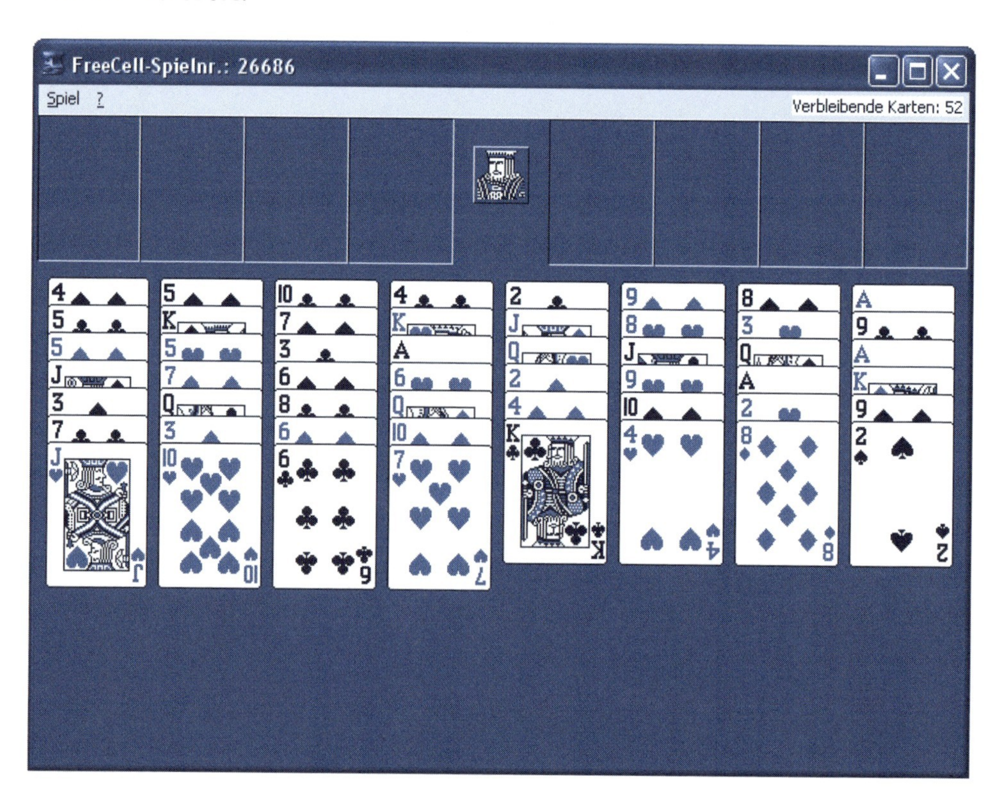

2 Klicken Sie auf die umzulegende Karte. Diese wird dann farblich markiert.

3 Klicken Sie auf den Stoß, auf den die Karte umzulegen ist.

TIPP

Wichtig ist hier, dass sich die **Karten nicht ziehen** lassen, **sondern durch Klicken umgelegt** werden.

Ziel des Spiels ist es, **alle Karten in der Reihenfolge Ass, 2 bis 10, Bube, Dame, König auf den** vier **Zielstößen** in der rechten oberen Ecke **abzulegen**. Ein Zielstoß darf dabei nur Karten einer Spielfarbe (z.B. Pik) aufnehmen. Meist sind aber die auf dem Zielstoß benötigten Karten durch andere verdeckt. Sie müssen aufgedeckte Karten der unteren Reihe umsortieren.

Hier habe ich bereits einige Karten auf den Zielstößen abgelegt. Zudem erkennen Sie einige der umsortierten Karten.

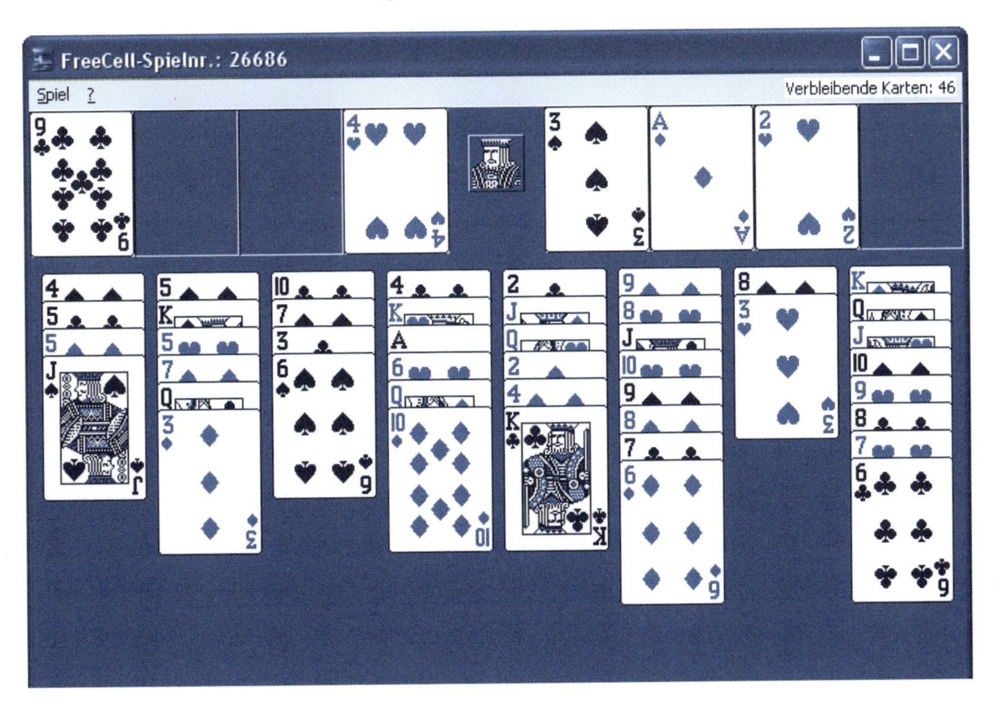

Sie dürfen jeweils eine Karte auf die vier freien Felder in der linken oberen Ecke ablegen und später wieder zu den Stößen zurückholen. Am besten ist es aber, die jeweils oberste Karte eines Stoßes an eine passende Karte eines anderen Stoßes anzulegen. Beim Umsortieren müssen Reihen mit alternierenden Farben (Rot, Schwarz) und mit absteigender Wertigkeit (König, Dame, Bube, 10 bis 2) gebildet werden. Auf eine Herz 10 kann also eine Pik 9 abgelegt werden.

TIPP

Sind noch genügend Plätze in der linken oberen Ecke frei, können Sie auch mehrere Karten einer Teilreihe mit einem Mausklick auf den Zielstapel umlegen. Die Teilreihe Rot 7, Schwarz 6, Rot 5 ließe sich beispielsweise an die Karte Schwarz 8 anlegen, sofern noch 2 Felder links oben frei sind. Bei vier freien Feldern lassen sich z.B. Stapel mit 5 Karten per Mausklick umlegen.

Als Strategie empfiehlt es sich, erst die Stapel mit Assen freizulegen und dann nach den Karten 2, 3 etc. zu suchen. Lassen Sie die obigen Felder möglichst lange frei. Das Spiel ist verloren, sobald keine Züge mehr möglich sind.

HINWEIS

Im Menü *Spiel* können Sie den Befehl *Spiel wählen* anklicken. Die dann im Dialogfeld angezeigte Zahl legt die Kartenkombination fest. Kommen Sie mit einer Ausgangskombination nicht weiter, sollten Sie einen anderen Wert vorgeben (dann werden die Karten vor dem Auslegen neu gemischt). Der Befehl *Neues Spiel* bzw. die Funktionstaste [F2] startet ein neues Kartenspiel.

Ein Kartenspiel mit Herz?

Das Kartenspiel Hearts (zu Deutsch Herz) liegt ebenfalls allen Windows-Versionen bei. Dort treten Sie gegen drei weitere (Computer-)Spieler an. Jeder Spieler spielt im Uhrzeigersinn eine Karte.

Es beginnt der Spieler mit der Kreuz 2, der diese Karte ausspielt. Die anderen Spieler müssen eine Karte der ausgespielten Farbe bedienen. Nur wenn bei einem Spieler keine Karten mit dieser Farbe vorliegen, darf er eine beliebige Karte spielen. Im ersten Stich dürfen Herz- und Pikdame allerdings nicht ausgespielt werden.

Liegen die vier Karten auf dem Tisch, wird entschieden, an wen der Stich (also die vier Karten) geht. Die erste im Stich gespielte Karte legt die Spielfarbe fest. Der Stich geht an den Spieler, der den höchsten Wert der Spielfarbe ausgespielt hat.

Erhält ein Spieler den Stich, darf er die nächste Karte ausspielen. Es darf aber kein Herz ausgespielt werden, solange diese Spielfarbe noch in keinem vorherigen Stich gespielt wurde.

Die Spieler erhalten für jedes Herz und für jede Pikdame eines Stichs 13 Punkte. Gewinnt ein Spieler alle Herzkarten sowie die Pikdame in einer Runde, liegt ein so genannter Durchmarsch vor. Dann erhält er keine Punkte und den Gegnern werden jeweils 26 Punkte gutgeschrieben. Das Spiel ist beendet, wenn ein Spieler 100 oder mehr Punkte hat (oder wenn der Kartengeber aufhört). **Gewonnen** hat, **wer am Ende** des Spiels **die wenigsten Punkte aufweist**.

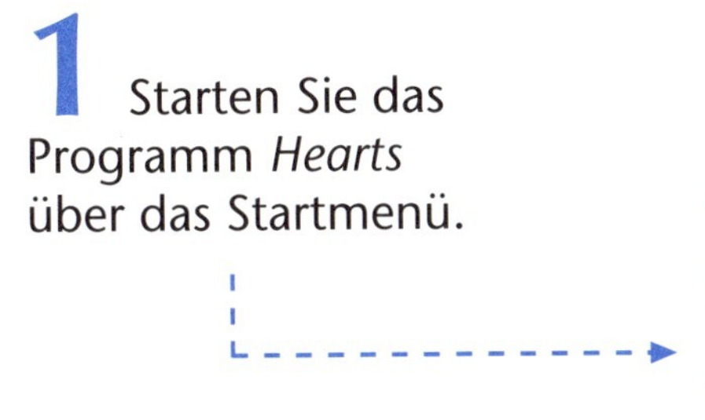

1 Starten Sie das Programm *Hearts* über das Startmenü.

2 Tippen Sie im nächsten Dialogfeld Ihren Namen ein und bestätigen diesen über die *OK*-Schaltfläche.

Jetzt müssen Sie drei Karten Ihres Blatts an einen der Mitspieler weitergeben und bekommen drei Karten von einem anderen Spieler. Nur bei der vierten Runde eines Spiels entfällt diese Weitergabe der Karten.

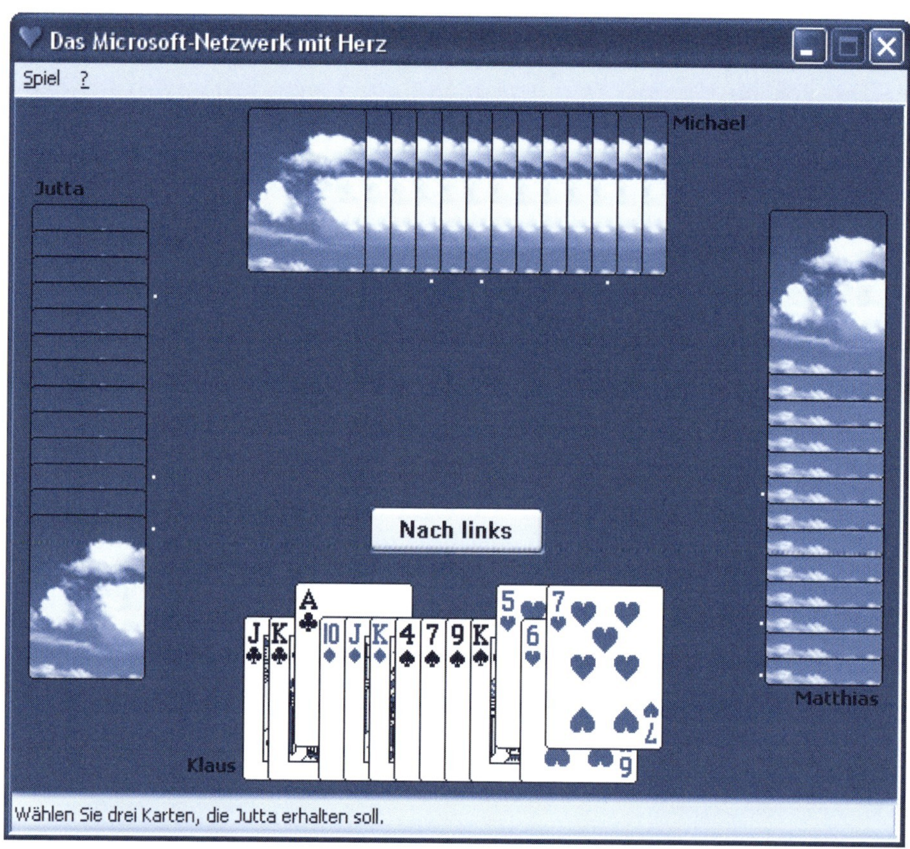

3 Klicken Sie auf die drei weiterzugebenden Karten und bestätigen Sie dies über die Schaltfläche *Nach links*.

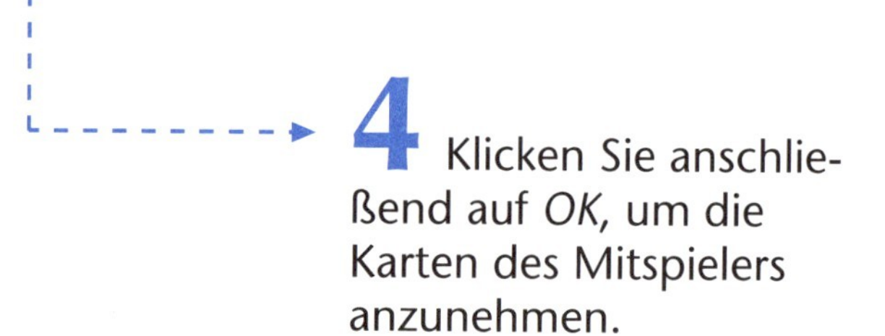

4 Klicken Sie anschließend auf *OK*, um die Karten des Mitspielers anzunehmen.

Nun beginnt der Spieler mit Kreuz 2 und spielt die Karte aus.

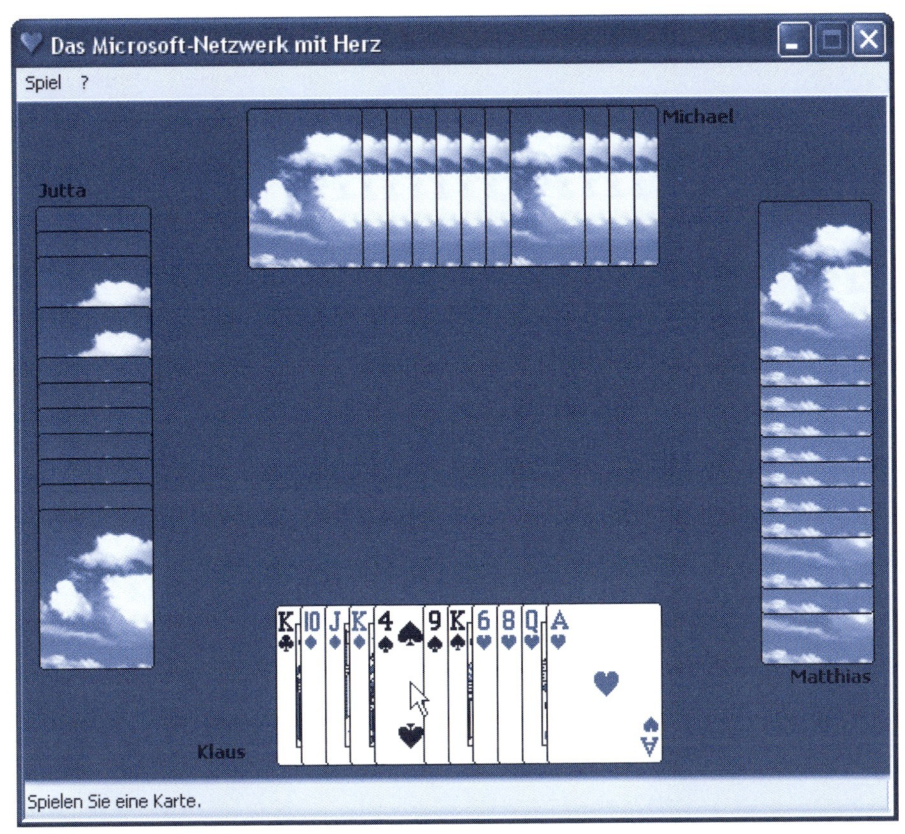

5 Klicken Sie in jeder Runde auf eine Karte, die Sie spielen möchten.

Erhalten Sie den Stich, dürfen Sie den nächsten Stich ausspielen. Die Kommandos werden am unteren Fensterrand in der Statusleiste gegeben.

Spielen Sie Ihre Karten so aus, dass Sie möglichst keinen Stich mit Herzkarten oder Pikdame bekommen (Ausnahme bildet der oben erwähnte Durchmarsch, bei dem Sie viele hohe Pik- und Herzkarten haben müssen). Haben Sie einen Stich bekommen, spielen Sie anschließend Karten mit hohen Werten (z.B. Ass, König, Bube, Dame). Die höchsten Karten sollten zuerst gespielt werden (Stiche ohne Herzkarten oder Pikdame zählen keine Punkte).

Am Ende einer Runde wird der Spielstand angezeigt. Schließen Sie das Dialogfeld über die *OK*-Schaltfläche.

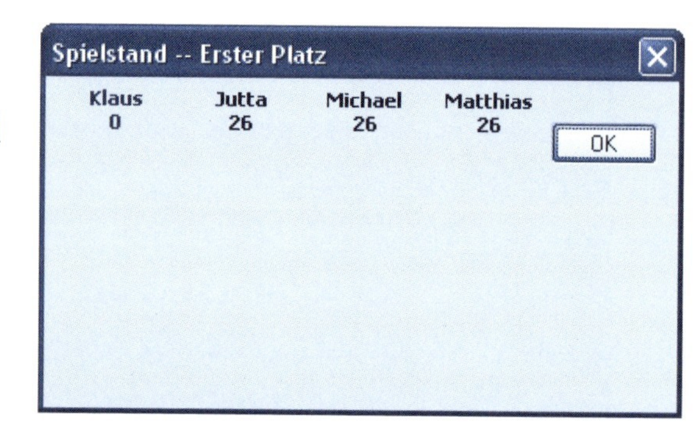

HINWEIS

An dieser Stelle möchte ich die Einführung in die Windows-Kartenspiele beenden. Nehmen Sie sich die Spiele vor, die Ihnen am besten gefallen. Zusätzliche Informationen erhalten Sie, wenn Sie die Hilfe des jeweiligen Spiels aufrufen. Mit der Zeit können Sie ja weitere Spiele ausprobieren oder neue Spiele kaufen oder aus dem Internet herunterladen und auf dem Computer installieren.

Minesweeper – was ist das denn?

Das Programm *Minesweeper* simuliert ein Spiel, bei dem Sie in einem verdeckten Minenfeld die sicheren Bereiche ohne Minen in möglichst kurzer Zeit herausfinden sollen.

Das Spielfeld ist in einzelne Kästchen unterteilt. Durch Anklicken dieser Felder lässt sich herausfinden, ob ein Feld minenfrei ist und ob sich Minen in der Nachbarschaft befinden. Eine Zahl weist auf die entsprechende Minenzahl auf den Nachbarfeldern hin.

Die **Zahl** 1 **in** einem **Feld bedeutet** z.B., dass sich eine **Mine auf** einem der **benachbarten Felder** befindet.

1 Um Minesweeper zu spielen, rufen Sie das Programm über die Gruppe *Spiel* des Startmenüs auf.

2 Sobald sich das Spiel *Minesweeper* mit einem Fenster meldet, beginnen Sie mit dem »Minenräumen«, indem Sie auf eines der Felder klicken.

3 Das betreffende **Feld wird** jeweils **aufgedeckt** und Sie müssen auf weitere »freie« Felder klicken.

Ziel ist es, möglichst viele minenfreie Felder in kürzester Zeit aufzudecken.

Haben Sie ein Feld gewählt, das eine Mine enthält, haben Sie leider verloren (so wie in nebenstehendem Bild). Hier sehen Sie auch recht gut, wie die Zahlen in den einzelnen Feldern die vorhandenen Minen angeben. Die Zeit seit Beginn der Räumung erscheint übrigens rechts oben in der Digitalanzeige.

ACHTUNG

Glauben Sie, dass auf einem Feld eine Mine liegt? Dann können Sie mit der Maus auf ein Feld zeigen, das vermutlich minenfrei ist. Halten Sie jetzt gleichzeitig die linke und rechte Maustaste gedrückt, deckt Minesweeper alle benachbarten Felder auf, die keine Minen enthalten. Beim Loslassen der Maustasten werden die Felder wieder verdeckt, und Sie können diese dann einzeln räumen.

- Vermuten Sie auf einem Feld eine Mine, können Sie dieses mit der rechten Maustaste anklicken. Minesweeper markiert dieses Feld mit einem kleinen Fähnchen.

- Um das Spiel neu zu beginnen, klicken Sie auf die Schaltfläche mit dem als Smiley bezeichneten stilisierten Gesicht.

Mehr brauchen Sie zum Start eigentlich nicht. Wenn Sie etwas mehr Erfahrung besitzen, können Sie ja einmal die Menüleiste des Programms ausprobieren. Im Menü *Spiel* finden Sie verschiedene Befehle, um ein neues Spiel zu beginnen (Befehl *Neu*) oder um die Spielstärke einzustellen. Informationen zum Spiel erhalten Sie über die Hilfe, die Sie über das *?*-Menü abrufen können. Den Umgang mit Menüs kennen Sie bereits vom Startmenü oder aus Kapitel 3 im Zusammenhang mit dem Windows-Rechner.

HINWEIS

Je nach Windows-Version finden Sie weitere Spiele wie beispielsweise Pinball. Bei Pinball handelt es sich um eine Nachbildung der bekannten Flipper-Automaten. Über den Befehl *Neues Spiel* des Menüs *Spiel* (oder durch Drücken der Funktionstaste [F2]) wird das Spiel gestartet. Halten Sie die [ ]-Taste einige Sekunden gedrückt und lassen Sie die Taste wieder los, um die Kugel in das Spielfeld zu schießen. Mit den Tasten [Y] und [M] können Sie den Hebel des linken und rechten »Flippers« am Auslauf des Spielfelds bedienen, um die Kugel zurückzuschießen. Mit [X] und [N] können Sie den »Tisch« nach links oder rechts stoßen. Ziel ist es, dass die Kugel möglichst lange im Spielfeld bleibt, um Rückstoßelemente, Zielobjekte und Fahnen zu treffen. Jeder Treffer erhöht das Punktekonto. Weitere Hinweise finden Sie in der Hilfe des Spiels, welches sich über das Menü mit dem Fragezeichen abrufen lässt.

Windows als Musikbox?

Ein Computer und Musik, passt das denn zusammen? Ja und nein! Wenn Sie eine teure Stereoanlage besitzen und klassische Musik hören, werden die heutigen PCs Ihren Ansprüchen wohl nicht genügen. Andererseits stattet die Industrie mittlerweile alle PCs mit so genannten **Soundkarten** aus. Dies sind im Computer eingebaute Teile, an die sich Lautsprecher anschließen lassen. Mit der entsprechenden Software kann Windows dann Klänge und Musik wiedergeben.

- Sie können einmal Musik-CDs in CD-ROM- oder DVD-Laufwerke einlegen und diese dann abspielen. Die Wiedergabe erfolgt entweder über Kopfhörer oder über die an der Soundkarte angeschlossenen Lautsprecher. Leider ist es so, dass die Musik-Industrie immer mehr Musik-CDs mit einem Abspielschutz für Computer versieht. Ob dies zutrifft, steht meist auf der CD-Hülle.
- Aber es geht noch mehr. Sie können sich Musikstücke von CD oder aus dem Internet in Ordner (z.B. *Eigene Musik* in *Eigene Dateien*) der Festplatte kopieren und diese Musikstücke zu einer ganz persönlichen Musikbox kombinieren. Dann lassen sich die Musikstücke beliebig wiedergeben. Ein Stichwort sind dabei die so genannten MP3-Dateien, in denen Musik gespeichert ist und die z.B. aus dem Internet geladen und auf dem PC wiedergegeben werden können.

Selbst Radio hören ist per PC möglich (wenn ich auch in diesem Buch auf diese Funktionalität nicht eingehe). Schauen wir uns doch einmal an, wie Sie Ihren PC zur Wiedergabe von Musik nutzen können.

Musik-CDs hören

Das Abhören von Musik-CDs am PC ist eigentlich ein Kinderspiel:

1 Drücken Sie am CD- oder DVD-Laufwerk die Auswurftaste, um die CD-Schublade auszufahren.

2 Legen Sie die Musik-CD (mit der spiegelnden Seite nach unten) in die Schublade (siehe auch Kapitel 4).

3 Drücken Sie die Auswurftaste am Laufwerk ein zweites Mal, um die CD einzufahren.

Direkt nach dem Einfahren der Schublade beginnt die Laufwerksanzeige zu blinken – Windows versucht von der CD zu lesen. Nach einigen Sekunden startet das CD-Wiedergabeprogramm automatisch und beginnt mit dem Abspielen der Musikstücke. Mehr brauchen Sie eigentlich nicht zu wissen, da nun alles automatisch geht.

TIPP

Falls die automatische Wiedergabe von Audio-CDs auf Ihrem Computer nicht klappt (z.B. weil sie jemand deaktiviert hat), können Sie das betreffende Programm (*Windows Media Player*) im Startmenü unter *(Alle) Programme/Zubehör/Unterhaltungsmedien* aufrufen. Fehlen die Einträge im Menü *Unterhaltungsmedien*, müssen Sie das Programm nachträglich installieren (siehe Kapitel 8). Der Windows Media Player lässt sich sogar kostenlos nachrüsten. Sie müssen die zu Ihrem Windows passende Version des Media Player von der Internetseite *www.microsoft.com/downloads/search.aspx?displaylang=de* (nach »Windows Media« suchen) herunterladen und installieren. (Ihre Enkel oder Ihre Kinder wissen vielleicht, wie das geht – lassen Sie sich unter die Arme greifen, wenn Sie selbst nicht zurechtkommen).

Um das Abspielen zu beenden, drücken Sie einfach auf die Auswurftaste des CD-ROM-Laufwerks und warten Sie, bis die Schublade ausgefahren wird. Dann entnehmen Sie die CD, schließen die Schublade und beenden das Wiedergabeprogramm. Das war's!

HINWEIS

Die Wiedergabe setzt natürlich voraus, dass Ihr Computer für diesen Zweck ausgerüstet ist (CD-ROM- oder DVD-Laufwerk vorhanden, Soundkarte vorhanden, Lautsprecher angeschlossen und eingeschaltet). Fehlt die Soundkarte, lässt sich notfalls ein Kopfhörer an der Vorderseite des Laufwerks in der Audiobuchse einstöpseln. Natürlich sollte die Musik-CD auch zum Abspielen auf dem Computer geeignet sein – sonst klappt's auch nicht.

Mit dem Windows Media Player steht Ihnen ein »Universalgerät« zum Abspielen von Musik oder zum Ansehen von Videos oder sogar zum Hören von Webradio zur Verfügung. Das Programm meldet sich mit einem Fenster, dessen Inhalt geringfügig zwischen den unterschiedlichen Versionen abweicht. Die Bedienung der Grundfunktionen ist aber weitgehend gleich. Nachfolgend sehen Sie das Fenster der Version 9 (Vordergrund) und der Version 10 (Hintergrund), die nur geringfügig voneinander abweichen.

Die Schaltflächen im Bereich der **(Feature)taskleiste** erlauben Ihnen die direkte Anwahl der Funktionen (Wiedergabe, Medienbibliothek etc.). Dabei wird standardmäßig die Schaltfläche *(Aktuelle) Wiedergabe* gewählt. Klicken Sie auf *Medienbibliothek*, blendet das Programm so genannte Wiedergabelisten mit den gespielten Titeln ein.

Zum Abspielen einer CD, eines Videos oder einer Musikdatei verwenden Sie die (bei allen Programmversionen ähnlichen) Schaltflächen am unteren Rand des Fensters. Wie beim CD-Player der Stereoanlage gibt es die Schaltfläche *Wiedergabe/Pause* zum Starten und Unterbrechen der Wiedergabe. Zudem finden Sie einen Schieberegler, um die Lautstärke durch Ziehen per Maus anzupassen. Zwei weitere Schaltflächen erlauben Ihnen zwischen

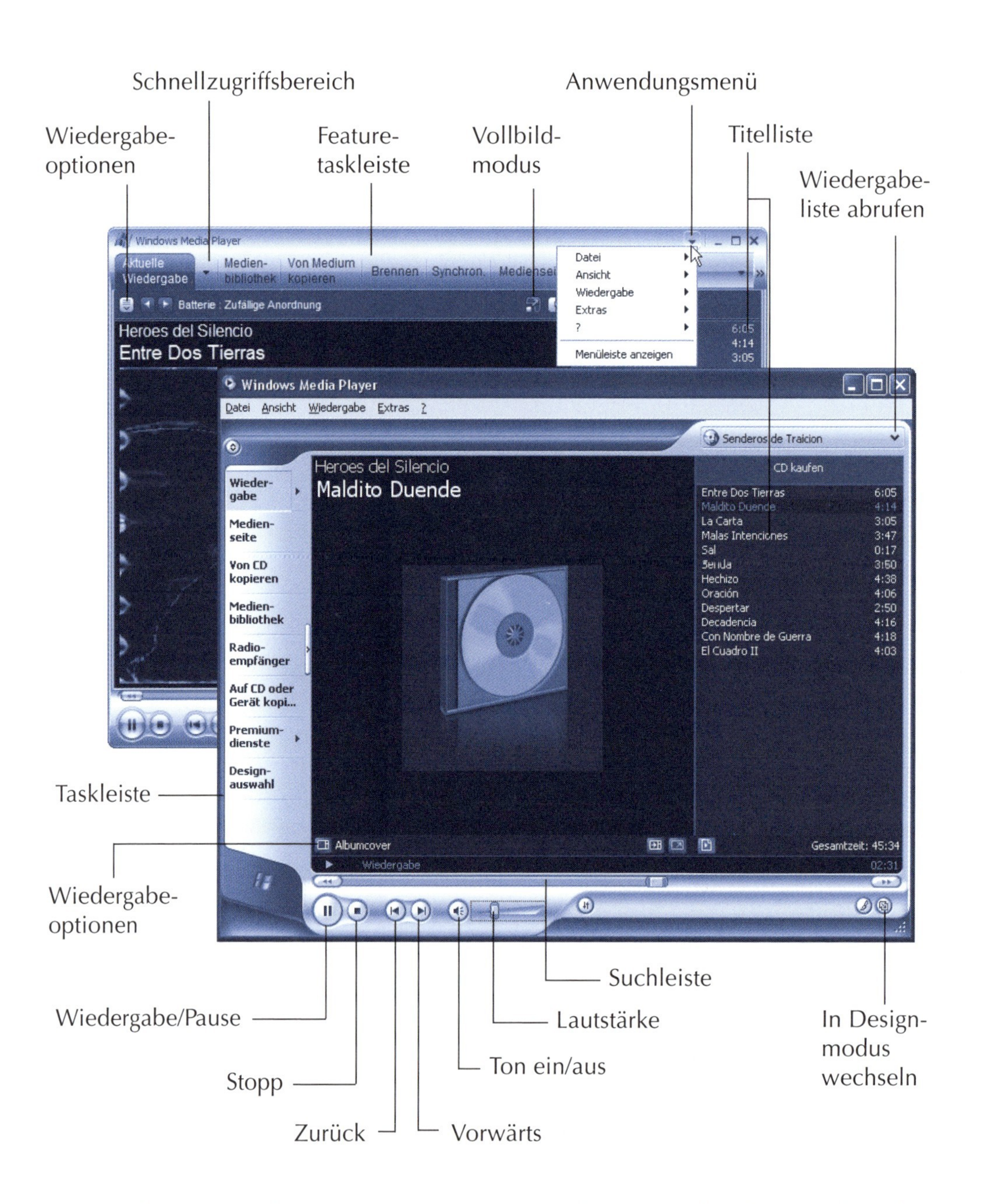

einzelnen Musikstücken einer Audio-CD zu wechseln. Die Funktionen der Schaltflächen können Sie in der hier gezeigten Abbildung des Media Player sehen. Zeigen Sie per Maus auf eine solche

Schaltfläche, blendet der Player (in allen Windows-Versionen) zusätzlich eine QuickInfo mit dem Namen der Funktion ein. Beim Abspielen bewegt sich zudem ein Marker entlang der **Suchleiste**. Der Marker zeigt die aktuelle Abspielposition im Musikstück oder im Video an. Sie können den Marker per Maus ziehen oder beliebige Positionen innerhalb der Suchleiste anklicken. Der Marker wird dadurch verschoben und der Media Player setzt die Wiedergabe an der aktuellen Markerposition fort. Dies erlaubt im Musikstück oder im Video zu bestimmten Wiedergabestellen zu springen.

HINWEIS

Die Darstellung des Programmfensters ist übrigens veränderbar. So lässt sich über das Menü *Ansicht*, über die Schaltfläche in der rechten unteren Fensterecke oder über die Tastenkombinationen Strg+1 bzw. Strg+2 zwischen Vollmodus und Kompaktmodus (das Fenster wird ohne die Schaltflächen gezeigt) umschalten. Die beim Abspielen von Tonkonserven im Media Player angezeigten Muster können Sie über die Befehle des Menüs *Ansicht/Visualisierungen* verändern. Beim Media Player 10 müssen Sie das Menü aber über die Schaltfläche *Anwendungsmenü* der Titelleiste einblenden.

MP3- und andere Musikdateien anhören

Musikstücke können aus dem Internet oder von Musik-CDs auf die Festplatte des Computers (z.B. in *Eigene Dateien/Eigene Musik*) übertragen werden. Im einfachsten Fall werden die Musikstücke im *.wav*-Format (z.B. beim Kopieren von CD) auf dem Computer hinterlegt. Solche *.wav*-Dateien belegen aber viel Speicherplatz (ca. 10 Mbyte pro Minute). Das vor einigen Jahren entwickelte MP3-Verfahren erlaubt die Musikstücke in wesentlich kompakterer Form in MP3-Dateien zu speichern. Ähnliches gilt für das von Microsoft wegen der Kopierschutzunterstützung (digitale Rechteverwaltung, englisch *Digital Rights Management*), propagierte *.wma*-Format. Instrumentalstücke lassen sich durch Angabe des Instruments und der Noten ebenfalls sehr kompakt in MIDI-Dateien ablegen und dann durch den Synthesizer der Soundkarte abspielen.

Verfügen Sie über *.wav-*, *.midi-*, *.wma-* oder *.mp3*-Dateien auf Ihrer Festplatte?

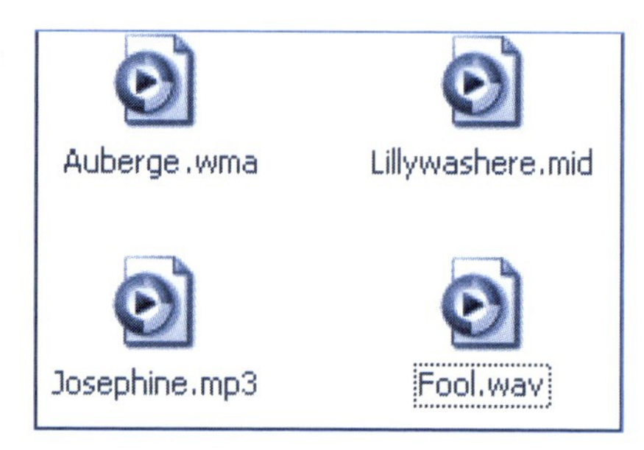

1 Öffnen Sie das Ordnerfenster *Eigene Musik* und suchen Sie ggf. den Unterordner mit den gespeicherten Musikdateien.

2 Sobald die Musikdateien im Ordnerfenster mit dem Symbol des Players erscheinen, wählen Sie die gewünschte Datei per Doppelklick an.

Windows startet dann automatisch die Wiedergabe der betreffenden Musikdatei im Player. Meist erfolgt die Wiedergabe dabei im Windows Media Player und Sie können die Wiedergabe über die zum Abspielen von Musik-CDs benutzten Schaltflächen steuern.

HINWEIS

Sind auf dem Computer andere Player installiert, werden diese ggf. zur Wiedergabe benutzt. Erscheint dagegen im Ordnerfenster das Symbol eines unbekannten Dateityps für eine Musikdatei? Dann ist das Format der Musikdatei unbekannt und diese kann in Windows nicht wiedergegeben werden.

Digitale Musiksammlungen erstellen

Mit dem Computer ist es kein Problem, sich eine Sammlung von Musikstücken zusammenzustellen. Musikstücke lassen sich legal im Internet (z.B. *www.musikload.de, musik.mediaonline.de, www.tonspion.de*) erwerben und dann als Dateien im *.mp3-* oder *.wma*-Format auf der Festplatte (z.B. im Ordner *Eigene Musik*) speichern. Oder Sie können einzelne Musikstücke von gekauften Musik-CDs auf die Festplatte übertragen. Sofern die Musik-CDs keinen Kopierschutz besitzen, ist dies mit wenigen Mausklicks im Windows Media Player erledigt.

1 Starten Sie den Windows Media Player, wählen Sie im Menü *Extras* den Befehl *Optionen* und wechseln Sie im angezeigten Eigenschaftenfenster zur Registerkarte *Musik kopieren.*

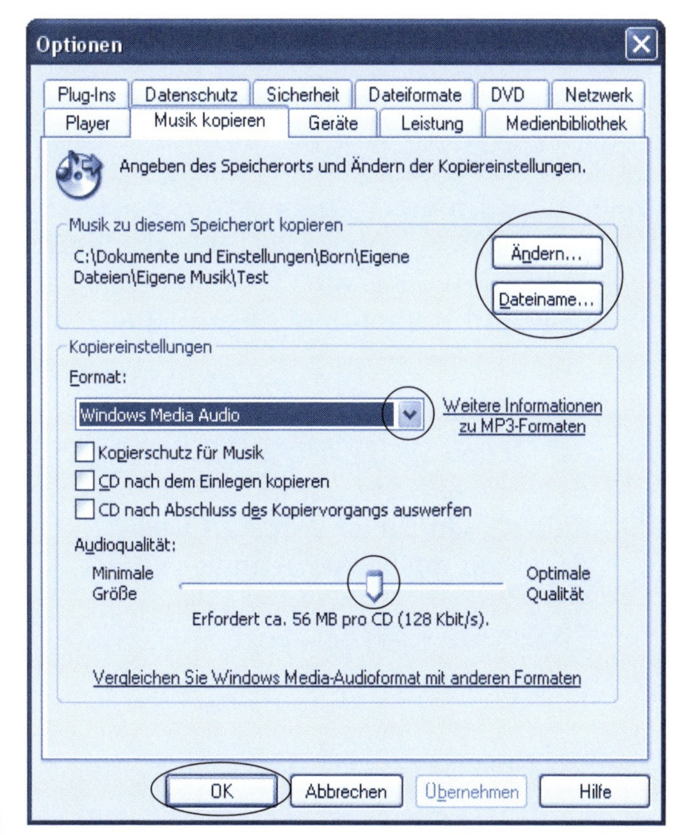

2 Klicken Sie in der Gruppe *Musik zu diesem Speicherort kopieren* auf die Schaltfläche *Ändern* und stellen Sie im Zusatzdialog den Zielordner (*Eigene Musik* und ggf. einen Unterordner) ein.

3 Klicken Sie auf die Schaltfläche *Dateiname*, markieren Sie im Zusatzdialog *Dateinamenoptionen* die Kontrollkästchen der Details, die im Dateinamen enthalten sein sollen, und schließen Sie den Dialog.

4 Stellen Sie über das Listenfeld *Format* der Registerkarte das gewünschte Ausgabeformat (z.B. »Windows Media Audio« oder »MP3«) ein, passen Sie anschließend über den Schieberegler die Audioqualität an und schließen Sie die Registerkarte über die *OK*-Schaltfläche.

Der Windows Media Player 9 kann Musik nur im WMA-Format kopieren, während die neuere Version 10 des Players auch MP3-Dateien speichert. Sobald Sie die Einstellungen vorgenommen und die Registerkarte über die *OK*-Schaltfläche geschlossen haben, gehen Sie zum Kopieren der Musikstücke folgendermaßen vor:

1 Legen Sie die Musik-CD in das Laufwerk des Computers ein und wählen Sie im Windows Media Player die Schaltfläche *Von CD kopieren* (bzw. beim Media Player 10 *Von Medium kopieren*).

2 Sobald die Titelliste der Musik-CD im Fenster des Media Player erscheint, markieren Sie die Kontrollkästchen der zu kopierenden Musikstücke.

3 Anschließend klicken Sie auf die mit *Musik kopieren* bezeichnete Schaltfläche des Media Player-Fensters und warten, bis die markierten Musikstücke auf die Festplatte kopiert wurden.

Der Kopierablauf wird durch eine Fortschrittsanzeige in der Spalte *Kopierstatus* der Titelliste signalisiert. Sobald der Kopiervorgang abgeschlossen ist, können Sie den Player beenden und die Musik-CD wieder aus dem Laufwerk entnehmen. Sie finden die Musikdateien anschließend in dem von Ihnen angegebenen Zielordner (z.B. *Eigene Musik*).

HINWEIS

Der Media Player ruft bei einer bestehenden Internetverbindung übrigens automatisch die Titelinformationen zu den Musikstücken, den Namen des Interpreten und den Albumtitel ab. Diese Informationen werden nicht nur in der Titelliste des Players angezeigt sondern auch beim Erzeugen der Dateinamen der kopierten Musikstücke verwendet. Die so kopierten Musikdateien können Sie per Doppelklick im Media Player abspielen. Durch Drücken der Funktionstaste [F3] lässt sich zudem ein Dialog des Media Player öffnen, in dem die Festplatte nach Musikdateien durchsucht werden kann. Die Funktion legt dann die gefundenen Musikstücke in Wiedergabelisten ab, die sich über die Schaltfläche *Medien Bibliothek* abrufen und dann über Kontextmenübefehle abspielen lassen.

Wie kommt die Musik auf den MP3-Player

Für unterwegs sind tragbare Musikabspielgeräte recht angenehm. Besonders populär sind dabei die kleinen, für wenige Euro angebotenen, MP3-Player.

Diese lassen sich in die USB-Schnittstelle des Computers stecken und werden von Windows als Wechseldatenträger behandelt.

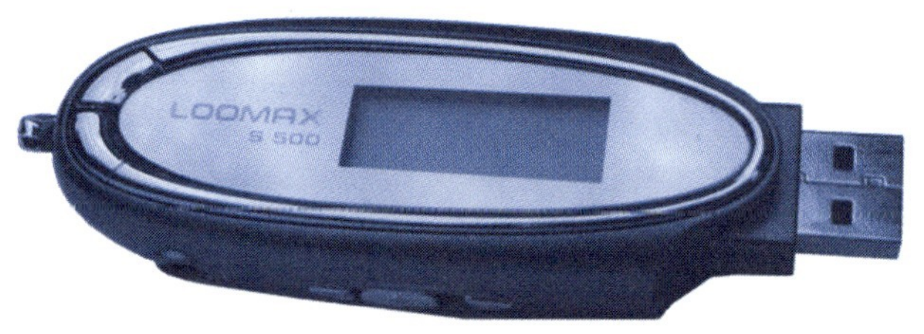

Sie können also Musikstücke vom Computer zum MP3-Player kopieren. Da moderne Varianten dieser Player sowohl MP3- als auch WMA-Dateien abspielen, müssen Sie nur sicherstellen, dass die Musikstücke mit den im vorherigen Abschnitt gezeigten Schritten im betreffenden Format auf der Festplatte gespeichert sind.

1 Zum Kopieren der Musikstücke stecken Sie den MP3-Player in die USB-Buchse des Rechners und warten, bis das Gerät als Wechseldatenträger erkannt wird.

2 Windows XP öffnet ein Dialogfeld, in dem Sie die Option *Ordner öffnen, um Dateien anzuzeigen mit Windows Explorer* wählen und dann auf die *OK*-Schaltfläche klicken. Erscheint kein Dialogfeld, öffnen Sie das Ordnerfenster *Arbeitsplatz* und wählen dann das Laufwerkssymbol des MP3-Players per Doppelklick an, um dessen Speicherinhalt anzuzeigen.

3 Öffnen Sie danach ein zweites Ordnerfenster (z.B. über den Startmenüeintrag *Eigene Musik* bzw. über das Desktop-Symbol *Eigene Dateien*), und stellen Sie den Ordner (z.B. *Eigene Musik*) ein, in dem die zu kopierenden Musikdateien hinterlegt sind.

4 Anschließend löschen Sie ggf. auf dem MP3-Player gespeicherte Dateien. Danach kopieren Sie die neuen Musikstücke über die geöffneten Ordnerfenster von der Festplatte zum MP3-Player.

Das Löschen der Musikdateien oder das Übertragen neuer Musikstücke von der Festplatte zum MP3-Player funktioniert genauso wie das in Kapitel 4 beschriebene Löschen bzw. Kopieren von Dateien (z.B. durch Ziehen per Maus). Sobald die Musikstücke übertragen sind, können Sie die Ordnerfenster schließen und den MP3-Player aus der USB-Buchse des Rechners entfernen.

HINWEIS

Erkennt Windows den MP3-Player nach dem Einstecken in die USB-Schnittstelle nicht? Bei älteren Geräten oder Windows-Versionen müssen Sie einmalig einen, mit dem MP3-Player mitgelieferten, Treiber installieren. Details finden Sie in der Gebrauchsanleitung des Geräts.

So geht's: Videos und DVDs ansehen

Moderne Computer können nicht nur Musikdateien abspielen, sondern auch auf der Festplatte des Rechners gespeicherte Multimediadateien mit Videodaten wiedergeben. Mit der richtigen Ausstattung lassen sich sogar Spielfilme von DVD abspielen. Der Windows Media Player besitzt Funktionen, um solche Multimediadateien direkt wiederzugeben. Während der Ton mit der Soundkarte wiedergegeben wird, erscheinen die Videosequenzen direkt auf dem Bildschirm. Mit den Funktionen zum Abspielen von Videodateien können Sie Ihren Computer quasi zum »Heimkino« umfunktionieren. Bei entsprechend schnellem Computer mit installierter Soundkarte werden die Videos bildschirmfüllend und mit Ton ausgegeben.

Videodateien anzeigen

Videodateien werden häufig mit Dateinamenerweiterungen wie *.avi*, *.wmv*, *.mpg* oder *.mpeg* gespeichert. Wenn Sie eine digitale Videokamera besitzen, liefern die Hersteller meist bereits Programme mit, mit denen sich die Filme auf den PC überspielen lassen. Es gibt auch CD-ROMs, die solche Videodateien enthalten. Haben Sie eine Videodatei auf der Festplatte oder auf einer CD-ROM (z.B. auf der Windows-CD) vorliegen, lässt sich diese auf dem Rechner wiedergeben:

1 Öffnen Sie ein Ordnerfenster und suchen Sie den Ordner, in dem die Videodatei gespeichert ist.

2 Wählen Sie die gewünschte Datei im Ordnerfenster per Doppelklick an.

Windows erkennt am Dateityp, welches Programm zur Wiedergabe benötigt wird, und startet dieses. Standardmäßig wird auch hier der Windows Media Player zur Wiedergabe benutzt. Das Programm lädt die Datei und beginnt mit deren Wiedergabe. Hier sehen Sie das Fenster des Media Players aus Windows XP.

Bei allen Programmversionen erfolgt die Bedienung über die Schaltflächen am unteren Fensterrand. Sie steuern die Wiedergabe genau wie bei der Wiedergabe von Musik-CDs. Bei Videos lässt sich die Bildgröße beim Media Player über den Befehl *Ansicht/Zoom* variieren. Eine Vollbilddarstellung erreichen Sie über den Befehl *Ansicht/Vollbild*. Ein Doppelklick auf die Vollbilddarstellung schaltet zum Fenstermodus zurück. Weitere Details zur Bedienung finden Sie in der Programmhilfe.

Video-CDs und DVDs abspielen

Filme lassen sich auf Video-CDs speichern, über ein CD-Laufwerk einlesen und im Windows Media Player (Menü *Wiedergabe*, Befehl *VCD oder Audio-CD*) abspielen. Filme mit besserer Auflösung sind im Super Video-Format auf S-VCDs oder auf DVDs verfügbar. Während sich eine S-VCD mit einem CD-Laufwerk im Computer einlesen lässt, benötigen Sie zum Abspielen von DVDs ein DVD-Laufwerk. Leider kann der Windows Media Player in der Regel Super Video-CDs und DVDs nicht direkt wiedergeben, da eine spezielle als Decoder bezeichnete Funktion fehlt. Allerdings werden die meisten DVD-Laufwerke mit einer entsprechenden DVD-Player-Software (z.B. CyberLink PowerDVD) ausgeliefert. Diese Software enthält auch einen DVD-Decoder. Um eine DVD auf Ihrem Computer wiederzugeben, gehen Sie in folgenden Schritten vor:

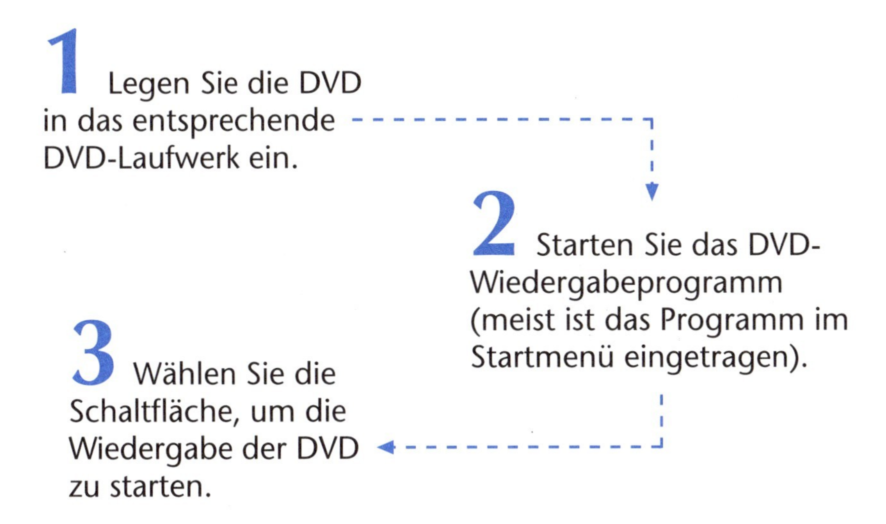

Meist blendet das Programm zur DVD-Wiedergabe eine entsprechende QuickInfo mit den Funktionsnamen der Schaltflächen ein. Anschließend wird das Fenster zur Wiedergabe der Videobilder eingeblendet. Die Bedienung erfolgt über die Menüs auf der Startseite, über die Schaltflächen des DVD-Players sowie über ein Kontextmenü (mit der rechten Maustaste auf das Videobild klicken). Details zu den entsprechenden Programmfunktionen liefert die Hilfe des Programms.

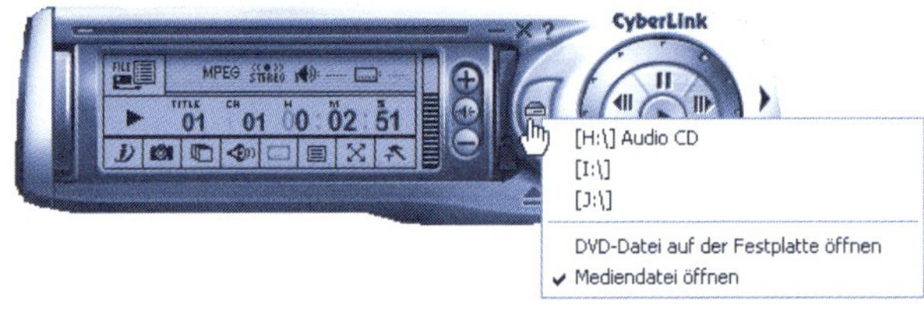

HINWEIS

Ruckeln die Bilder bei der Wiedergabe einer DVD, ist Ihr Computer zu langsam. Weigert sich der Player, die DVD abzuspielen? Die Filmindustrie versieht DVDs mit so genannten **Regionalcodes** (**1:** USA, Kanada, **2:** Japan, Europa, Naher Osten, Südafrika, Ägypten, **3:** Südostasien, **4:** Australien, Neuseeland, Mittel-/Südamerika, **5:** Nordwestasien, GUS-Staaten, Indien, Afrika **6:** China). Diese DVDs lassen sich nur auf den passenden DVD-Laufwerken abspielen. Eine in den USA vertriebene DVD (Code 1) lässt sich nicht auf einem europäischen DVD-Laufwerk (Code 2) abspielen!

Seit Windows Millennium gibt es zusätzlich das Programm Windows Movie Maker, mit dem sich Videos aufzeichnen, von einer Videokamera einlesen, schneiden und exportieren lassen. Zudem gibt es die Möglichkeit, Musik oder Videos auf CDs/DVDs zu brennen. Aus Platzgründen kann ich diese Funktionen leider nicht erklären (Näheres finden Sie z.B. in meinen Markt+Technik-Titeln »Easy – Computer« und »Easy – Heimkino«).

Zusammenfassung

An dieser Stelle möchte ich dieses Kapitel beenden. Sie haben erfahren, wie Sie Musik-CDs und DVDs abspielen können. Weiterhin haben Sie einige der in Windows mitgelieferten Spiele kennen gelernt. Damit wissen Sie schon eine ganze Menge darüber, wie Sie Windows zur Unterhaltung und zum Zeitvertreib nutzen können. Vielleicht besorgen Sie sich eigene Spiele (z.B. Brettspiele wie Schach etc.).

Lernkontrolle

Zur Überprüfung Ihres Wissens sollten Sie die folgenden Aufgaben lösen. Die Antworten finden Sie in Klammern angegeben.

- **Wie lässt sich eine Videodatei wiedergeben?**
  (Die Videodatei im Ordnerfenster per Doppelklick anwählen. Dann wird das Wiedergabeprogramm gestartet.)
- **Wie lässt sich eine Musik-CD abspielen?**
  (Legen Sie die CD in das Laufwerk ein. Falls das Wiedergabeprogramm nicht startet, wählen Sie es im Startmenü und aktivieren die CD-Wiedergabe.)
- **Wie lassen sich Windows-Spiele aufrufen?**
  (Im Startmenü auf *Programme/Zubehör/Spiele* oder *Alle Programme/Spiele* klicken, dann den Eintrag für das gewünschte Spiel wählen.)

Internet – ich bin drin!

Millionen Menschen sind schon drin. Haben Sie auch Interesse am Internet? Surfen im Internet ist ganz einfach. Sie brauchen lediglich einen PC mit einem so genannten Modem oder einer ISDN-Karte und einen Telefonanschluss. Schon kann's los gehen. Die benötigten Internetprogramme bringt Microsoft Windows bereits in Form des Internet Explorer mit. In diesem Kapitel möchte ich Ihnen zeigen, wie Sie auf den Webseiten im World Wide Web »surfen«. Außerdem vermittle ich Ihnen hier die wichtigsten Begriffe rund um das Thema Internet. Dieses Wissen lässt sich auch verwenden, um die immer häufiger auf CD-ROMs enthaltenen HTML-Dokumente anzusehen.

Das lernen Sie in diesem Kapitel **7**

- Kleine Einführung ins Internet
- Den Internetzugang einrichten
- Surfen im WWW
- Optionen des Internet Explorer einstellen

Kleine Einführung ins Internet

Im **Internet** sind viele tausend Rechner von Instituten, Behörden und Firmen länderübergreifend über Telefonleitungen, Glasfaserkabel oder Satelliten miteinander verbunden. Diese Rechner werden oft auch als **Internetserver** bezeichnet. Ein Server in New York kann beispielsweise Daten mit einem Rechner in Rom oder in Berlin austauschen.

Ein Internetnutzer benötigt einen Zugang zu einem solchen Internetrechner, um verschiedene Dienste wie Nachrichtenaustausch, Verschicken von Dateien, Einkaufen, Abruf von Informationen etc. zu nutzen. Es ist also kein Problem, aus Ihrem Wohnzimmer die Wettervorhersage für Mallorca abzufragen, eine Reise zu buchen oder einem Freund in Australien elektronische Post zu schicken. Nachfolgend finden Sie eine Auflistung der bekannteren Internetdienste.

- **E-Mails** sind nichts anderes als elektronische Post. Sie schreiben im Computer einen Text, geben den Empfänger an und schicken diese Nachricht als so genannte **E-Mail** an den nächsten Internetrechner. Hierzu benötigen Sie ein E-Mail-Programm, ein E-Mail-Konto und einen Internetzugang. Das **Internet** sorgt dann dafür, dass Ihr Brief dem Empfänger in einem **Postfach** bereitgestellt wird. Dieser kann die Nachricht lesen, bearbeiten und weiterleiten. E-Mails sind preiswert (es fallen nur die Nutzungsgebühren fürs Internet an) und schnell (im Vergleich zur Briefpost).
- Das **World Wide Web** (auch als **Web** oder kurz **WWW** bezeichnet) ist ein weiterer Dienst, über den sich so genannte **Webseiten** mit Informationen abrufen lassen. Diese können beispielsweise den aktuellen Wetterbericht, die Börsenkurse oder die Werbung einer bestimmten Firma enthalten. Auch Warenangebote oder Auktionen finden Sie im World Wide Web. Zum Anzeigen der Webseiten benötigen Sie ein besonderes Programm, das als **Browser** bezeichnet wird. Der Microsoft Internet Explorer ist der standardmäßig in Windows benutzte Browser.

- **Chat** ist der englische Begriff für »schwatzen« oder »plaudern«. Das Internet bietet so genannte **Chaträume** (erreichbar über Webseiten), in denen sich Gleichgesinnte »treffen« und über Gott und die Welt plaudern – oder neudeutsch »chatten« – können. Das Chatten beschränkt sich auf den Austausch kurzer Texte (mittels spezieller Programmfunktionen). Beim Chatdienst findet diese Art der Unterhaltung online statt, d.h., alle Teilnehmer müssen zur gleichen Zeit im Internet den Chatraum besuchen.
- **Newsgroups** (Foren) sind Diskussionsgruppen zu bestimmten Themen im Internet. Teilnehmer können dort Informationen zum jeweiligen Thema in Form von Textseiten abrufen sowie eigene Fragen stellen bzw. Antworten auf Fragen anderer geben. Dies erlaubt einen weltweiten Informationsaustausch. Im Gegensatz zu Chats, die online stattfinden, bleiben die Beiträge in Newsgroups einige Zeit (Wochen, Monate) erhalten und können von anderen Teilnehmern auch später noch gelesen werden.

Ein Großteil der Internetteilnehmer nutzt eigentlich nur zwei Möglichkeiten: das Verschicken von **E-Mails** und das so genannte »Surfen« im **World Wide Web**, wobei nachfolgend das Surfen behandelt wird.

Den Internetzugang einrichten

Um das Internet nutzen zu können, müssen Sie einen Internetzugang besitzen und die nötigen Funktionen auf Ihrem Computer eingerichtet haben. Falls dies ein Bekannter oder der Händler bereits erledigt hat, sind Sie fein raus. Wenn Sie ein Internet-Cafè besuchen, ist der Zugang ebenfalls vorhanden. Dann können Sie zum nächsten Abschnitt weiterblättern.

Der Zugang zum Internet ist mittlerweile ganz einfach. Microsoft Windows bringt bereits alle benötigten Programmfunktionen mit. Sonst benötigen Sie nur noch ein Modem oder eine ISDN-Karte, einen Telefonanschluss und etwas Zeit.

HINWEIS

Den benötigten Internetzugang stellen Anbieter (so genannte **Provider**) wie beispielsweise America Online (AOL) oder T-Online und andere nach einer Anmeldung gegen Zahlung einer monatlichen Grundgebühr sowie eines Verbindungsentgelds zur Verfügung. Diese Anbieter stellen auch eine Software bereit, bei deren Installation der Internetzugang fertig auf dem Computer eingerichtet wird (konsultieren Sie ggf. die mitgelieferte Beschreibung). Wesentlich unbürokratischer funktioniert ein (meist anmeldefreier) »Internet-by-Call«-Zugang. Es handelt sich dabei um Telefonnummern, über die ein Internetzugang angeboten und im Sekunden- bzw. Minutentakt direkt über Ihre Telefonrechnung abgerechnet wird. Wer das Internet wenig nutzt oder erst ausprobieren möchte, ist mit dieser Art des Zugangs bestens bedient.

Alle, die den Internetzugang vielleicht selbst einrichten möchten oder müssen, finden nachfolgend eine (aus Platzgründen recht) kurze Anleitung. Stellen Sie vor der Ausführung der nächsten Schritte sicher, dass ein Modem oder eine ISDN-Karte im Rechner eingebaut bzw. angeschlossen ist und die Verbindung zwischen Modem/ISDN-Karte und der Telefondose besteht. Außerdem muss die Software (Treiber) zum Betrieb des Modems bzw. der ISDN-Karte installiert sein. Wenn Ihnen die nachfolgenden Schritte zu schwierig erscheinen, lassen Sie sich den Internetzugang von Bekannten oder von einem Fachmann einrichten. Detailliertere Hinweise finden Sie auch in dem von mir bei Markt+Technik publizierten Titel »Internet – leichter Einstieg für Senioren«.

Die DFÜ-Verbindung einrichten

Sie müssen Windows nur noch mitteilen, wie es Verbindung zu einem Internetknoten aufnehmen kann. Ein solcher Internetzugang ist mit wenigen Mausklicks im so genannten DFÜ-Netzwerk angelegt. Manche Hersteller bieten eine CD-ROM mit einem entsprechenden Installationsprogramm. Dann müssen Sie dieses nur noch aufrufen und ein Assistent führt Sie durch die Schritte zur Installation. Nachteil: Sie werden meist fest beim entsprechenden Anbieter registriert. Wer lediglich mal ins Internet hineinschnuppern möchte, sollte sich mit folgenden Schritten einen Internet-by-Call-Zugang (für Modem/ISDN) einrichten:

1 Bei Windows XP wählen Sie im Startmenü die Einträge *Verbinden mit/Alle Verbindungen anzeigen*. In älteren Windows-Versionen wählen Sie im Startmenü den Befehl *Einstellungen/DFÜ-Netzwerk* und falls der Eintrag fehlt, verwenden Sie das Listenfeld *Adresse* eines Ordnerfensters zum Aufrufen.

Fehlt der Eintrag in Windows XP, öffnen Sie über das Startmenü die Systemsteuerung, schalten diese ggf. über die Aufgabenleiste zur klassischen Ansicht um und doppelklicken auf das Symbol *Netzwerkverbindungen*. Fehlt das DFÜ-Netzwerk in älteren Windows-Versionen, müssen Sie diese optionale Windows-Komponente nachträglich einrichten (siehe Kapitel 8).

2 Im mit *Netzwerkverbindungen* bzw. *DFÜ-Netzwerk* bezeichneten Ordnerfenster wählen Sie das in der linken oberen Ecke sichtbare Symbol *Neue Verbindung erstellen* an.

Jetzt startet ein Assistent, der Sie durch die Schritte zum Einrichten der Verbindung führt. Der Assistent fragt in Dialogen die erforderlichen Daten ab. Über die Schaltflächen *Weiter* und *Zurück* des Dialogfelds können Sie zwischen den einzelnen Schritten wechseln. Die genaue Abfolge der Dialoge hängt aber etwas von der Windows-Version ab.

- In Windows XP wählen Sie im Dialogschritt *Netzwerkverbindungstyp* das Optionsfeld *Verbindung mit dem Internet herstellen*. In den beiden Folgedialogen sind die Optionen *Verbindung manuell einrichten* und *Verbindung mit einem DFÜ-Modem herstellen* zu wählen. Sobald das Dialogfeld *Gerät auswählen* erscheint, markieren Sie das Kontrollkästchen des Modems oder der ISDN-Karte, mit der die Internetverbindung hergestellt wird. Bei ISDN-Karten achten Sie darauf, dass nur ein Kanal markiert ist, da andernfalls doppelte Gebühren anfallen. In den nächsten Dialogen sind ein Name für die Verbindung (z.B. *Internet*), die Zugangsnummer und die Zugangsdaten (Benutzername, Kennwort) einzugeben. Im letzten Dialogschritt markieren Sie das Kontrollkästchen *Verknüpfung auf dem Desktop hinzufügen* und klicken auf die *Fertig stellen*-Schaltfläche.

- In Windows 98 oder Millennium geben Sie im ersten Dialogschritt den Namen für die Verbindung ein und wählen über ein Listenfeld das gewünschte Gerät (Modem, ISDN-Kanal). In einem weiteren Dialogschritt ist die Telefonnummer des Providers einzugeben. Sobald Sie die Schaltfläche *Fertig stellen* im letzten Dialogschritt anklicken, wird die Internetverbindung als Symbol im DFÜ-Ordner hinterlegt. Ziehen Sie das Symbol bei gedrückter rechter Maustaste zum Desktop, lassen die Maustaste los und wählen im Kontextmenü den Befehl *Verknüpfung(en) hier erstellen.*

Der Assistent richtet die Verbindung ein und hinterlegt ein Symbol im Ordnerfenster sowie eine so genannte Verknüpfung auf dem Windows Desktop.

HINWEIS

Falls Sie nur mal schnuppern möchten, können Sie das Internet-by-Call-Angebot MSN von Microsoft zur Konfigurierung der Internetverbindung verwenden. Die Telefonnummer für den Internetzugang lautet 0192-658, als Benutzername wird »MSN« und als Kennwort auch »MSN« benutzt. Die Abrechnung der Verbindungskosten erfolgt dann über Ihre Telefonrechnung. Welchen Anbieter Sie verwenden, bleibt Ihnen überlassen. Sie sollten sich aber über die Gebühren der Anbieter informieren. Im Internet gibt es so genannte Tarifmanager (z.B. der WEB.DE SmartSurfer *smartsurfer.web.de* oder Oleco *www.oleco.de*) die sich kostenlos herunterladen und auf dem Computer installieren lassen. Nach der Installation zeigt der Tarifmanager eine Liste günstiger Internet-by-Call-Anbieter. Die ständig aktualisierte Liste erlaubt Ihnen eine komfortable Verbindungsaufnahme zum jeweils günstigsten Anbieter. Leser aus Österreich oder der Schweiz erkundigen sich bitte bei den lokalen Telefongesellschaften oder beim Händler hinsichtlich Angeboten für Internet-Zugänge.

Die Internetverbindung auf- und abbauen

Um online zu gehen, führen Sie in allen Windows-Versionen folgende Schritte aus.

1 Wählen Sie das, gemäß meinen obigen Ausführungen auf dem Desktop hinterlegte, Symbol der Internetverbindung per Doppelklick an.

Auf dem Bildschirm erscheint das Dialogfeld *Verbinden mit* bzw. *Verbindung mit*. Der genaue Aufbau hängt etwas von der Windows-Version ab. Hier sehen Sie das Dialogfeld für Windows XP.

2 Geben Sie bei Bedarf den Benutzernamen und das Kennwort im Dialogfeld ein.

Markieren Sie das Kontrollkästchen *Kennwort speichern* (bzw. *Benutzernamen und Kennwort speichern für* in Windows XP).

Windows merkt sich die Angaben und Sie sparen sich die erneute Eingabe beim nächsten Aufruf des Dialogfelds.

ACHTUNG

Hat Ihnen Ihr Internetanbieter ein persönliches Kennwort mitgeteilt, schützen Sie dieses wie die Geheimzahl Ihrer EC-Karte. Verraten Sie es niemandem und verzichten Sie auf die Markierung des Kontrollkästchens *Kennwort speichern*. Dies verhindert, dass Unbefugte das Kennwort auf Ihrer Festplatte ausspähen und den Zugang missbrauchen können. Sie tippen dann das persönliche Kennwort einfach vor der Verbindungsaufnahme im Dialogfeld ein. Bei einigen Windows-Versionen enthält das Dialogfeld *Verbinden mit* noch ein Kontrollkästchen *Automatisch verbinden*. Achten Sie darauf, dass dieses Kontrollkästchen nicht markiert ist. Dann wird beim Aufruf eines Internetprogramms nicht unbemerkt und ungewollt eine Verbindung zum Internet aufgebaut wird.

3 Klicken Sie auf die mit *Verbinden* bzw. *Wählen* bezeichnete Schaltfläche.

Jetzt wählt das Modem oder die ISDN-Karte die angegebene Rufnummer und stellt die Verbindung zum Internetrechner des Anbieters her. Während der Einwahl sehen Sie in einem auf dem Desktop eingeblendeten Statusfenster, was gerade passiert. Sobald die Internetverbindung steht, verschwindet dieses Dialogfeld wieder. Stattdessen sollte in der rechten unteren Ecke im Statusbereich der Taskleiste (links neben der Uhrzeit) das Symbol zweier stilisierter Computer erscheinen. In Windows XP wird zudem noch kurzfristig eine QuickInfo mit dem Namen der Verbindung sowie der Übertragungsrate eingeblendet.

Solange dieses **Symbol der** stilisierten **Computer** im Infobereich **sichtbar ist**, sind Sie **online**, d.h. es fallen auch **Telefongebühren** an. Wenn Sie das Internet nicht mehr nutzen möchten, sollten Sie die Verbindung wieder trennen.

1 Doppelklicken Sie auf das Symbol der Internetverbindung (alternativ können Sie das Desktop-Symbol der Internetverbindung wählen).

Windows öffnet jetzt ein Dialogfeld mit Informationen zur Geschwindigkeit der Verbindung, zum übertragenen Datenvolumen und zur Dauer der aktuellen Sitzung. Der genaue Aufbau hängt etwas von der Windows-Version ab. Hier sehen Sie die Variante für Windows XP.

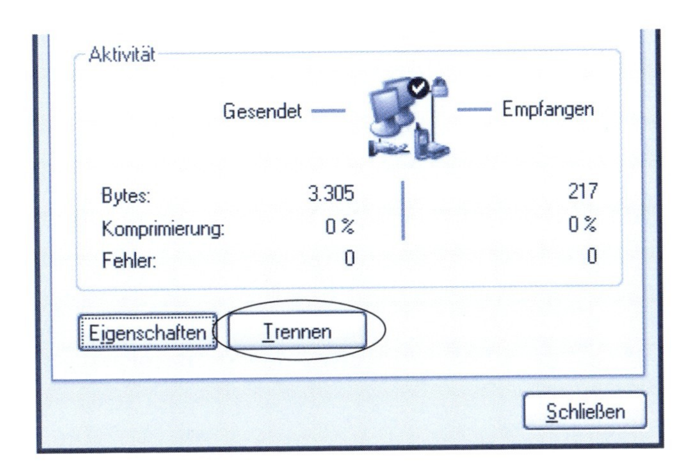

2 Klicken Sie auf die Schaltfläche *Trennen*.

Windows trennt die Internetverbindung, das Symbol im Statusbereich der Taskleiste verschwindet und Sie sind wieder offline. Von diesem Moment an fallen auch keine Telefongebühren mehr an.

Klappt ein Zugang nicht, z.B. weil er überlastet ist, versuchen Sie es später noch mal. Oder Sie versuchen es mit einem anderen Anbieter, dessen Zugang Sie sich wie oben beschrieben eingerichtet haben.

TIPP

Ich hatte es bereits erwähnt: Anbieter von Internetzugängen stellen Ihnen auf CD-ROMs automatisch ablaufende Installationsprogramme zur Verfügung. Dann werden Sie durch die Schritte zum Einrichten des Zugangs geführt, binden sich aber an den Anbieter. Haben Sie den Internetzugang wie oben beschrieben eingerichtet, sind also im Internet? Von der Firma WEB.DE gibt es ein kleines Programm namens **SmartSurfer**, das Sie sich kostenlos aus dem Internet (*smartsurfer.web.de*) herunterladen können. Ist das Programm installiert, **bietet** es Ihnen eine **Auswahl** bekannter Internet-by-Call-Anbieter **und sucht** auf Wunsch den gerade **günstigsten Tarif heraus**. Das Programm vereinfacht den Zugang zum Internet ungemein.

Surfen im WWW

Das Web ist für mich eine riesige Informationsbörse mit Zugang vom eigenen Wohnzimmer, die ich seit vielen Jahren fleißig nutze. Sei es, um mich über eine Urlaubsregion oder das Wetter im Zielgebiet zu informieren oder um Börsenkurse abzurufen, die neuesten Nachrichten zum Weltgeschehen zu lesen und vielem mehr. Die Möglichkeiten des Internets sind schier unendlich. Selbst Kochrezepte, Anleitungen zum Heimwerken, Bezugsquellen für spezielle Angebote oder Tipps zur Computernutzung sowie kostenlose Programme finden Sie im World Wide Web. An trüben Wintertagen surfe ich im Web zu den entlegendsten Stränden, stöbere in Weinguides, Galerien, Musiksammlungen und virtuellen Bibliotheken. Im Web finden Sie Gott und die Welt. Sie müssen nur wissen, wie Sie diese Schätze heben können.

Das Abrufen der im Internet gespeicherten Webseiten ist mit dem Internet Explorer von Windows ein Kinderspiel. Sie müssen nur online gehen und schon haben Sie Zugriff auf das Wissen der Welt. Aber alles der Reihe nach und in kleinen Schritten.

Der Browser im Überblick

Um die **Webseiten abzurufen**, muss ein Browser wie das Programm **Internet Explorer** oder das Programm **Firefox** unter Windows **geladen werden.** Für den folgenden Schritt müssen Sie noch nicht online sein.

1 Doppelklicken Sie per Maus auf das Desktop-Symbol des Internet Explorer oder starten Sie einen anderen Browser (z.B. Firefox) über das Startmenü.

TIPP

Fehlt bei Ihnen das Symbol des Internet Explorer auf dem Desktop? Dann finden Sie am unteren linken Bildschirmrand ein ähnliches Symbol in der *Schnellstart*-Symbolleiste, das Sie per Mausklick anwählen. Oder Sie benutzen den Eintrag *(Alle) Programme/Internet Explorer* im Startmenü. Erscheint beim ersten Aufruf des Internet Explorer der Assistent für den Internetzugang? Beenden Sie das Dialogfeld über die Schaltfläche *Abbrechen*, denn den Zugang haben Sie ja bereits eingerichtet.

Der Browser öffnet jetzt ein **Fenster zur Anzeige von Internetseiten**. Hier sehen Sie die Fenster des Internet Explorer (Vordergrund) und des Firefox (Hintergrund). Beide Fenster sind noch leer (da ich die Browser entsprechend eingestellt habe).

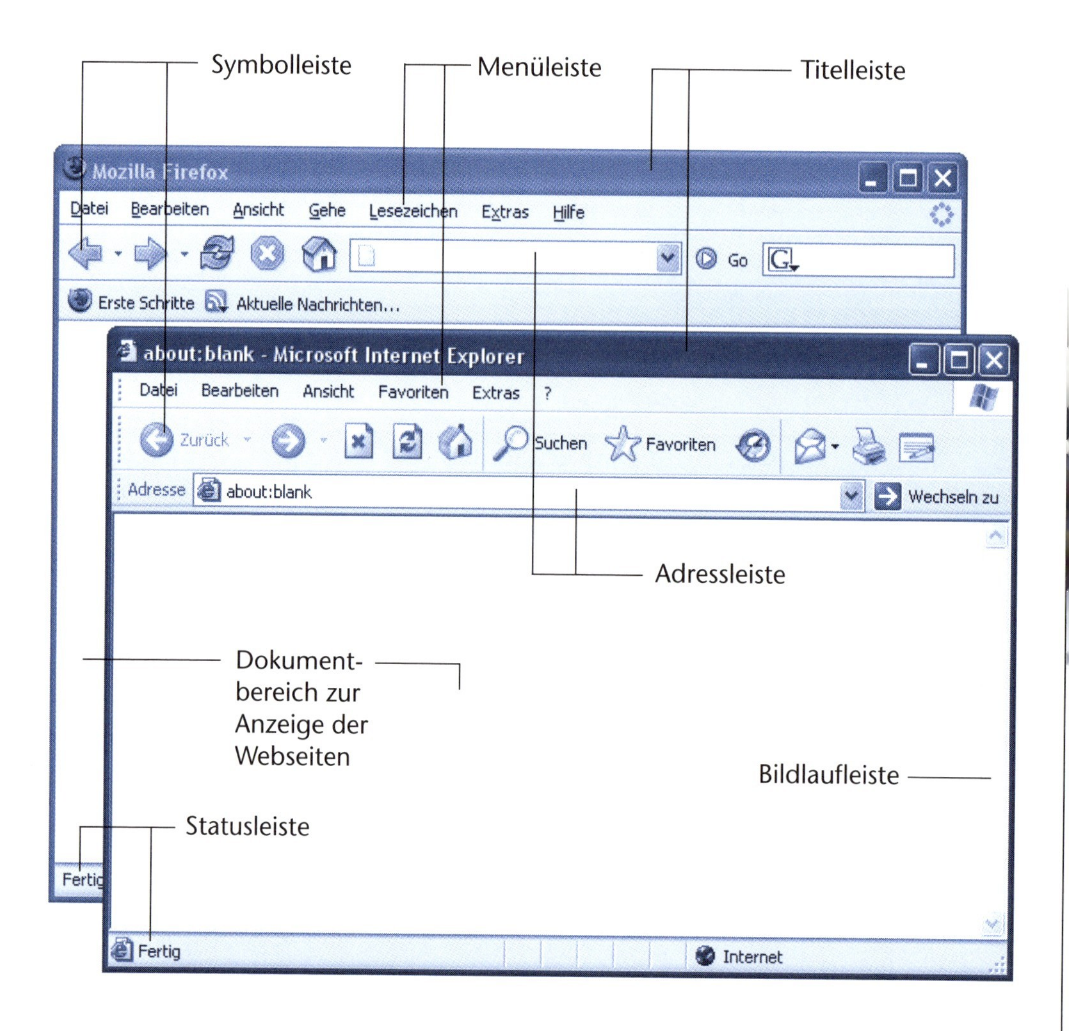

HINWEIS

Nachfolgend muss ich mich (aus Platzgründen) auf die Verwendung des Internet Explorer 6 beschränken. Verwenden Sie einen anderen Browser, kann dessen Fenster etwas anders aussehen – die Bedienung ist aber weitgehend gleich. Sind Sie bereits online und wird bei Ihnen nach dem Start des Programms automatisch eine Webseite im Fenster angezeigt? Oder öffnet der Internet Explorer ein Fenster und fragt, ob Sie online gehen möchten? Zeigt das Fenster eine Meldung, dass die Webseite nicht gefunden werden kann? All das hängt von den Programmeinstellungen an Ihrem PC ab. Wie Sie diese Programmeinstellungen anpassen können, erfahren Sie weiter unten. Noch ein Tipp: Egal welchen Browser Sie verwenden, aus Sicherheitsgründen sollten Sie immer dessen aktuelle Version verwenden (siehe z.B. *www.microsoft.com/germany/windows/ie* oder *www.firefox-browser.de*).

Möchten Sie das Fenster des Browsers wieder schließen und das Programm beenden?

2 Klicken Sie einfach in der rechten oberen Ecke des Fensters auf die Schaltfläche *Schließen*.

An dieser Stelle möchte ich allen Einsteigern noch einige Hinweise und Erklärungen zum Programmfenster geben.

- **Titelleiste:** Diese am oberen Fensterrand sichtbare Leiste zeigt Ihnen den Titel der geladenen Webseite an.
- **Menüleiste:** Über die Einträge wie *Datei* und *Bearbeiten* können Sie Menüs öffnen und Befehle abrufen.
- **Symbolleiste:** Über die Schaltflächen dieser Leiste können Sie die wichtigsten Browserfunktionen direkt per Mausklick wählen.
- **Adressleiste:** Im Textfeld dieser Leiste tippen Sie die Adresse der anzuzeigenden Webseite ein.
- **Statusleiste:** In dieser Leiste zeigt Ihnen der Browser bestimmte Informationen an. Sie sehen beispielsweise, ob eine Seite gerade geladen wird oder ein Fehler aufgetreten ist.

Das **Dokumentfenster** zeigt den Inhalt der gerade geladenen Dokumentseite. Bei sehr langen Textseiten passt der Inhalt nicht mehr in das Fenster – Sie können dann mit den **Bildlaufleiste(n)** am rechten und unteren Rand im Dokument blättern. Aber das kennen Sie ja bereits aus früheren Kapiteln von anderen Programmen.

HINWEIS

Sehen bei Ihnen die Symbole in der Symbolleiste kleiner aus oder enthalten sie keinen Text? Das ist über die Befehle des Menüs *Ansicht* sowie über den Befehl *Internetoptionen* (im Menü *Extras* oder *Ansicht*) einstellbar. Es gibt auch verschiedene Versionen des Internet Explorer oder andere Browser, die sich durch geringfügig andere Schaltflächen und Menübefehle unterscheiden. Das braucht Sie aber nicht zu stören, die nachfolgenden Ausführungen befassen sich nur mit Funktionen, die sich in allen Versionen entsprechen.

Websurfen – das erste Mal

So, nun ist es aber an der Zeit, die erste Webseite im Internet zu besuchen. Welche Webseite Sie besuchen, liegt natürlich bei Ihnen. Ich möchte Ihnen die Vorgehensweise allerdings anhand der Webseiten des Magazins Spiegel zeigen. Das Angebot »Spiegel Online« bringt aktuelle Beiträge aus Politik, Wirtschaft, Sport, Wissenschaft, Kultur sowie Reisen und ist immer wieder einen Abstecher wert. Schauen wir doch einmal, wie sich die Seiten von Spiegel Online abrufen lassen.

1 Starten Sie den Internet Explorer (oder einen anderen Browser) wie oben beschrieben.

2 Stellen Sie eine Onlineverbindung her (siehe vorherige Abschnitte).

Jetzt müssen Sie dem Browser mitteilen, welche Webseite Sie ansehen möchten.

4 Drücken Sie die [↵]-Taste.

3 Tippen Sie *www.spiegel.de* in der Adressleiste des Browsers ein.

Jetzt fragt der Browser beim nächsten Internetserver an und ruft die gewünschte Seite aus dem World Wide Web ab. Wird die Seite gefunden, lädt er die Daten aus dem Internet und zeigt den Inhalt an. Das kann einige Sekunden dauern.

Wenn alles geklappt hat, gelangen Sie zum Onlineangebot des Spiegel. Auf diesen Seiten finden Sie ausgesuchte Meldungen zu aktuellen Themen. Neben einigen Werbeeinblendungen zeigt

Ihnen die Seite eine Art Inhaltsverzeichnis am linken Rand sowie die neueste Schlagzeile zu einem Tagesereignis. Über die Bildlaufleisten können Sie in der Seite blättern.

Aber wie geht es weiter? Wie kommen Sie beispielsweise zu einer anderen Rubrik oder zu dem Artikel einer Schlagzeile? Nun, hier kommen die so genannten Hyperlinks ins Spiel, die Sie bereits in Kapitel 3 bei der Windows-Hilfe kennen gelernt haben. Hyperlinks sind nichts anderes als Verweise zu anderen Webseiten.

- Zeigen Sie auf eine solche Stelle, die als Hyperlink ausgewiesen ist, erscheint die stilisierte Hand als Mauszeiger.

- Bewegen Sie den Mauszeiger wieder vom Hyperlink weg, nimmt der Mauszeiger erneut die Form des gewohnten Pfeils an.
- Klicken Sie einen Hyperlink an, ruft der Browser die im Link angegebene Folgeseite auf.

Hier sehen Sie beispielsweise die Folgeseite zu obiger Schlagzeile.

Durch Anklicken von Hyperlinks können Sie also sehr bequem zur Folgeseite gelangen. Der Autor einer solchen Seite legt fest, an welcher Stelle es die Hyperlinks gibt, wohin verwiesen wird und wie die Links aussehen. In vielen Webseiten werden Hyperlinks als blau unterstrichener Text dargestellt. Aber dies muss nicht sein. Bei Spiegel Online sind auch Schlagzeilen oder andere Texte sowie Bilder als Hyperlinks ausgeführt. **Sicher erkennen lassen sich Hyperlinks am Wechsel des Mauszeigers.** Sobald die stilisierte Hand erscheint, befindet sich der Mauszeiger auf einem Hyperlink, der sich anklicken lässt.

HINWEIS

Zum Abrufen der einzelnen Rubriken verwenden Sie die Leiste am linken Seitenrand. Ein Klick und Sie sind bei Politik, Wirtschaft, Kultur, Sport, Reise oder was sonst interessant für Sie sein kann. Die aktuell gewählte Rubrik erkennen Sie übrigens an einem kleinen Dreieck vor dem betreffenden Rubriktitel.

Vielleicht versuchen Sie einmal, die aktuellen Inhalte des Spiegel Online im Internet Explorer abzurufen.

1 Zeigen Sie auf die Überschrift der Rubrik »Reise«.

Sie sehen beim Zeigen, wie das Symbol der Maus von einem Pfeil zu einer Hand wechselt. Gleichzeitig erscheint das Dreieck vor der Rubrik.

2 Klicken Sie jetzt auf die Rubrik *Reise.*

Schon werden Ihnen die aktuellen Meldungen zu aktuellen Reisebeiträgen mit Text und Bild im Fenster angezeigt.

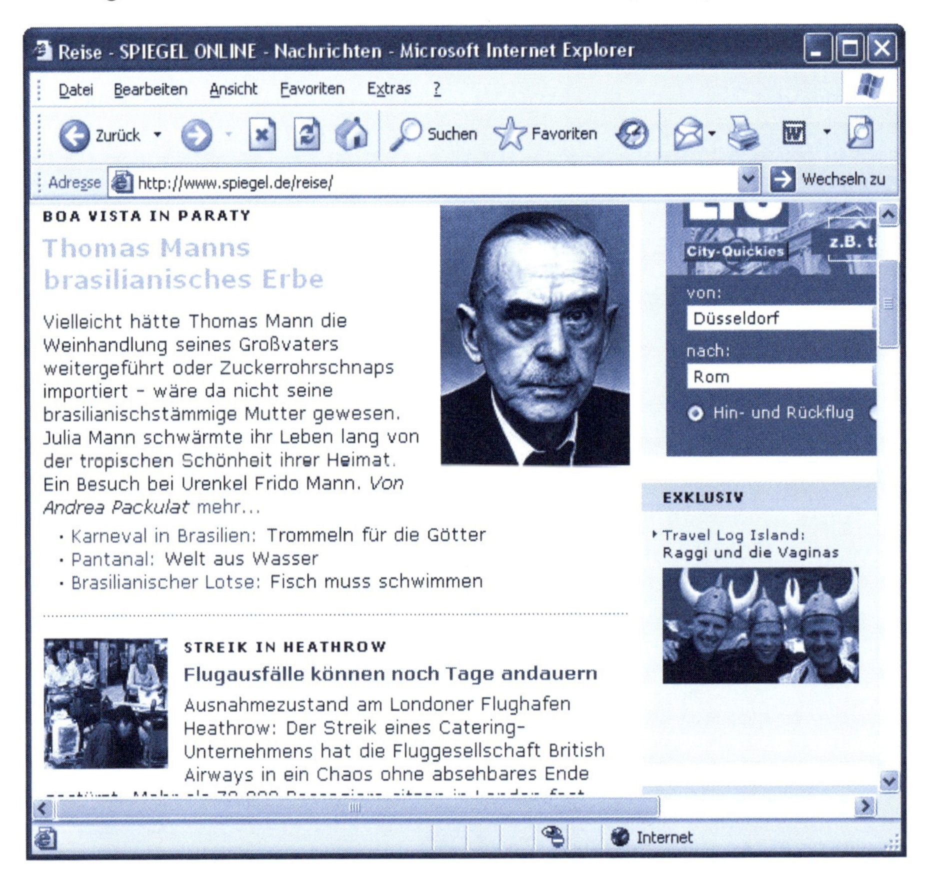

Die Beiträge sind meist durch Überschriften voneinander getrennt. Auf der Hauptseite sehen Sie lediglich einen kurzen Übersichtstext. Zeigen Sie auf die Überschrift eines Beitrags oder auf weitere hervorgehobene Zeilen, verwandelt sich der Mauszeiger vom Pfeil in die Hand. Es liegt also wieder ein Hyperlink vor, der Sie zum Beitrag führt.

3 Suchen Sie einen solchen Hyperlink und klicken Sie ihn an.

Anschließend sollte die Seite mit dem Beitrag im Fenster erscheinen. Eine sehr komfortable Sache, oder?

Und wie geht's zurück?

Haben Sie die obigen Schritte nachvollzogen und eine Folgeseite aufgerufen? Sicherlich möchten Sie anschließend wieder zur Hauptseite zurückkehren. In Spiegel Online finden Sie die Navigationsleiste am linken Rand. Ein Mausklick auf eine Rubrik und schon sind Sie wieder auf der Hauptseite. (Leider bieten nicht alle Webseiten solche praktischen internen Navigationsleisten.) Wie geht's denn jetzt zu den vorher besuchten Seiten und zur Startseite zurück? Jedesmal die Startadresse (z.B. *www.spiegel.de*) einzutippen, ist zu aufwändig.

Glücklicherweise denkt der Browser beim Surfen im Web mit. Das Programm merkt sich die Seiten aller während der aktuellen Internetsitzung besuchten Seitenadressen.

- Klicken Sie auf die Schaltfläche *Zurück*, ruft der Browser die vorher besuchte Seite erneut auf. Durch das mehrfache Klicken auf dieser Schaltfläche können Sie auch mehrere Seiten zurückgehen.

- Wählen Sie die Schaltfläche *Vorwärts,* kommen Sie eine Seite weiter.

Die beiden Schaltflächen sind also recht praktisch, wenn Sie mehrere Seiten angesehen haben und nochmals einen Schritt zurück und dann wieder weiter gehen möchten. Sie können also in gewisser Weise in den besuchten Webseiten blättern. Sind Sie am Anfang oder am Ende der Liste der von Ihnen besuchten Webseiten angelangt, sperrt der Browser die betreffende Schaltfläche (es bringt dann nichts mehr, in der betreffenden Richtung weiterblättern zu wollen). Wenn Sie den Internet Explorer beenden, vergisst das Programm diese Liste und die Schaltflächen sind beim nächsten Start erst einmal gesperrt.

TIPP

Sie können eine **besuchte Seite** auch **direkt auswählen**. Klicken Sie auf den Pfeil neben der Schaltfläche *Zurück*, öffnet sich ein Menü mit den Titeln der besuchten Seiten. Klicken Sie auf einen der Befehle, wird die Seite aufgerufen.

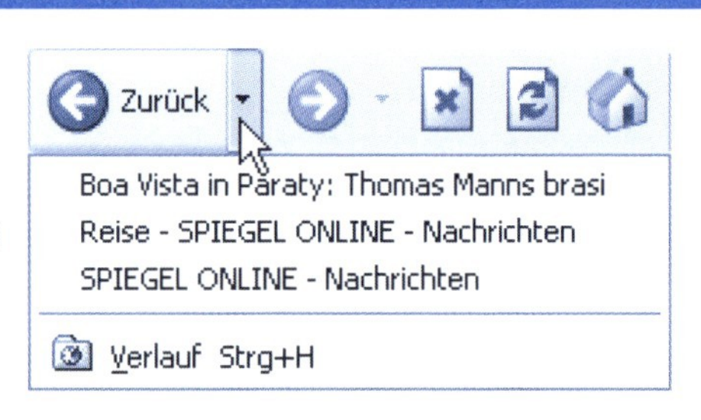

Rechts neben der Schaltfläche *Vorwärts* finden Sie noch die Symbole *Abbrechen* und *Aktualisieren*, um das Laden einer Seite abzubrechen oder den Inhalt neu anzufordern. Diese Schaltflächen sind ganz praktisch, wenn das Laden einer Seite wegen Überlastung des Internets zu lange dauert oder unterbrochen wird.

Das ist ja wirklich einfach! Sie brauchen nur eine Webadresse im Feld *Adresse* einzutippen und diese über die [↵]-Taste zu bestätigen. Anschließend können Sie durch Anklicken der Hyperlinks weitere Webseiten abrufen. Mit den beiden Schaltflächen *Vorwärts* und *Zurück* lassen sich bereits während der aktuellen Internetsitzung besuchte Seiten abrufen. Für dieses Bewegen zwischen Webseiten hat sich der Begriff des Websurfens oder Surfens eingebürgert – auch dahinter steckt also nicht viel, außer dass es viel Spaß machen kann.

HINWEIS

Webadressen werden in der Art *www.name.de* gestalten. Die drei Buchstaben *www* signalisieren, dass es sich um eine Hauptseite im World Wide Web handelt, während *Name* stellvertretend für den Firmennamen steht. An den letzten Buchstaben hinter dem Punkt können Sie manchmal noch erkennen, in welchem Land die Webseite geführt wird. Für Deutschland wird häufig *.de* benutzt, Österreich hat die Kennung *.at* und die Schweiz benutzt *.ch*. Eine Erweiterung *.com* weist dagegen auf eine kommerzielle Webseite einer Firma hin, *.org* steht für eine Organisation (z.B. eine Schule oder eine Universität). Die Adresse *www.mut.de* verweist beispielsweise auf die Startseite des Markt+Technik-Angebots.

Haben Sie Lust auf mehr bekommen? Sie müssen nur die Startadressen der verschiedenen Webseiten kennen und schon können Sie mit dem Surfen beginnen. Viele Firmen veröffentlichen ihre Internetadressen in Anzeigen. Manchmal kann man sie auch über den Firmennamen er-raten. Kürzlich habe ich einmal versuchsweise *www.aldi.de* eingetippt und konnte mich prompt über das Angebot dieses Discounters informieren. Ähnliches klappte auch mit *www.minimal.de, www.quelle.de, www.otto.de, www.neckermann.de* und vielen anderen Firmennamen. Es ist unglaublich, was sich alles im Web finden lässt. Vom virtuellen Zeitschriftenkiosk über Ratgeberseiten bis hin zu speziellen Seniorenseiten ist alles da. Zum Einstieg habe ich Ihnen in folgender Tabelle einige interessante Adressen zusammengestellt.

Adresse	Bemerkungen
www.welt.de www.faz.de www.handelsblatt.de www.times.com www.nzz.ch www.wienerzeitung.at	Adressen der gleichnamigen **Zeitungen**
www.focus.de www.bunte.de www.gala.de www.brigitte.de	Die gleichnamigen **Magazine**
www.zdf.de www.tvtoday.de tv.web.de www.tvinfo.de	Aktuelle **Fernsehprogramme**
www.teleauskunft.de tel.search.ch www.herold.at	Die örtlichen **Telefonbücher** im Internet; hilfreich, um bestimmte Personen zu finden.

Adresse	Bemerkungen
route.web.de www.reiseplanung.de	**Reiseinformationen** und **Stadtpläne**
www.hausfrauenseite.de www.maggi.de www.kochen-und-geniessen.de www.wein-plus.de www.wein.cc	**Ratgeber** mit Tipps von Experten, **Rezepte** und mehr
www.gesundheit.de www.lifeline.de de.wikipedia.org	**Gesundheit** und **Wissen**
www.seniorennet.de www.seniorentreff.de www.feierabend.com	Spezielle **Seniorenseiten**
www.bundestag.de	Startseite des deutschen Bundestags mit Links zu Parteien und anderen **Politikseiten**

Auf meiner Webseite *www.borncity.de* finden Sie in der Rubrik »Senioren-Seiten« weitere Links sowie einen kommentierten Internetführer.

Über spezielle **Suchmaschinen** wie *www.web.de* oder *www.google.de* können Sie auch nach Webseiten suchen lassen. Bei *www.web.de* finden Sie am Seitenende verschiedene Rubriken wie *Shopping*, *Sport* etc., in denen Verweise auf Webseiten zu diesen Themen zusammengestellt werden. Oder Sie geben ein Stichwort in einem Suchfeld ein und lassen alle Webseiten, in denen der Begriff vorkommt, von der Suchmaschine ermitteln und als Liste ausgeben. Dann genügt ein Mausklick auf den betreffenden Link, um die Webseite abzurufen. Details zum Suchen im Web finden Sie im Markt+Technik-Buch »Internet – leichter Einstieg für Senioren«.

ACHTUNG

Wenn Sie nicht mehr im Internet surfen möchten, sollten Sie die Onlineverbindung trennen – dies entspricht dem Auflegen des Hörers nach einem Telefonat. Andernfalls fallen (bei zeitabhängigen Tarifen zumindest) weiterhin Gebühren für den Onlinezugriff an (siehe oben im Abschnitt »Die Internetverbindung auf- und abbauen«).

Webadressen merken

Gefällt Ihnen eine Webseite besonders gut und Sie möchten diese häufiger besuchen? Dann ist es zu umständlich, deren Adresse jedes Mal neu einzutippen. Lassen Sie den Browser sich die Webadresse – die gelegentlich mit dem Fachbegriff **URL** bezeichnet wird – merken. Dieses Merken wird auch als **Bookmarking** bezeichnet, weil Sie quasi ein »symbolisches« Lesezeichen zwischen die »Seiten« im WWW einlegen, um dort später nochmal nachzuschlagen. Beim Microsoft Internet Explorer heißt die betreffende Funktion *Favoriten*.

1 Rufen Sie die gewünschte Webseite im Internet Explorer auf.

Favoriten Extras ?
Zu Favoriten hinzufügen...
Favoriten verwalten...

2 Klicken Sie im Internet Explorer im Menü *Favoriten* auf den Befehl *Favoriten hinzufügen*, passen Sie ggf. im dann eingeblendeten Dialogfeld *Zu Favoriten hinzufügen* den Text im Feld *Name* an und wählen Sie bei Bedarf in der Liste *Erstellen in* ein Symbol für den Zielordner.

Sobald Sie das Dialogfeld *Zu Favoriten hinzufügen* über die *OK*-Schaltfläche schließen, speichert der Internet Explorer die Adresse unter dem angegebenen Namen in der Favoritenliste. Benutzen Sie den Firefox-Browser, wählen Sie dagegen den Befehl *Lesezeichen hinzufügen* im Menü *Lesezeichen*. Danach müssen Sie erst die *OK*- und dann die *Abbrechen*-Schaltfläche im angezeigten Dialogfeld anklicken.

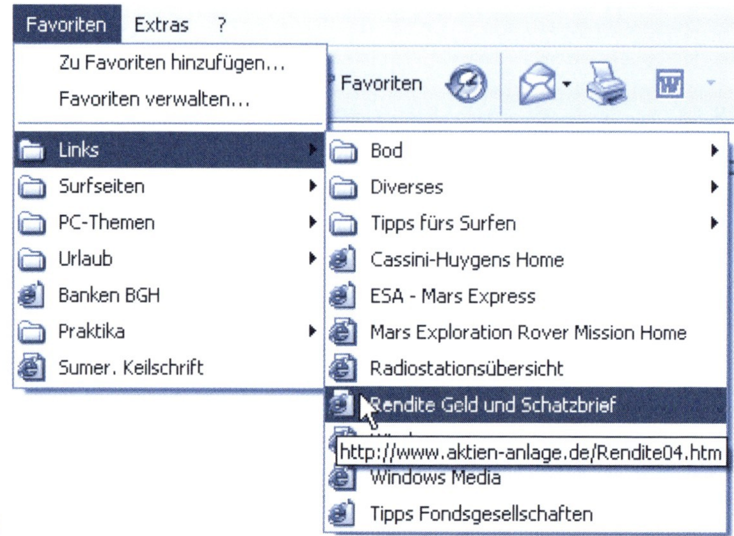

3 Um die Seite über diese Adresse erneut abzurufen, öffnen Sie das Menü *Favoriten* bzw. *Lesezeichen*, suchen den Eintrag und klicken ihn im Menü an.

Außerdem merkt sich der Internet Explorer die zuletzt von Ihnen eingetippten Webadressen automatisch.

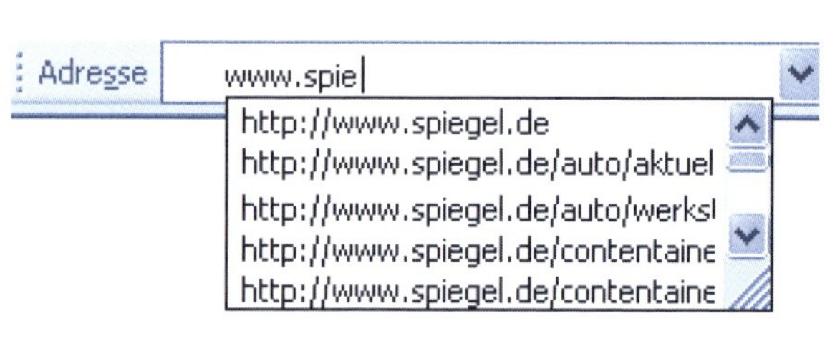

Tippen Sie eine Webadresse ein, schlägt der Browser bereits eine der gespeicherten Adressen im Feld *Adresse* vor. Sie können dieses Listenfeld aber auch per Mausklick öffnen und die gespeicherte Adresse wählen.

Dann wird die Adresse zum Abrufen der Webseite benutzt.

Besuchte Seiten offline lesen

Möchten Sie vielleicht eine gerade besuchte Seite später in Ruhe lesen? Auch hier hilft Ihnen der Internet Explorer in der Regel weiter. Sie können Seiten auch **offline**, wenn Ihr Computer also nicht mit dem Internet verbunden ist, lesen. Der Browser merkt sich den Inhalt der von Ihnen besuchten Seiten in einem internen Zwischenspeicher. Dieser Zwischenspeicher bleibt für einige Tage erhalten. Um den Inhalt besuchter Webseiten später offline anzusehen, gehen Sie folgendermaßen vor:

1 Klicken Sie auf die Schaltfläche *Verlauf*.

Der Internet Explorer zeigt in der Explorerleiste die Namen der besuchten Webseiten, geordnet nach Tagen und Wochen.

2 Klicken Sie auf einen Wochentag, um die Einträge anzuzeigen.

3 Klicken Sie auf einen der Einträge.

Der Internet Explorer lädt jetzt die Seite aus dem internen Speicher. Sie können anschließend die Seite in Ruhe lesen.

HINWEIS

Manchmal sind aber nicht mehr alle Informationen des Dokuments vorhanden und es fehlen z.B. Bilder oder andere Informationen. Dann fragt der Internet Explorer beim Anklicken eines Hyperlink, ob er eine Verbindung zum Internet aufbauen soll, um die zugehörige Seite zu laden.

Webinhalte speichern

Möchten Sie gezielt den Text einer Seite oder ein Bild speichern, um diese später erneut anzusehen?

1 Klicken Sie im Menü *Datei* auf den Befehl *Speichern unter*.

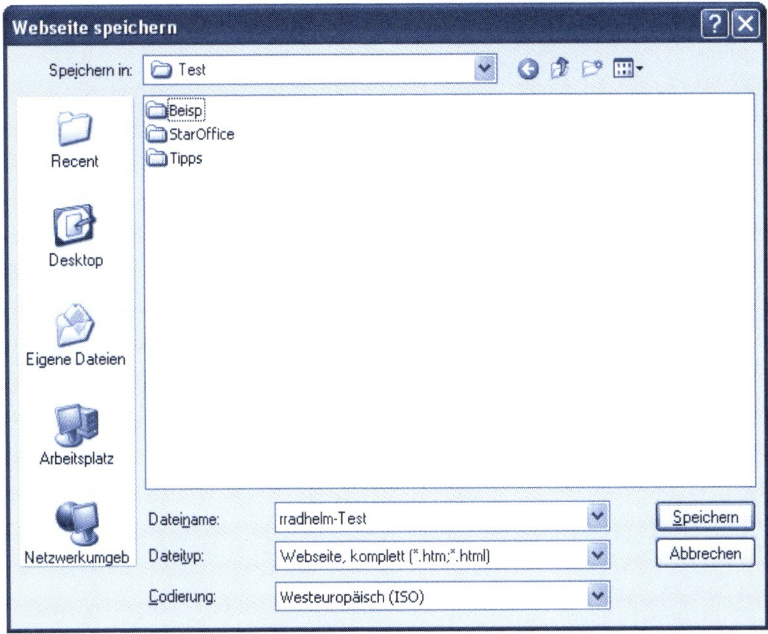

2 Wählen Sie im Dialogfeld *Speichern unter* den Ordner für die Datei aus.

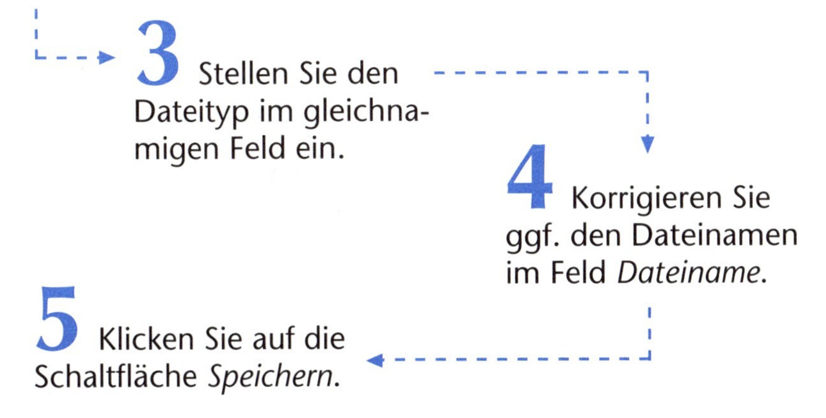

3 Stellen Sie den Dateityp im gleichnamigen Feld ein.

4 Korrigieren Sie ggf. den Dateinamen im Feld *Dateiname*.

5 Klicken Sie auf die Schaltfläche *Speichern*.

Der Text der Seite wird vom Internet Explorer als Datei mit dem vorgegebenen Namen gespeichert. Je nach ausgewähltem Dateityp legt das Programm dann eine Archivdatei (*.mht*) oder Einzeldateien mit Erweiterungen wie *.htm* oder *.html* an. Der Internet Explorer sichert dabei auch die Grafikdateien der Webseite in eigenen Unterordnern mit.

TIPP

Am kompaktesten ist der Dateityp »Webarchiv«, der alle Texte und Bilder in einer *.mht*-Datei hinterlegt. Dies erleichtert den Überblick über gespeicherte Seiten. Allerdings unterstützen ältere Versionen des Internet Explorer diesen Dateityp nicht.

Um die Seite später nochmal anzusehen, suchen Sie die gespeicherte *.mht-*, *.htm-* bzw. *.html*-Datei in einem Ordnerfenster und doppelklicken auf das Symbol der Datei. Windows startet den Internet Explorer und zeigt die gespeicherte Webseite automatisch an.

Vielleicht haben Sie in einer Webseite ein schönes Motiv gefunden, das sich auch in Briefen oder Einladungsschreiben oder als Hintergrund für den Windows-Desktop gut macht. Auch wenn diese Bilder dem Copyright unterliegen, ist eine Verwendung im privaten Umfeld meist gestattet. Zum Speichern eines Bildes sind folgende Schritte erforderlich:

1 Klicken Sie mit der rechten Maustaste auf das Bild.

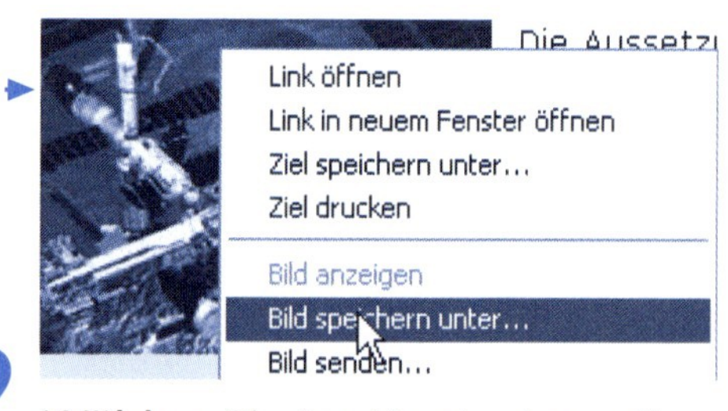

2 Wählen Sie im Kontextmenü den Befehl *Bild speichern unter* und geben Sie im Dialogfeld *Bild speichern* den Namen und den Ordner (z.B. *Eigene Dateien/Eigene Bilder*) für das Bild an.

HINWEIS

Wählen Sie im Kontextmenü den Befehl *Als Hintergrundbild,* richtet der Internet Explorer das Motiv im Hintergrund des Desktop ein. Sie können die Webbilder im Dialogfeld *Bild speichern* auch im Dateiformat *.bmp* speichern. Dann lassen sich die Grafiken im Programm Paint laden und bearbeiten (siehe Kapitel 5).

Seiten ausdrucken

Auch das **Ausdrucken** geladener **HTML-Dokumente** geht recht einfach.

1 Um eine Seite im Internet Explorer zu drucken, klicken Sie auf die Schaltfläche *Drucken*.

Der Internet Explorer druckt den Inhalt der Seite. Benötigen Sie mehr Kontrolle über den Ausdruck?

2 Dann wählen Sie im Menü *Datei* den Befehl *Drucken* oder Sie drücken die Tastenkombination [Strg]+[P].

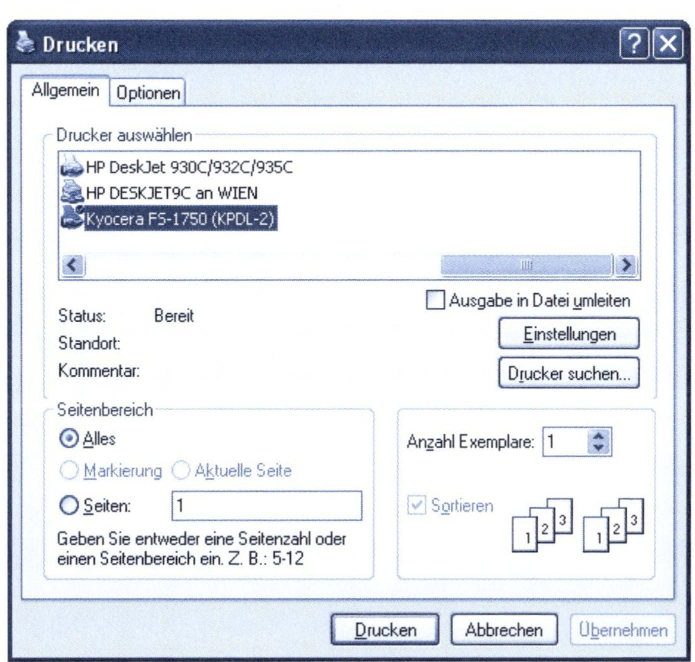

Jetzt erscheint ein Dialogfeld *Drucken*, dessen Aufbau etwas von der Windows-Version abhängt.

3 Legen Sie im Dialogfeld *Drucken* die gewünschten Optionen fest.

4 Klicken Sie auf die *Drucken*- bzw. *OK*-Schaltfläche.

Der Browser druckt jetzt den Inhalt der aktuell angezeigten Dokumentseite(n) samt Grafiken aus. Dieser Ausdruck umfasst auch die nicht sichtbaren Dokumentteile, falls das Anzeigefenster kleiner als das Dokument ist.

Manche Webseiten sind in mehrere Teile, auch als **Frames** bezeichnet, unterteilt. Dann werden die Optionsfelder der Gruppe *Drucken von Frames* freigegeben und Sie können festlegen, wie die Inhalte der Frames auszugeben sind.

Markieren Sie das Kontrollkästchen *Liste der Links drucken* im Dialogfeld, dann druckt der Browser am Ende der Dokumentseite eine Liste mit den Adressen aller im Dokument enthaltenen Hyperlinks. Sie können auf diese Weise interessante Webadressen herausfinden.

Download von Dateien

Manchmal werden auf einer Webseite Dateien zum Herunterladen – auch als Download bezeichnet – angeboten. Sie können diese Dateien dann aus dem Internet laden und auf Ihrem Rechner speichern.

Download
Datei Test.exe mit
Dialog mit Infos un

1 Klicken Sie auf den Hyperlink, der die Datei zum Download anbietet.

Der Browser öffnet ein Dialogfeld, in dem Sie die gewünschte Aktion auswählen. Das Aussehen des Dialogfelds hängt von der Browser-Version ab.

Dateidownload - Sicherheitswarnung

Möchten Sie diese Datei speichern oder ausführen?

Name: Rechner.EXE
Typ: Anwendung, 42,8 KB
Von: www.borncity.de

Ausführen | Speichern | Abbrechen

Dateien aus dem Internet können nützlich sein, aber dieser Dateityp kann eventuell auf dem Computer Schaden anrichten. Führen Sie diese Software nicht aus und speichern Sie sie nicht, falls Sie der Quelle nicht vertrauen. Welches Risiko besteht?

2 Klicken Sie auf die Schaltfläche *Speichern*.

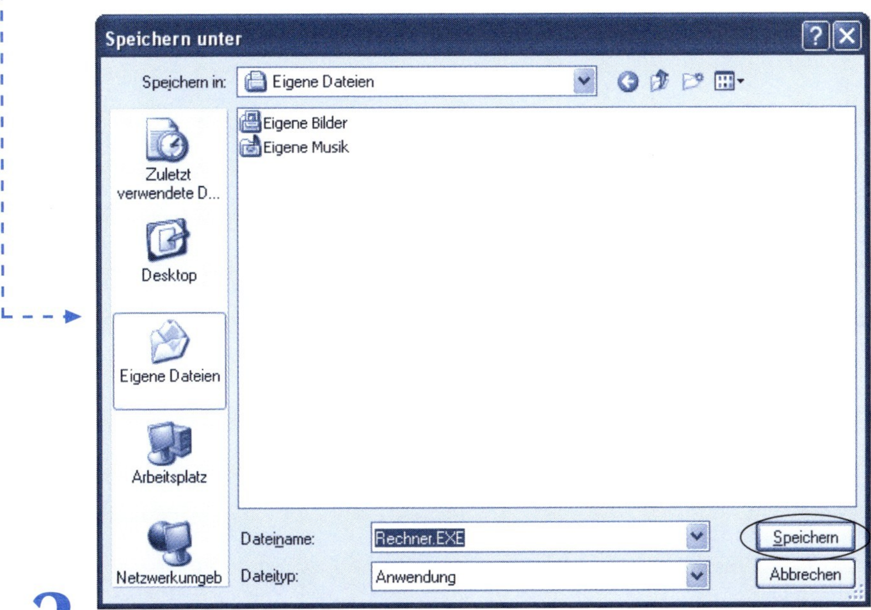

3 Wählen Sie im Dialogfeld *Speichern unter* den Zielordner und korrigieren Sie ggf. den Dateinamen.

4 Klicken Sie auf die *Speichern*-Schaltfläche.

Der Internet Explorer beginnt jetzt mit dem Herunterladen der Datei. Dies kann – je nach Dateigröße – durchaus einige Zeit dauern. Während des Ladens werden Sie in einem Statusfenster über den Fortgang informiert. Sie können während dieser Zeit aber auch weitere Webseiten abrufen oder etwas anderes tun.

ACHTUNG

Aus dem Internet geladene Programme können Viren enthalten, die Ihren Computer schädigen (z.B. Dateien löschen). Wählen Sie niemals die Option zum Öffnen im Download-Dialogfeld. Überprüfen Sie solche Dateien vor der ersten Nutzung immer zur Sicherheit mit einem im Handel erhältlichen Virenschutzprogramm. Unter *www.free-av.de* können Sie einen für die private Nutzung kostenlosen Virenscanner herunterladen.

Optionen des Internet Explorer einstellen

Beim Starten des Internet Explorer (siehe oben) lädt dieser automatisch eine eigene Startseite (oft auch als **Homepage** bezeichnet). Meist wird die Startseite eines Webanbieters als Homepage eingetragen. Möchten Sie lieber eine andere Seite oder eine leere Seite eintragen?

1 Starten Sie den Internet Explorer. Falls Sie eine Webseite als Homepage verwenden wollen, laden Sie die gewünschte Webseite.

2 Klicken Sie im Menü *Extras* (oder bei älteren Programmversionen im Menü *Ansicht*) auf den Befehl *Internetoptionen*.

Der Explorer zeigt jetzt das Eigenschaftenfenster *Internetoptionen* an. Dessen Aufbau hängt etwas von der Browser-Version ab. Hier sehen Sie das Fenster der Version 6. Diese Browserversion sollten Sie (sofern möglich) aus Sicherheitsgründen auch auf älteren Windows-Versionen installieren.

3 Aktivieren Sie die Registerkarte *Allgemein.*

4 Wählen Sie eine der Schaltflächen in der Gruppe *Startseite Verlauf* oder *Temporäre Internetdateien.*

5 Schließen Sie das Fenster über die *OK*-Schaltfläche.

Mit der Schaltfläche *Leere Seite* wird die am Kapitelanfang gezeigte Leerseite als Startseite eingestellt. Mit *Aktuelle Seite* machen Sie das aktuell geladene Webdokument zur Startseite (die URL dieser Seite steht im Feld *Adresse*). Wählen Sie die Schaltfläche *Standardseite,* wird meist die Adresse der Microsoft-Homepage vorgegeben. In der Gruppe *Verlauf* legen Sie fest, wie viele Tage der Internet Explorer die Seiten im Ordner *Verlauf* zwischenspeichert. Weiterhin können Sie den Inhalt dieses Ordners über die Schaltfläche *»Verlauf« leeren* löschen. Die Schaltflächen *Cookies löschen* und *Dateien löschen* der Gruppe Temporäre Internetdateien erlauben Ihnen, den Rechner aufzuräumen und vom Surfen im Internet zurück gebliebene Dateien zu entfernen.

HINWEIS

Auf der Registerkarte *Verbindungen* können Sie das Optionsfeld *Keine Verbindung wählen* markieren, um zu verhindern, dass der Internet Explorer automatisch eine Verbindung zum Internet aufbaut. Ich empfehle Ihnen, die Verbindung immer, wie oben gezeigt, manuell herzustellen, um die Kontrolle zu behalten.

TIPP

Sind Sie Brillenträger und können die Texte mancher Webseiten nur sehr schlecht lesen, weil die Buchstaben zu klein sind? Manchmal hilft es, wenn Sie im Browser im Menü *Ansicht* den Befehl *Schriftgrad* wählen und im Untermenü dann auf einen der Befehle wie *Sehr groß* klicken. Das Programm schaltet dann auf größere Schriften um, die bei vielen Webseiten entsprechend angezeigt werden.

Zusammenfassung

In diesem Kapitel haben Sie einen Einblick in die Welt des Internet und in das Surfen im Web bekommen. Für den Einstieg reicht dies und Sie kommen mit den gezeigten Funktionen auch schon recht weit. Allerdings musste aus Platzgründen vieles verkürzt dargestellt werden und das Thema elektronische Post ist ganz entfallen. Eine wesentlich detailliertere Darstellung der Thematik samt Beschreibungen interessanter Webseiten oder einer Anleitung, wie Sie an ein kostenloses Postfach gelangen und dieses nutzen, finden Sie in dem Markt+Technik-Titel »Internet – leichter Einstieg für Senioren«. Im nächsten Kapitel finden Sie noch einige Hinweise, um Windows-Einstellungen anzupassen.

Lernkontrolle

Zur Kontrolle können Sie die folgenden Fragen beantworten. Die Antworten finden Sie in Klammern darunter.

- **Was versteht man unter einem Hyperlink?**
  (Das ist ein Verweis innerhalb einer Webseite auf eine andere Webseite oder einen anderen Abschnitt im gleichen Dokument. Das Dokument wird durch Anklicken des Hyperlinks im Browser aufgerufen.)
- **Laden Sie eine Webseite im Internet Explorer.**
  (Internet Explorer starten und die URL-Adresse der Seite im Feld *Adresse* eintippen.)
- **Wie lässt sich die vorherige Seite im Internet Explorer abrufen?**
  (Verwenden Sie die Schaltfläche *Zurück*.)
- **Wie laden Sie eine Datei aus dem Internet?**
  (Webseite öffnen und den Hyperlink zum Download der Datei anklicken. Im Dialogfeld *Dateidownload* auf *OK* klicken und dann im nächsten Dialogfeld den Speicherort angeben. Auf *Speichern* klicken.)

Windows anpassen

Haben Sie die bisherigen Kapitel durchgearbeitet? Dann verfügen Sie über das notwendige Wissen, um mit Microsoft Windows und seinen Programmen zu arbeiten. Sie können Windows aber noch an vielen Stellen anpassen. Vielleicht möchten Sie weitere Programme installieren oder einen Drucker einrichten? In diesem Kapitel werde ich Ihnen zeigen, wie Sie bestimmte Anpassungen vornehmen und Windows absichern.

Das lernen Sie in diesem Kapitel

- Drucker neu einrichten
- Datum und Uhrzeit stellen
- Anzeigeoptionen anpassen
- Die Systemsteuerung aufrufen
- Programme installieren
- Mauseinstellungen
- Benutzerkonten einrichten
- Windows absichern

Drucker neu einrichten

Windows unterstützt Drucker der verschiedensten Hersteller, die Sie an Ihren Computer anschließen können. Zum Betrieb des Druckers benötigt Windows einen so genannten **Druckertreiber** – das ist ein spezielles Programm, über das der Computer und der Rechner miteinander kommunizieren. Bei der Windows-Installation wird dieses Treiberprogramm automatisch eingerichtet. Haben Sie einen neuen Drucker gekauft oder ist kein bzw. der falsche Druckertreiber unter Windows eingerichtet, müssen Sie die Installation selbst vornehmen.

1 Verbinden Sie den Drucker mit dem Computer und schalten Sie das Gerät ein.

Im Idealfall erkennt Windows den Drucker und öffnet ein Dialogfeld zur Treiberinstallation. Falls dies nicht der Fall ist, führen Sie folgende Schritte aus.

Drucker und Faxgeräte

2 Wählen Sie, je nach Windows-Version, im Startmenü den Befehl *Drucker (und Faxgeräte)* bzw. *Einstellungen/Drucker.*

Fehlt der Eintrag für Drucker im Startmenü, öffnen Sie die Systemsteuerung und wählen dann im Fenster der Systemsteuerung das Symbol für den Drucker.

Windows öffnet das Ordnerfenster *Drucker*, in dem die Symbole der bisher installierten Drucker sowie ein weiteres Symbol *Neuer Drucker* zu sehen sind.

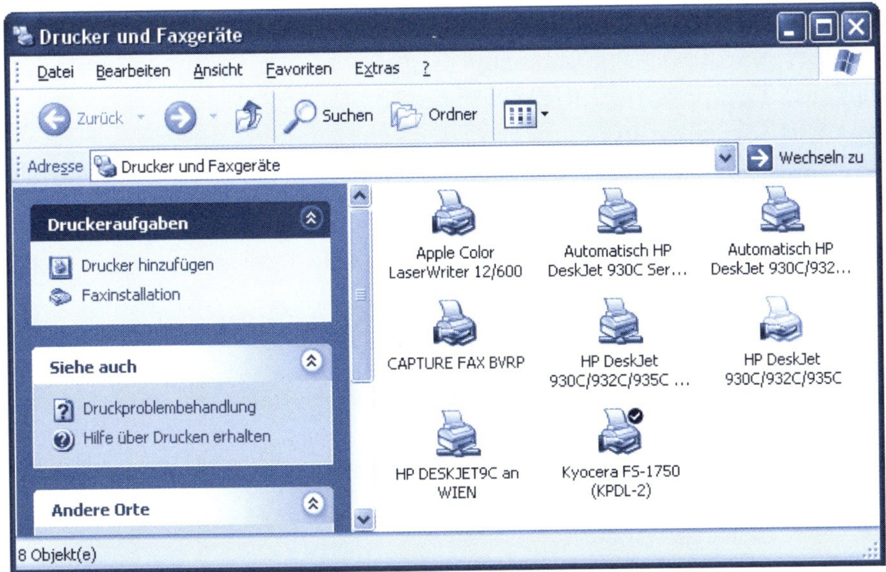

3 Doppelklicken Sie auf das Symbol *Neuer Drucker* bzw. wählen Sie in Windows XP den Befehl *Drucker hinzufügen* in der Aufgabenleiste.

Windows startet jetzt den Assistenten, der Sie durch die Schritte zur Einrichtung des neuen Druckers begleitet und in Dialogfeldern die Einstellungen abfragt. Über die Schaltfläche *Weiter* können Sie zu den Folgeseiten und mit *Zurück* zu den Vorgängerseiten des Assistenten weiterblättern. Die Dialogfelder und deren Abfolge unterscheiden sich leicht in den verschiedenen Windows-Versionen – was Ihnen aber keine wirklichen Probleme bereiten sollte.

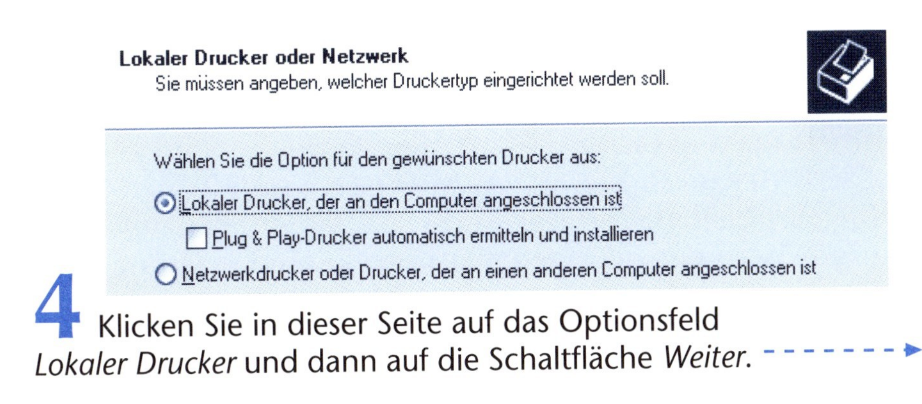

4 Klicken Sie in dieser Seite auf das Optionsfeld *Lokaler Drucker* und dann auf die Schaltfläche *Weiter*.

5 In Windows XP müssen Sie anschließend den Druckeranschluss über ein Listenfeld (bei älteren Druckern meist die so genannte **parallele Schnittstelle LPT1:**) wählen und dann auf *Weiter* klicken.

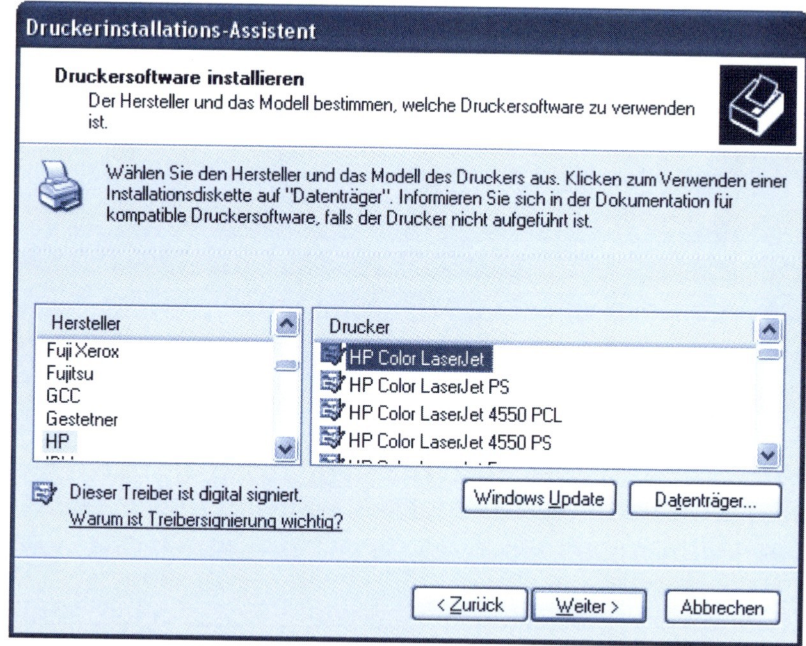

6 Wählen Sie in diesem Dialogfeld den Druckerhersteller und den Druckertyp aus.

Ist der Drucker nicht in der Liste aufgeführt und verfügen Sie über eine CD-ROM des Druckerherstellers, können Sie den Drucker über die Schaltfläche *Datenträger* (bzw. *Diskette*) installieren. Windows öffnet ein Dialogfeld zur Auswahl des Datenträgerlaufwerks. Dann müssen Sie in den geöffneten Dialogfeldern den Ordner auf der CD auswählen, der den Druckertreiber enthält. Die Druckerunterlagen sollten Hinweise auf diesen Ordner mit dem Druckertreiber enthalten. In älteren Windows-Versionen sind die hier beschriebenen Dialogschritte 5 und 6 vertauscht.

Drucker benennen
Sie müssen dem Drucker einen Namen zuweisen.

Geben Sie einen Namen für diesen Drucker ein. Einige Programme unterstützen keine Server- und Druckernamen, die mehr als 31 Zeichen lang sind. Es wird deshalb empfohlen, den Namen so kurz wie möglich zu halten.

Druckername:
HP Color LaserJet

Soll dieser Drucker als Standarddrucker verwendet werden?

Ja
Nein

7 Klicken Sie auf *Weiter* und passen Sie bei Bedarf den (vorgegebenen) Namen des Druckers an. Markieren Sie das Optionsfeld *Ja* und bestätigen Sie dies über *Weiter.*

Je nach Windows-Version erscheint noch ein Dialogfeld mit der Abfrage, ob der Drucker im Netzwerk freizugeben ist. Markieren Sie die Option *Freigabename* und belassen den Namen, können andere Benutzer in einem Netzwerk den Drucker mit verwenden. Ist der Rechner nicht im Netzwerk eingebunden, markieren Sie die Option *Drucker nicht freigeben*. Bei einem Netzwerkdrucker müssen Sie in einem weiteren Dialog einen Hinweis auf den Standort (z.B. »Büro«) hinterlegen.

Nach diesem Schritt besitzt der Assistent alle Informationen zur Installation des Druckers. Allerdings steht nicht unbedingt fest, ob alle Einstellungen korrekt sind. Windows kann nach dem Einrichten eines Druckertreibers eine **Testseite ausgeben**. Druckt der Drucker die Testseite einwandfrei aus, ist alles in Ordnung und Sie können das Ausgabegerät benutzen.

Soll eine Testseite gedruckt werden?

Ja

Nein

8 Belassen Sie die Option *Ja* zur Ausgabe der Testseite und klicken Sie auf die Schaltfläche *Weiter*.

9 Klicken Sie im nächsten Dialogfeld mit den Installationsdaten auf die Schaltfläche *Fertig stellen*.

Windows führt jetzt die eigentlichen Installationsschritte durch. Dabei wird der Treiber intern kopiert und entsprechend eingerichtet. Den Ablauf erkennen Sie an den Fortschrittsanzeigen, die kurzzeitig eingeblendet werden.

HINWEIS

Ist der Drucker dagegen über die USB-Schnittstelle mit dem Computer verbunden, erkennt Windows XP das Gerät und fordert ggf. die Treiber-CD des Herstellers an. Dann entfallen die hier gezeigten Installationsschritte.

Erscheint diese Meldung auf dem Bildschirm?

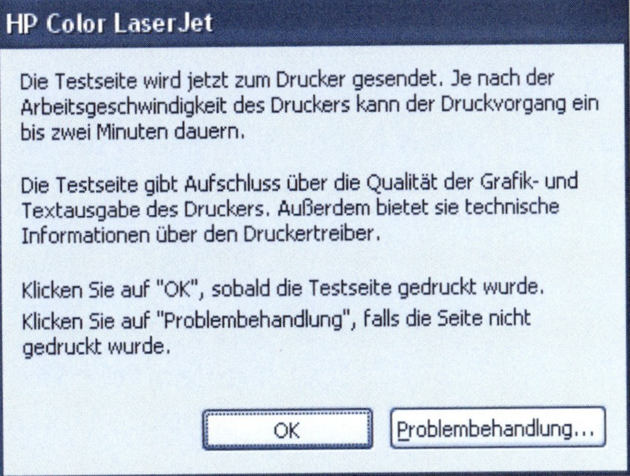

1 Überprüfen Sie, ob die Testseite einwandfrei gedruckt wurde (falls noch nicht geschehen, Drucker einschalten und etwas warten).

2 Ist alles in Ordnung, klicken Sie auf die *OK*- bzw. *Ja*-Schaltfläche. Treten Probleme auf, wählen Sie die Schaltfläche *Nein*.

Hat alles geklappt, erscheint das Symbol des neuen Druckers im Ordner *Drucker und Faxgeräte*. Sie können anschließend mit dem Drucker arbeiten. Gab es Probleme bei der Installation und hatten Sie im letzten Meldungsfeld die *Nein*-Schaltfläche gewählt, weil der Ausdruck nicht in Ordnung war? Dann öffnet Windows automatisch ein Hilfefenster mit Ratschlägen zur Behebung des Problems. Prüfen Sie, ob der Drucker angeschlossen und eingeschaltet ist. Treten später Probleme mit dem Drucker auf, prüfen Sie, ob genügend Papier, Tinte oder Toner (bei Laserdruckern) vorhanden ist. Manchmal müssen Sie den Drucker über ein Tastenfeld am Gerät auch auf *Online* stellen. Näheres finden Sie in den Unterlagen zum Drucker.

Datum und Uhrzeit einstellen

Windows zeigt in der rechten unteren Bildschirmecke die Uhrzeit und auf Abruf auch das Datum an. Was ist aber, wenn die Uhr falsch geht oder das Datum nicht stimmt?

1 Doppelklicken Sie in der rechten unteren Ecke der Taskleiste auf die angezeigte Uhrzeit.

In Windows XP müssen Sie hierzu an einem Administratorenkonto angemeldet sein. Windows öffnet jetzt das Dialogfeld mit der Anzeige der aktuellen Uhrzeit und des Kalenders. Im Kalender wird der Monat und das Jahr angezeigt.

2 Das Datum ändern Sie, indem Sie im Kalenderblatt auf den gewünschten Datumswert klicken. Über die Listenfelder können Sie den Monat und über das Drehfeld das Jahr ändern.

Um die Uhrzeit oder das Datum einzustellen, gehen Sie folgendermaßen vor:

1 Markieren Sie mit der Maus das gewünschte Feld (hier z.B. den Wert für Minuten in der Uhrzeit).

2 Geben Sie den neuen Wert ein oder ändern Sie die Einstellung durch Klicken auf die betreffenden Schaltflächen des Drehfelds.

3 Klicken Sie anschließend auf die *OK*-Schaltfläche, um die Eingaben zu übernehmen und das Dialogfeld zu schließen.

Die Änderungen der Uhrzeit oder des Datums sind sofort wirksam.

Anzeigeoptionen anpassen

Windows ermöglicht es Ihnen, verschiedene Anzeigeoptionen und damit auch das Aussehen des Desktop anzupassen.

1 Klicken Sie mit der rechten Maustaste auf eine freie Stelle des Desktop.

2 Wählen Sie im Kontextmenü den Befehl *Eigenschaften*.

Windows öffnet ein Eigenschaftenfenster mit verschiedenen Registerkarten. Auf diesen Registerkarten finden Sie Optionen zum Anpassen der Anzeige.

Desktop-Hintergrund ändern

Der Windows-**Desktop** kann mit einem weißen Hintergrund, mit Farben, Mustern und auf Wunsch sogar mit **Hintergrundbildern** versehen werden. Um die Hintergrundfarbe zu ändern, gehen Sie folgendermaßen vor:

1 Öffnen Sie das Eigenschaftenfenster (siehe oben, Schritte 1 und 2).

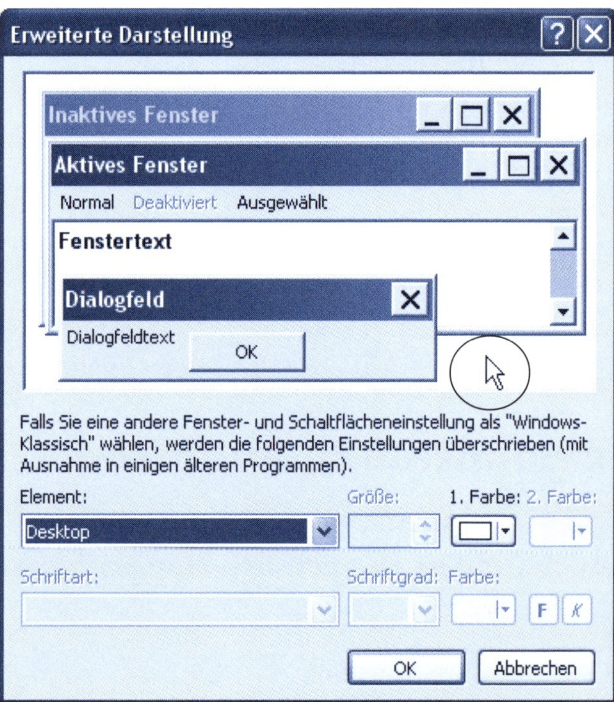

2 Aktivieren Sie die Registerkarte *Darstellung* (in Windows XP klicken Sie danach auf die Schaltfläche *Erweitert*).

3 Klicken Sie im Fenster mit der Vorschau der Fensterelemente auf den Bereich mit der aktuellen Hintergrundfarbe.

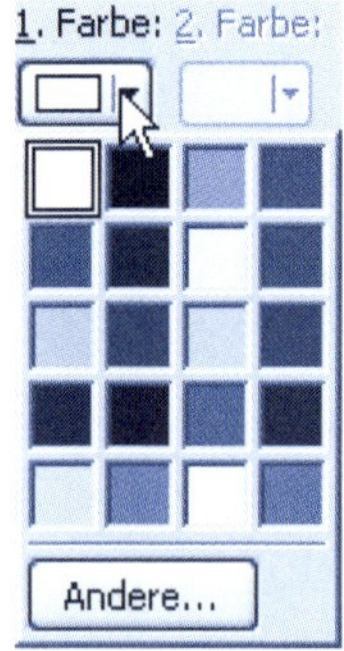

4 Klicken Sie jetzt auf das kleine schwarze Dreieck neben dem Feld *Farbe*.

HINWEIS

In Windows XP können Sie die Hintergrundfarbe auch direkt über das Listenfeld *Farbe* auf der Registerkarte *Desktop* einstellen.

5 Wählen Sie eine neue Hintergrundfarbe in der Farbpalette aus.

6 Klicken Sie auf die Schaltfläche *Übernehmen*.

Anschließend färbt Windows den Desktop mit der von Ihnen gewählten Hintergrundfarbe ein. Um den Desktop-Hintergrund mit einem Bild auszustatten, gehen Sie folgendermaßen vor:

1 Öffnen Sie das Dialogfeld *Eigenschaften von Anzeige* (siehe oben, Schritte 1 und 2).

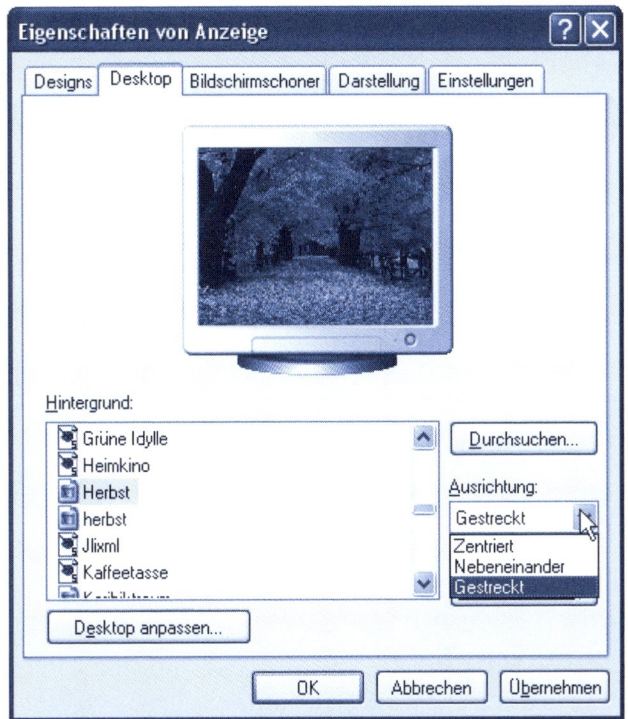

2 Suchen Sie auf der Registerkarte *Hintergrund* (bzw. *Desktop*) das gewünschte Bild bzw. das HTML-Dokument in der Liste *Welches HTML-Dokument oder Bild soll als Hintergrund angezeigt werden* (bzw. *Hintergrund*) und klicken Sie auf den gewünschten Namen.

Über die Schaltfläche *Durchsuchen* können Sie auch Bilddateien aus anderen Ordnern wählen.

3 Über das Listenfeld *Bildanzeige* (bzw. *Ausrichtung*) können Sie vorgeben, ob das Motiv zentriert, gestreckt oder gekachelt (nebeneinander) auszugeben ist.

4 Gefällt Ihnen das Hintergrundbild, klicken Sie auf die Schaltfläche *OK* oder *Übernehmen*.

Windows wird jetzt das von Ihnen gewählte Bild oder HTML-Dokument als Hintergrund des Desktop anzeigen.

HINWEIS

In älteren Windows-Versionen sieht die Registerkarte geringfügig anders aus, die grundlegende Bedienung ist aber gleich. Dort können Sie lediglich keine HMTL-Dateien (das Format gespeicherter Webseiten) als Hintergrundbild verwenden. Ähnliches gilt für Windows XP; die geänderten Bezeichnungen wurden im Text in Klammern aufgeführt.

Die Bildschirmauflösung ändern

Die Bildschirmauflösung legt fest, wie groß die Inhalte des Desktop dargestellt werden und wie viel Platz auf dem Bildschirm ist. Erscheinen Ihnen die Desktop-Symbole zu klein und sind sie schlecht erkennbar?

1 Aktivieren Sie im Dialogfeld *Eigenschaften von Anzeige* die Registerkarte *Einstellungen* (siehe oben, Schritte 1 und 2).

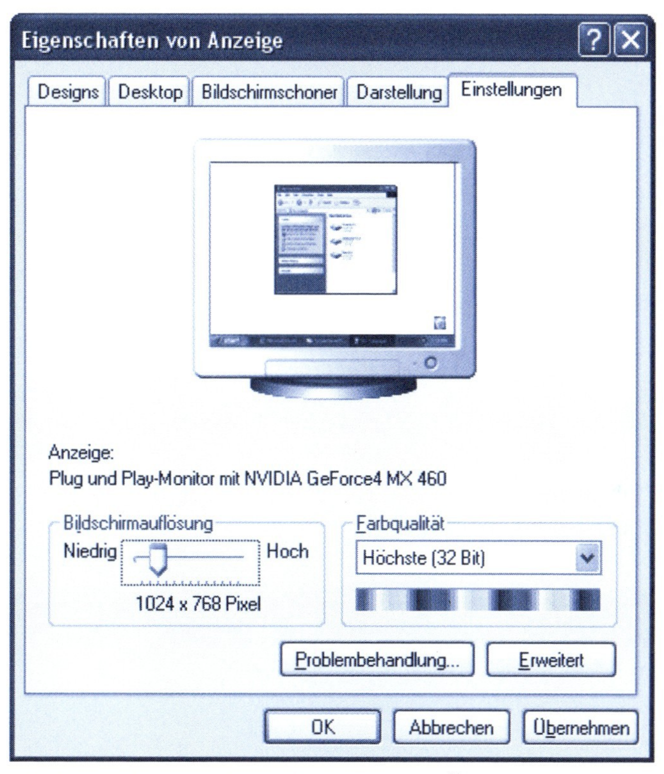

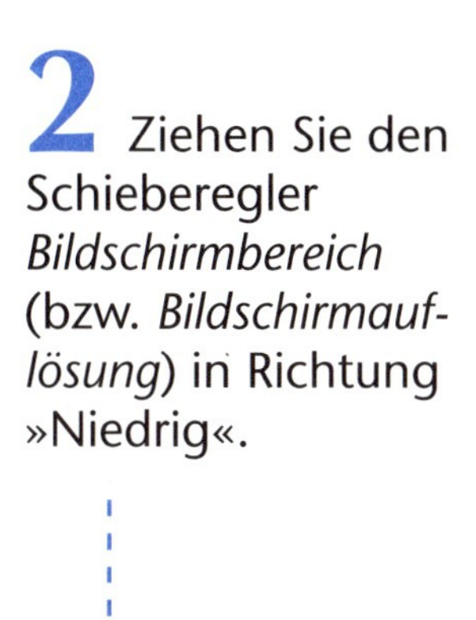

2 Ziehen Sie den Schieberegler *Bildschirmbereich* (bzw. *Bildschirmauflösung*) in Richtung »Niedrig«.

3 Klicken Sie auf die Schaltfläche *Übernehmen*.

Über das Listenfeld *Farben* (bzw. *Farbqualität*) können Sie zusätzlich die Zahl der angezeigten Farben umstellen.

Windows wird in zwei Dialogfeldern nachfragen, ob die Auflösung bzw. die Farbtiefe wirklich geändert werden soll (bei manchen Versionen wird sogar ein Neustart des Computers ausgeführt). Anschließend sollten die neuen Anzeigeeigenschaften wirksam sein.

HINWEIS

Die Registerkarte erlaubt es nur, solche Auflösungen zu wählen, die der Rechner auch tatsächlich unterstützt. In den meisten Fällen wird bei einem 17-Zoll-Bildschirm eine Auflösung von 800 x 600 Bildpunkten die besten Ergebnisse bringen.

So hilft die Bildschirmlupe

An dieser Stelle noch ein Tipp für Leute mit starker Beeinträchtigung der Sehkraft, denen die Reduzierung der Bildschirmauflösung nicht viel bringt. Es gibt in Windows die so genannte Bildschirmlupe. Dieses Programm wird mit den optionalen Windows-Eingabehilfen installiert (siehe auch folgende Seiten). Sie können das Programm *Bildschirmlupe* anschließend im Startmenü unter *(Alle) Programme/Zubehör/Eingabehilfen* aufrufen. Sobald das Programm gestartet wird, teilt sich der Desktop und im oberen Bereich wird ein vergrößerter Ausschnitt des Bildschirms als Kopie in der Lupe angezeigt. Bewegen Sie den Mauszeiger in der unteren Hälfte des Desktops, passt Windows automatisch den Ausschnitt in der Bildschirmlupe an. Über ein Dialogfeld können Sie die Anzeigeoptionen einstellen.

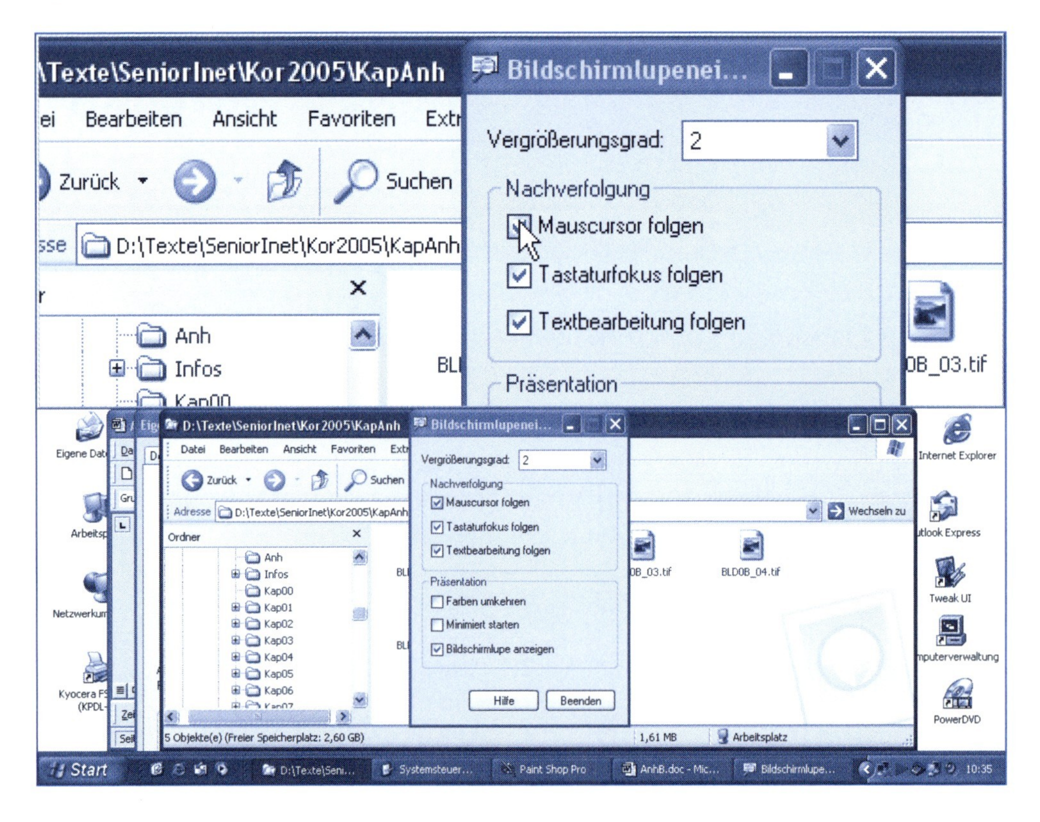

TIPP

Alternativ können Sie auf der Registerkarte *Darstellung* im Listenfeld *Schema* Einträge mit dem Text »... groß« wählen, um die Schriften in Menüs und Titelleisten zu vergrößern. Bei Windows XP lässt sich der Schriftgrad direkt über das gleichnamige Listenfeld der Registerkarte *Darstellung* wählen.

Die Systemsteuerung aufrufen

Die Windows-Systemsteuerung ist so etwas wie das Regiezentrum von Windows, in dem Sie viele Anpassungen vornehmen können.

1 Zum Aufrufen der Systemsteuerung öffnen Sie das Startmenü und wählen, je nach Windows-Version, den Befehl *Systemsteuerung* bzw. *Einstellungen/Systemsteuerung*.

Dann erscheint ein Ordnerfenster, in dem die Symbole der verfügbaren Geräte eingeblendet werden.

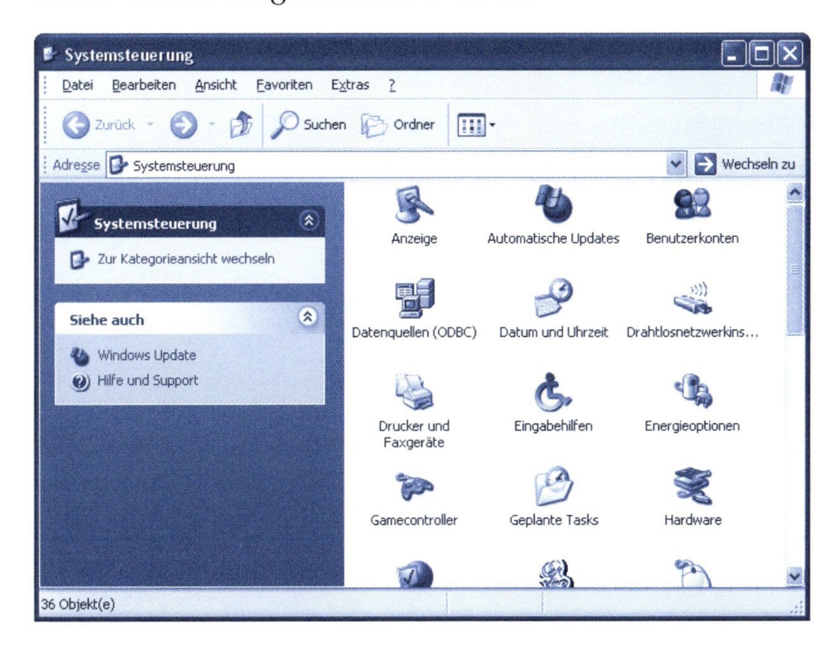

2 Wählen Sie das gewünschte Gerätesymbol anschließend per Doppelklick an.

Anschließend können Sie die verschiedenen Optionen des Geräts oder der Windows-Komponente auf den Registerkarten des zugehörigen Eigenschaftenfensters anpassen.

HINWEIS

Windows XP kennt in der Systemsteuerung eine so genannte Kategorieansicht und die in diesem Buch benutzte klassische Ansicht. Zum Umschalten in die hier gezeigte Darstellung müssen Sie ggf. noch den Befehl *Zur klassischen Ansicht wechseln* in der Aufgabenleiste anklicken. Zudem erfordert Windows XP eine Anmeldung unter einem Administratorenkonto, um Änderungen an den Einstellungen vornehmen zu können.

Programme installieren

Je nach Bedarf lassen sich unter Windows weitere Programme installieren. Außerdem gibt es in Windows selbst einige Zusatzkomponenten, die nicht immer auf allen Systemen installiert sind. Nachfolgend finden Sie Hinweise zur Installation solcher Komponenten.

Windows-Komponenten installieren

Haben Sie beim Durcharbeiten der vorherigen Kapiteln festgestellt, dass ein beschriebenes Programm fehlt? Dann handelt es sich vermutlich um eine optionale Windows-Komponente, die auf Ihrem Computer nicht installiert worden ist. Kein Problem, das können Sie nachholen.

1 Öffnen Sie das Ordnerfenster der Systemsteuerung (z.B. im Startmenü über den Befehl *Einstellungen/Systemsteuerung*).

HINWEIS

Je nach Windows-Version werden das Symbol *Software* und das Dialogfeld etwas anders aussehen.

2 Wählen Sie im Fenster *Systemsteuerung* das Symbol *Software*.

3 Windows öffnet ein Eigenschaftenfenster oder einen Dialog, in dem Sie die optionalen Windows-Komponenten auswählen und einrichten lassen können.

Der genaue Ablauf hängt dabei etwas von der Windows-Version ab, da entweder Eigenschaftenfenster mit mehreren Registerkarten oder ein Dialogfeld zur Installation der optionalen Komponenten benutzt wird.

- In Windows 2000 bzw. XP klicken Sie im Dialogfeld *Software* auf die Schaltfläche *Windows-Komponenten hinzufügen/entfernen*. Sobald das Dialogfeld *Assistent für Windows-Komponenten* erscheint, können Sie die Kontrollkästchen der angezeigten Optionen markieren oder deren Markierung löschen. Anschließend klicken Sie auf die Schaltfläche *Weiter*, um die Komponenten installieren bzw. deinstallieren zu lassen. Abschließend ist der Assistent über die *Fertig stellen*-Schaltfläche zu schließen.

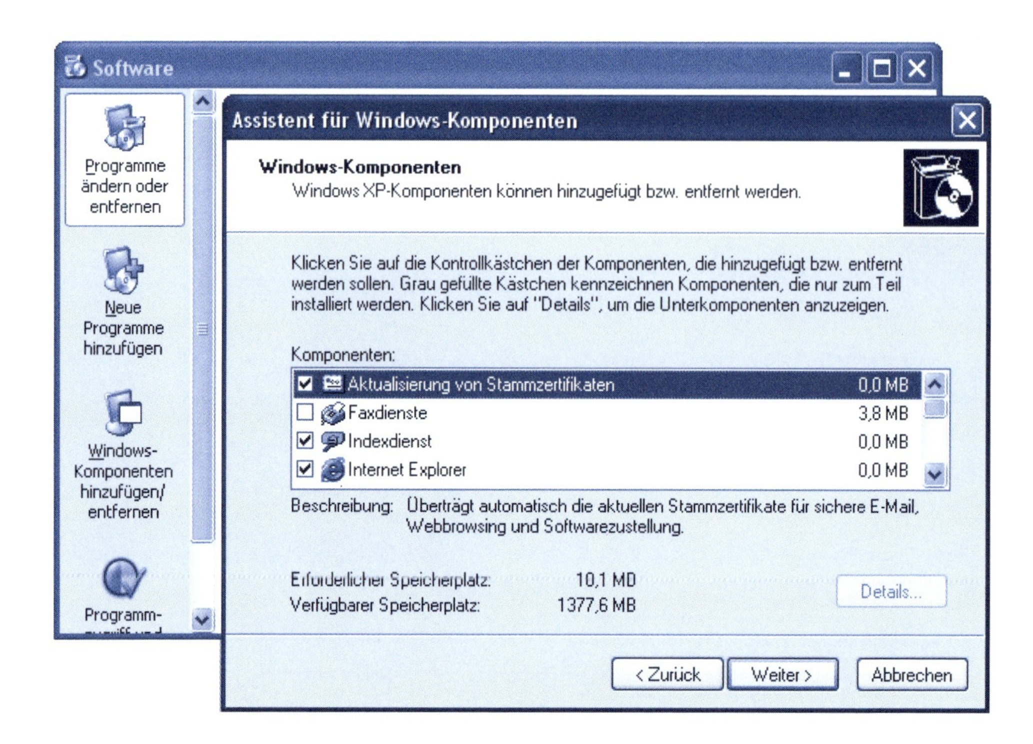

- Unter Windows 98/Millennium wählen Sie die Registerkarte *Windows-Setup* durch Anklicken des Registerreiters. Auf dieser Registerkarte zeigt Windows nach kurzer Zeit die verfügbaren optionalen Windows-Komponenten an, die in Kategorien zusammengefasst sind. Markieren Sie das Kontrollkästchen einer Kategorie, die Sie installieren möchten. Zu den markierten Komponenten blendet Windows eine Beschreibung im unteren Teil der Registerkarte ein. Klicken Sie auf die Schaltfläche *Details*, können Sie in einem Dialogfeld die Kontrollkästchen einzelner Unterkomponenten markieren. Schließen Sie die geöffneten Dialogfelder und Registerkarten über die jeweilige *OK*-Schaltfläche, überprüft Windows Ihre Vorgaben. Komponenten, deren Kontrollkästchen markiert sind, werden nachinstalliert. Nicht markierte Komponenten werden dagegen deinstalliert.

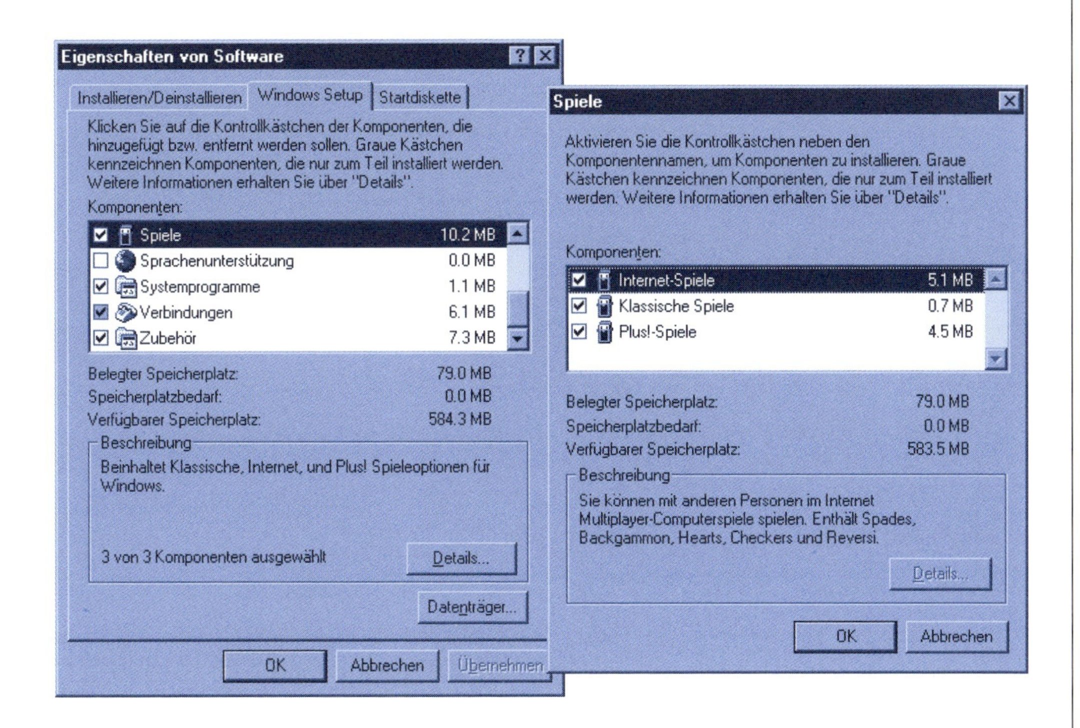

Je nach Windows-Version wird beim Nachinstallieren optionaler Komponenten die Windows Installation-CD angefordert, d.h. Sie müssen diese in das CD-/DVD-Laufwerk einlegen.

Programme installieren und entfernen

Um ein neues Programm unter Windows zu benutzen, müssen Sie dieses meist von einer CD-ROM oder von einer DVD installieren. Hierzu sind nur wenige Schritte erforderlich.

1 Legen Sie die CD-ROM/DVD oder die Diskette in das entsprechende Laufwerk ein.

Bei neueren Programmen, die auf CD/DVD vorliegen, erkennt der Computer dies und öffnet automatisch ein Dialogfeld mit Optionen zur Programminstallation. Das ist beispielsweise der Fall, wenn Sie die Windows-CD-ROM in das Laufwerk einlegen. Sie müssen dann nur noch die gewünschten Optionen wählen. Falls das Installationsprogramm dagegen nicht automatisch startet, gehen Sie folgendermaßen vor:

1 Öffnen Sie das Fenster *Arbeitsplatz* und doppelklicken Sie auf das Symbol des Laufwerks.

2 Suchen Sie im Ordnerfenster das Installationsprogramm (meist ein Programm mit dem Namen *Setup.exe* oder *Install.exe*) und starten Sie dieses mit einem Doppelklick auf das Symbol.

3 Befolgen Sie die Anweisungen des Installationsprogramms.

Detailliertere Hinweise zur Installation sollte die Dokumentation des betreffenden Programms enthalten.

TIPP

Einige Programme bieten eine Funktion zur Deinstallation. Hierzu wählen Sie im Ordnerfenster der Systemsteuerung das Symbol *Software*. Auf der Registerkarte *Installieren/Deinstallieren* finden Sie eine Liste der Programme, die sich entfernen lassen. Markieren Sie den Eintrag, und klicken Sie auf die Schaltfläche *Hinzufügen/Entfernen*.

HINWEIS

Windows 2000 und Windows XP verwenden dieses Dialogfeld. Über die Schaltflächen am linken Rand lassen sich Windows-Komponenten hinzufügen/entfernen und Programme ändern/entfernen.

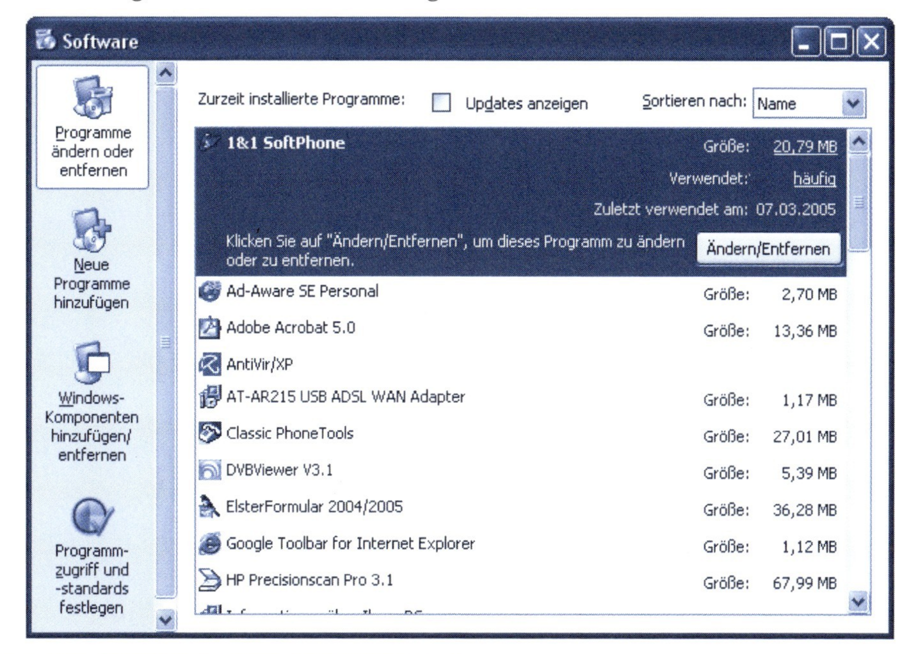

Mauseinstellungen

Sind Sie Linkshänder oder haben Sie Schwierigkeiten mit dem Doppelklick der Maus? Dann sollten Sie die Mauseinstellungen an Ihre Bedürfnisse anpassen.

1 Öffnen Sie die Systemsteuerung (z.B. über das Startmenü). Sind nicht alle Optionen zu sehen, wählen Sie im Ordnerfenster der Systemsteuerung den Hyperlink »Zeigen Sie alle Optionen der Systemsteuerung an« bzw. »Zur klassischen Ansicht wechseln«.

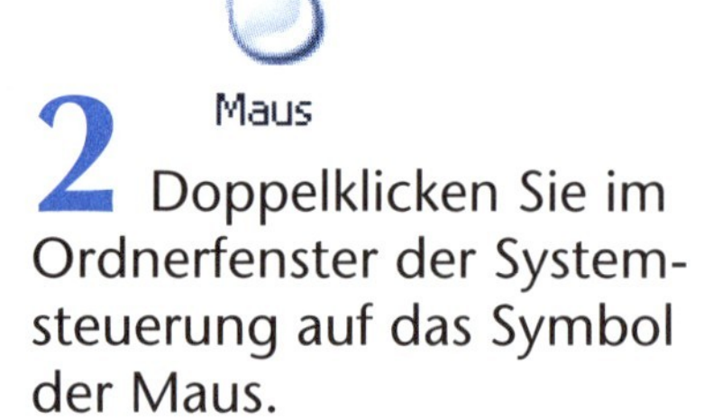

2 Doppelklicken Sie im Ordnerfenster der Systemsteuerung auf das Symbol der Maus.

Windows öffnet jetzt das Eigenschaftenfenster mit den Registerkarten der Mauseigenschaften. Der Aufbau der Registerkarten hängt etwas von der Windows-Version ab.

1 Als **Linkshänder** klicken Sie auf der Registerkarte *Tasten* auf das Optionsfeld *Linkshändig*. In Windows XP markieren Sie dagegen das Kontrollkästchen *Primäre und sekundäre Taste umschalten.*

2 Zum **Ändern** der **Doppelklickgeschwindigkeit** ziehen Sie den Schieberegler *Doppelklickgeschwindigkeit* nach rechts oder links.

3 Zum Testen doppelklicken Sie auf das Testfeld mit der kleinen Schachtel bzw. dem Ordnersymbol. Springt der Kopf des Harlekins heraus bzw. wird der Ordner geöffnet, hat der Doppelklick funktioniert.

Sobald Sie das Eigenschaftenfenster über die *OK*-Schaltfläche schließen, übernimmt Windows die neuen Einstellungen.

HINWEIS

Über die anderen Registerkarten des Eigenschaftenfensters können Sie weitere Mausoptionen, z.B. den Mauszeiger, einstellen.

Weitere Windows-Einstellungen lassen sich über die anderen Symbole der Systemsteuerung ändern. Doppelklicken Sie auf das betreffende Symbol. Anschließend können Sie über die einzelnen Registerkarten die Optionen ansehen und verändern. Details zu den einzelnen Komponenten erhalten Sie über die Direkthilfe des jeweiligen Fensters.

Benutzerkonten einrichten

Benutzerkonten dienen in Windows dazu, die Einstellungen des Benutzers zu verwalten. In Windows XP (und auch in Windows 2000) regeln Benutzerkonten zudem noch, was ein Benutzer am Computer alles machen darf. Diese Betriebssysteme unterscheiden zwischen so genannten **Administratoren** (Benutzer, die den Rechner betreuen und z. B. Programme oder Geräte installieren oder löschen dürfen) und normalen Benutzern (sowie einem Gastkonto). Normale Benutzer können sich nur am eigenen Konto anmelden und dort mit den installierten Programmen arbeiten oder im Internet surfen – diese Konten sollten aus Sicherheitsgründen zum Arbeiten mit dem Rechner benutzt werden.

Während Sie in Windows 98 im Anmeldedialog nur einen neuen Namen und ein neues Kennwort eintippen müssen, werden Benutzerkonten ab Windows 98 Zweite Ausgabe über ein Symbol der Systemsteuerung definiert. Nachfolgend sind die Schritte unter Windows XP erklärt.

1 Melden Sie sich unter dem Administratorkonto in Windows XP an.

Benutzerkonten

2 Öffnen Sie das Fenster der Systemsteuerung und wählen Sie das Symbol *Benutzerkonten* per Doppelklick an.

3 Im Dialogfeld *Benutzerkonten* wählen Sie den gewünschten Befehl (hier *Neues Konto erstellen*).

Alternativ können Sie das Symbol eines Kontos anklicken, um dessen Einstellungen anzupassen.

In allen Fällen führt Windows XP Sie über Formulare durch die Schritte zur Kontenanpassung bzw. -einrichtung – Sie können also nicht viel falsch machen.

4 Tippen Sie zum Anlegen des neuen Kontos den neuen Benutzernamen im betreffenden Formularfeld ein und klicken Sie auf die im Formular angezeigte Schaltfläche *Weiter*.

5 Markieren Sie im Folgedialog das Optionsfeld des Kontotyps für den neuen Benutzer und klicken Sie auf die Schaltfläche *Konto erstellen*.

Für normale Benutzer sollte immer die Option *Eingeschränkt* gewählt werden.

Windows legt das neue Konto an und kehrt wieder zur Eingangsseite der Benutzerverwaltung zurück. Sie können nun das Symbol des neuen Kontos anklicken, um dessen Formularseite aufzurufen.

In diesem Kontoformular finden Sie Befehle, um den Benutzernamen zu ändern, das Konto zu löschen oder ein Kennwort zuzuweisen etc. Sobald Sie einen Befehl anwählen, werden Sie über Folgeformulare durch die Schritte geführt. Abschließend gelangen Sie wieder zur Eingangsseite der Benutzerverwaltung.

Sobald das Konto samt Einstellungen erstellt wurde, können Sie die Benutzerverwaltung wieder schließen.

HINWEIS

Aus Sicherheitsgründen sollte es nur ein Administratorkonto auf dem Rechner geben. Dieser Benutzer kann neue Konten anlegen, bestehende Konten löschen oder ein vergessenes Kennwort bei einem Konto umsetzen. Alle Benutzerkonten sollten mit Kennwörtern als Zugangsschutz ausgestattet sein. Ein normaler Benutzer kann die Einstellungen seines eigenen Kontos (z. B. das Kennwort) ändern, erhält aber keinen Zugriff auf die Daten anderer Konten.

Windows absichern

Um möglichst risikoarm im World Wide Web surfen, E-Mails verwalten oder andere Internetfunktionen nutzen zu können, ist es wichtig, dass das auf dem Computer vorhandene Windows möglichst aktuell und gegen den Befall von Schädlingen gesichert ist. Der folgende Abschnitt zeigt, was Sie in dieser Hinsicht tun können und was es alles zu wissen gilt.

So bleibt Windows aktuell

Ähnlich wie ein Auto regelmäßig in der Werkstatt gewartet werden muss, sollten Sie Windows ebenfalls auf dem neuesten Stand halten. Microsoft stellt hierzu kostenlose Programmverbesserungen (als Patch, zu deutsch »Flicken«, oder Update bezeichnet) bereit. Die Installation ist mit folgenden Schritten durchzuführen.

1 Stellen Sie eine Internetverbindung her, rufen Sie den Internet Explorer auf und wählen Sie im Menü *Extras* den Befehl *Windows Update*.

Im Browserfenster erscheint die Microsoft Update-Seite, deren Inhalt je nach Windows-Version von der hier für Windows XP gezeigten Variante abweicht. Die Seite liefert Informationen zu Updates sowie Schaltflächen, über die sich nach verfügbaren Updates suchen lässt.

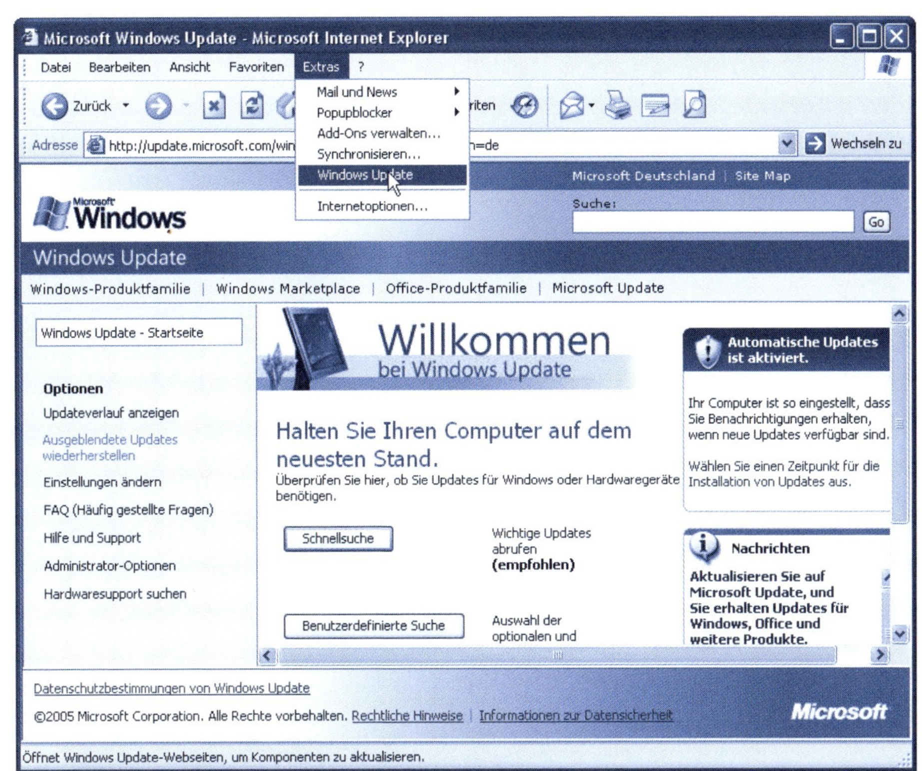

2 Klicken Sie auf die mit *Updates suchen*, *Schnellsuche* oder ähnlich beschriftete Schaltfläche. Erscheinen Sicherheitswarnungen, dass ActiveX-Komponenten installiert werden, müssen Sie deren Installation zulassen.

3 Verfügbare Updates werden im Browserfenster aufgeführt. Sie können dann Updates über Kontrollkästchen zum Download markieren und dann den Download sowie die Installation über eine auf der Seite eingeblendete Schaltfläche anstoßen.

Je nach Umfang der Updates und der Geschwindigkeit der Internetverbindung kann das Herunterladen einige Zeit dauern. Anschließend werden die betreffenden Komponenten automatisch installiert und der Computer muss nach dem Trennen der Internetverbindung ggf. neu gestartet werden.

HINWEIS

Bei älteren Windows-Versionen wie Windows 98 hat Microsoft zwischenzeitlich die Entwicklung neuer Updates eingestellt. Dies ist der Grund, warum ich Internetnutzern die Verwendung von Windows XP empfehle. Von Zeit zu Zeit fasst Microsoft die gesammelten Updates zu einem Paket zusammen und bezeichnet dieses dann als **Service Pack**. Service Packs werden häufig auch auf CD (durch Microsoft oder z.B. als Beilagen in Computerzeitschriften) verteilt. Verfügbare Service Packs (z.B. Service Pack 2 für Windows XP) sollten unbedingt installiert werden. Ob ein Service Pack installiert ist, können Sie prüfen, indem Sie den Ordner der Windows Systemsteuerung über das Startmenü öffnen und dann das Symbol *System* per Doppelklick anwählen.

Auf der Registerkarte *Allgemein* des Eigenschaftenfensters finden Sie Angaben zur genauen Version des installierten Windows-Betriebssystems und Angaben zu installierten Service Packs.

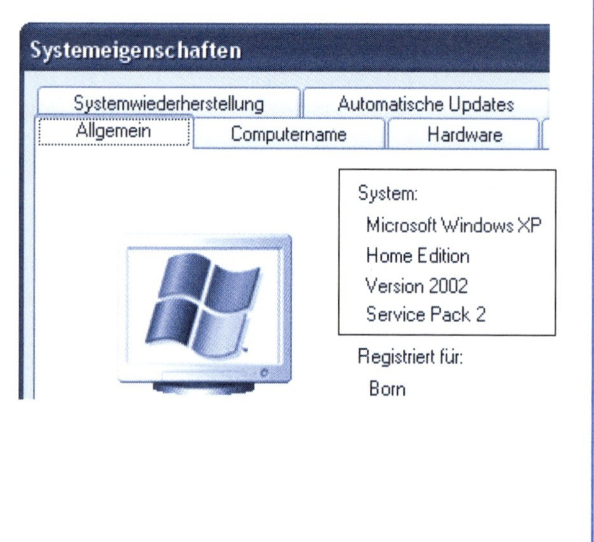

Lassen Sie sich ggf. von Enkeln, Kindern oder anderen versierten Nutzern oder dem Händler bei der Aktualisierung von Windows bzw. beim Einspielen des Service Packs unterstützen.

Ist Windows XP und ggf. das Service Pack 2 auf Ihrem Computer installiert? Dann ist auch die automatische Update-Funktion vorhanden, die bei jeder Internetsitzung automatisch im Hintergrund prüft, ob neue Aktualisierungen auf dem Microsoft Update-Webserver vorhanden sind. Updates werden dann auf den Rechner heruntergeladen und automatisch installiert.

Sie werden durch eingeblendete QuickInfos über diesen Vorgang informiert.

Durch Anklicken des im Infobereich der Taskleiste eingeblendeten Symbols lässt sich jeweils ein Dialogfeld öffnen, in dem Sie Informationen über die betreffenden Updates erhalten.

Das Dialogfeld enthält Kontrollkästchen, um Updates ggf. abzulehnen, und Schaltflächen, um Updates herunterzuladen bzw. zu installieren.

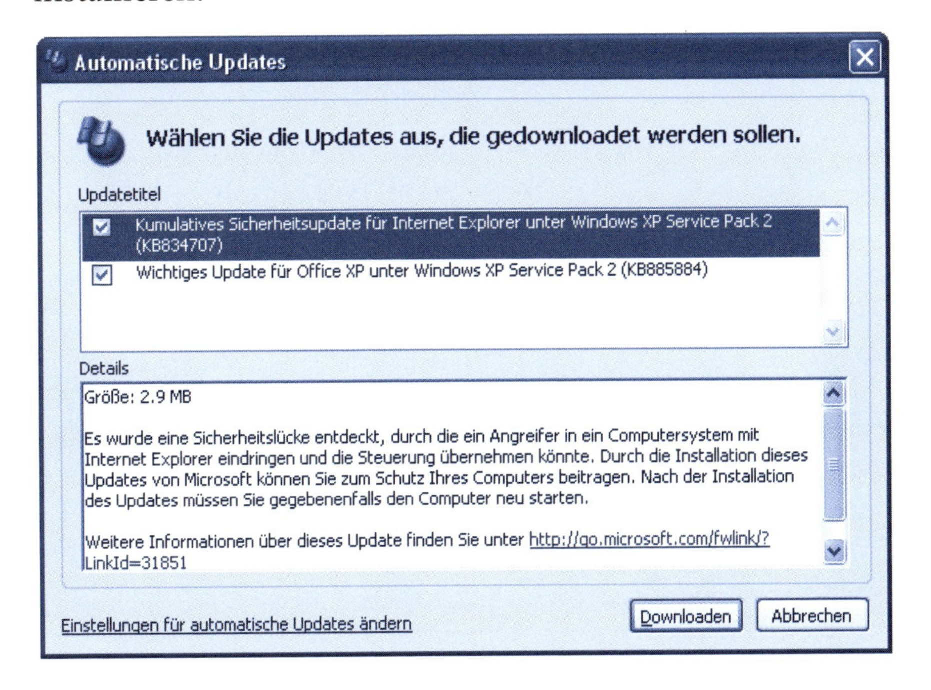

Sofern Sie nur über eine langsame Internetverbindung (z.B. Modem) verfügen, können Sie den Download auf kritische Sicherheitsupdates beschränken und andere Updates ablehnen.

Kontrolle der Update-Einstellungen

Sofern das Service Pack 2 unter Windows XP installiert ist und Sie mit einem Modem ins Internet gehen, sind automatische Updates nicht immer erwünscht.

1 Melden Sie sich unter einem Administratorenkonto unter Windows XP an und öffnen Sie die Systemsteuerung über den gleichnamigen Befehl im Startmenü.

Automatische Updates

2 Wählen Sie im Fenster der Systemsteuerung ggf. den Befehl *Zur Kategorieansicht wechseln* in der linken Spalte und doppelklicken Sie dann auf das Symbol *Windows Updates*.

Im Dialogfeld *Automatische Updates* finden Sie auf der gleichnamigen Registerkarte die Einstelloptionen für diese Funktion.

Bei installiertem Service Pack 2 sieht die Registerkarte wie hier gezeigt aus. Standardmäßig ist das Optionsfeld *Automatisch (empfohlen)* markiert, d.h. Windows XP kümmert sich um alles.

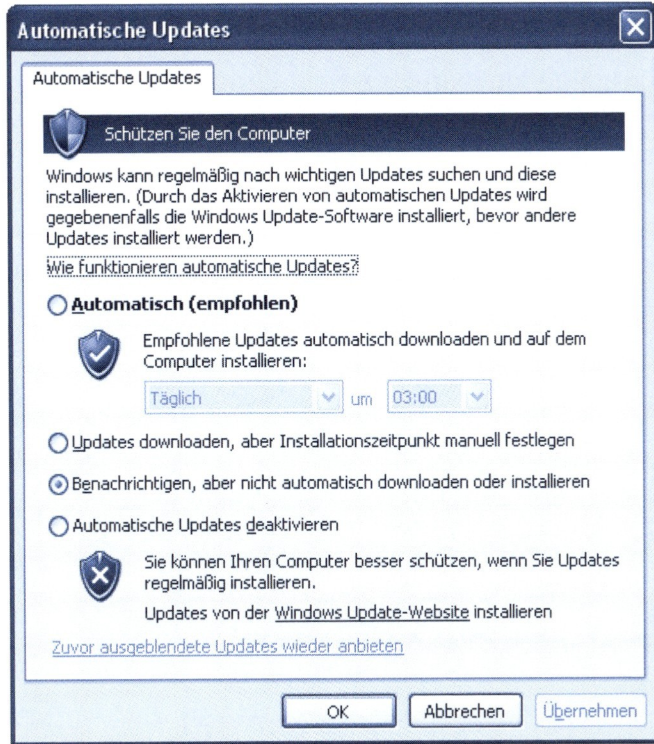

3 Falls Sie mit Modem bzw. ISDN-Karte arbeiten oder einfach mehr Kontrolle über die einzuspielenden Updates haben möchten, markieren Sie das Optionsfeld *Benachrichtigen, aber nicht automatisch downloaden oder installieren* und schließen Sie das Dialogfeld über die *OK*-Schaltfläche.

Dann meldet Windows XP Ihnen zwar automatische Aktualisierungen, sobald Sie online sind. Sie behalten aber die Kontrolle darüber, ob und wann diese Updates heruntergeladen und installiert werden dürfen. Sobald ein Update gefunden wird, erscheint ein Update-Symbol im Infobereich der Taskleiste und Sie können die Updates durch Anklicken des Symbols manuell herunterladen und installieren lassen (siehe vorherige Seiten).

TIPP

Falls Sie eine manuelle Benachrichtigung bei Updates gewählt haben und unter einem eingeschränkten Benutzerkonto surfen, sollten Sie gelegentlich den Befehl *Windows Updates* im Menü *Extras* des Internet Explorer anwählen. Nur dann ist sichergestellt, dass alle bereitgestellten Updates wirklich erkannt werden. Verursacht ein Update nach der Installation unter Windows XP Probleme? Melden Sie sich unter einem Administratorenkonto an. Anschließend rufen Sie im Startmenü über den Zweig *Alle Programme/Zubehör/Systemprogramme* die Systemwiederherstellung auf. Das Programm meldet sich mit einem Dialogfeld, in dem Sie die Option *Computer zu einem früheren Zeitpunkt wiederherstellen* wählen können. Über die *Weiter*-Schaltfläche können Sie dann einen Wiederherstellungspunkt wählen, der vor der Installation des Updates angelegt wurde. Dann setzt das Programm Windows XP auf diesen Zustand zurück und das Update ist entfernt.

Schutz durch eine Firewall

Wenn ein Rechner eine Verbindung zum Internet herstellt, kann er durch Dritte gezielt angegriffen werden. Neben aktuellen Programmversionen, die Sicherheitslücken im Betriebssystem schließen, schottet eine so genannte Firewall den Rechner gegen solche Angriffe aus dem Internet ab. Diese filtert alle Zugriffe aus dem Internet nach gewissen Regeln und lässt nur erwünschte Daten durch. Wenn Sie Windows XP (mit Service Pack 2) verwenden, ist der Computer bereits mit einer Firewall ausgestattet. Bei älteren Windows-Versionen müssen Sie auf Produkte von Fremdanbietern zurückgreifen. Für private Anwender ist beispielsweise die Firewall ZoneAlarm (*www.zonelabs.de*) kostenlos nutzbar. Manche Sicherheitspakete (z.B. Symantec Internet Security, Mc Afee Internet Security etc.) enthalten ebenfalls eine Firewall. Eine Alternative sind ggf. DSL-Router mit integrierter Firewall.

HINWEIS

Die Firewall schlägt Alarm, sobald ein Programm erstmalig Verbindungen aus dem Internet freigeben möchte. Sie müssen dann in einem Dialogfeld festlegen, ob die Firewall das Programm weiter blockieren oder dessen Verbindungen zum Internet erlauben soll. Blockierte Verbindungen bewirken u.a., dass ein Programm nicht mehr funktioniert. Administratoren können in Windows XP die Firewalleinstellungen über das Symbol *Windows-Firewall* kontrollieren. Die Konfigurierung der Firewall erfordert jedoch einige Erfahrung. In meinem Titel »Internet – leichter Einstieg für Senioren« finden Sie einige Hinweise auf Firewalleinstellungen. Lassen Sie sich ggf. von Experten beim Einrichten der Firewall helfen.

Das Sicherheitscenter von Windows XP

In Windows XP mit installiertem Service Pack 2 überwacht das so genannte **Sicherheitscenter**, ob eine **Firewall**, das **automatische Update** sowie ein **Virenschutz** vorhanden und eingeschaltet sind.

Bei Sicherheitsproblemen erscheint ein stilisiertes (in roter Farbe gezeichnetes) Schild als Symbol im Infobereich der Taskleiste.

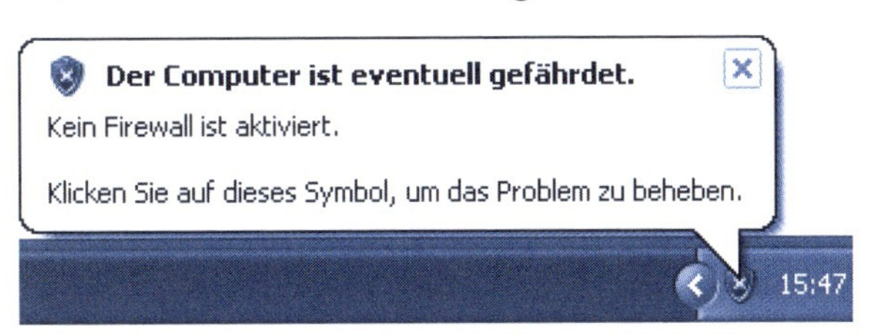

Gleichzeitig wird kurzzeitig eine QuickInfo mit einem Hinweis auf die Art des Problems (z.B. ausgeschaltete Firewall, veralteter Virenscanner etc.) angezeigt. Das Symbol verschwindet erst aus dem Infobereich, wenn die Sicherheitsprobleme behoben sind!

Um nähere Informationen zu gemeldeten Sicherheitsproblemen zu erhalten oder die Sicherheitseinstellungen anzupassen, reicht ein Mausklick auf das Symbol der Windows-Sicherheitswarnung im Infobereich der Taskleiste. Alternativ können Sie das Symbol *Sicherheitscenter* in der Detailanzeige der Windows-Systemsteuerung per Doppelklick anwählen. Windows öffnet daraufhin das Fenster des Sicherheitscenters.

In der rechten Spalte sehen Sie sofort den Status der drei überwachten Kategorien **Firewall**, **Automatische Updates** und **Virenschutz**. Ein **grüner Punkt** und der Text »AKTIV« am rechten Rand einer Kategorie signalisiert, dass im Hinblick auf Sicherheitsaspekte alles in Ordnung ist. Ein **gelber** oder ein **roter Punkt** weist ggf. auf eine reduzierte Sicherheit bzw. auf ein Sicherheitsproblem (z.B. abgeschaltete Firewall, fehlender Virenscanner) hin. Sie sollten diesem Punkt dann schnellstmöglich nachgehen oder sich von einem Experten helfen lassen. Über die Schaltfläche *Details ein-/*

ausblenden am rechten Rand der jeweiligen Kategorie können Sie Detailinformationen anzeigen lassen oder verstecken (einfach die Schaltfläche anklicken). Durch Anklicken der Symbole am unteren Fensterrand (im Abschnitt *Sicherheitseinstellungen verwalten für*) können Sie die zugehörigen Eigenschaftenfenster für automatische Updates, für die Windows-Firewall oder für die Interneteinstellungen öffnen.

Schutz vor Viren und anderen Schädlingen

Computerbenutzer werden durch **Viren**, **Trojaner** und andere Schadprogramme gefährdet. Die Schadprogramme nisten sich unbemerkt auf dem Rechner ein. Während Viren Dateien löschen, spähen Trojaner ggf. Ihren Rechner aus und melden Kennwörter etc. per Internet weiter. Solche Schädlinge wie **Viren**, **Trojaner** und **Dialer** können Sie sich **per Internet einschleppen**, wenn Sie Programme herunterladen und dann auf dem Rechner ausführen. Oder die Schädlinge kommen als Anhang zu einer E-Mail und werden vom Benutzer beim Öffnen der betreffenden Datei installiert.

Um sich vor Viren, Trojanern oder anderen Schädlingen zu schützen, sollten Sie Programmdateien nur von vertrauenswürdigen Webseiten herunterladen. E-Mails mit Anhängen von unbekannten Personen sollten Sie auf keinen Fall öffnen und die Nachricht im Zweifelsfall löschen. Zusätzlich ist es erforderlich, ein so genanntes Virenschutzprogramm unter Windows zu installieren.

Auf der Internetseite *www.free-av.de* finden Sie das für Privatanwender bisher kostenlose Virenschutzprogramm AntiVir zum Download. Rufen Sie die Seite auf, suchen Sie den mit *Download* bezeichneten Eintrag und laden Sie sich zumindest die AntiVir PersonalEdition Classic herunter. Für Privatanwender ist der Erwerb der AntiVir PersonalEdition Premium-Version zu empfehlen, die mit erweiterten Schutzfunktionen (z.B. Spyware-Erkennung) ausgestattet ist. Die Lizenz kostet 20 Euro und gilt für ein Jahr. Es gibt weitere Anbieter kostenpflichtiger Virenschutzprogramme (z.B. Symantec, McAfee). Wichtig ist aber, dass Sie den Virenscanner des installierten Virenschutzprogramms von Zeit zu Zeit aktualisieren, da immer neue Viren auftauchen.

Virenschutzprogramme überwachen den Rechner auf einen Befall durch Viren, Trojaner und andere Schädlinge. Um alle auf der Festplatte gespeicherten Dateien durch den Virenscanner überprüfen zu lassen, gehen Sie folgendermaßen vor:

1 Starten Sie AntiVir über das auf dem Desktop oder im Startmenü hinterlegte Symbol und warten Sie, bis das hier im Hintergrund gezeigte Fenster von AntiVir mit den Statusangaben erscheint.

2 Wechseln Sie zur Registerkarte *Prüfen* und markieren Sie in der Liste der Datenträger den Eintrag *Lokale Laufwerke* (bzw. *Lokale Festplatten*). Über den Zweig *Manuelle Auswahl* lässt sich alternativ eine Liste der gefundenen Laufwerke öffnen, in der Sie die Kontrollkästchen aller zu überprüfenden Laufwerke markieren können.

3 Anschließend klicken Sie auf die in der Symbolleiste der Registerkarte *Prüfen* sichtbare Schaltfläche *Suchlauf mit dem ausgewählten Profil starten.*

AntiVir startet den Scan, der durchaus mehrere Stunden dauern kann. Während des Scans zeigt das (hier im Vordergrund sichtbare) Dialogfeld *Luke Filewalker* die gescannten Dateien und eventuelle Virenfunde an. Stößt der Virenscanner auf eine infizierte Datei, wird dies in einem Zusatzdialog gemeldet. Sie sollten dann die Datei über die betreffende Schaltfläche des Dialogfelds löschen lassen. Allerdings kann AntiVir in ZIP-Archiven gefundene infizierte Dateien nur anzeigen, aber nicht löschen. Bei infizierten Dokumentdateien bietet AntiVir zwar eine Reparaturoption an. Dies klappt aber nicht in allen Fällen.

Das mit AntiVir installierte Programm AntiVir Guard überwacht zusätzlich im Hintergrund alle Versuche zum Öffnen von Dateien. Wählen Sie eine infizierte Datei per Doppelklick in einem Ordnerfenster an oder versuchen Sie einen infizierten E-Mail-Anhang zu speichern oder zu öffnen, schlägt der Virenwächter Alarm. In einem Dialogfeld wird der gefundene Schädling aufgelistet und Sie erhalten über Optionsfelder die Möglichkeit, die infizierte Datei zu löschen, in ein Quarantäneverzeichnis zu verschieben, zu reparieren oder zu belassen. Im Zweifelsfall sollten Sie das Optionsfeld zum Löschen der Datei markieren und dann das Dialogfeld über die *OK*-Schaltfläche schließen.

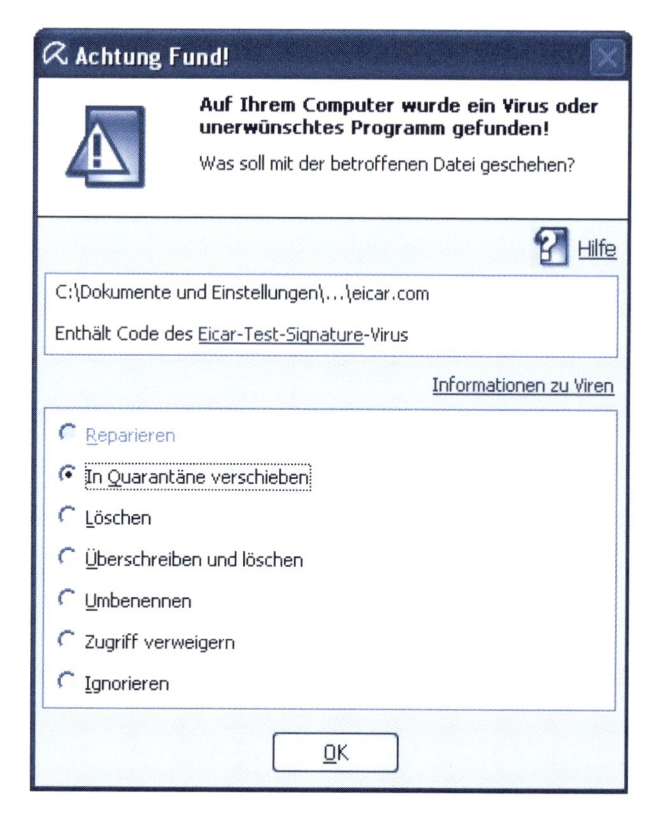

HINWEIS

Zur Aktualisierung des Virenscanners stellen Sie eine Internetverbindung her, starten AntiVir und wählen im Menü *Tools* des Programmfensters den Befehl *Internet Update*. Im dann angezeigten Dialogfeld können Sie das Internetupdate über eine Schaltfläche anstoßen. Das Programm prüft, ob eine neue Version vorliegt, lädt die betreffenden Dateien herunter und installiert diese. Weitere Details zu AntiVir entnehmen Sie der Programmhilfe oder meinen Titeln »Sicherheit für Windows XP – leichter Einstieg für Senioren« sowie »Internet – leichter Einstieg für Senioren« des Verlags. In diesen Titeln finden Sie auch weitere Hinweise, wie sich die Sicherheit des Computers verbessern lässt und wie Sie Spionagesoftware oder Dialer erkennen und unschädlich machen.

Zusammenfassung

In diesem Kapitel haben Sie gelernt, wie Sie einige Windows-Optionen über die Systemsteuerung anpassen sowie Programme und Drucker installieren können. Damit möchte ich den Einstieg in Windows beenden. Für den täglichen Umgang mit dem PC reichen die in diesem Buch erworbenen Kenntnisse. Wenn Sie weitere Informationen zu bestimmten Funktionen benötigen, konsultieren Sie die Hilfe oder schlagen Sie in der weiterführenden Literatur nach. Vom Markt+Technik-Verlag gibt es zu jeder Windows-Versionen einen eigenen Titel aus der speziell für Einsteiger konzipierten Reihe »Easy«, der auf viele Funktionen wesentlich detaillierter eingeht.

Lernkontrolle

Zur Kontrolle können Sie die folgenden Fragen beantworten. Die Antworten finden Sie in Klammern darunter.

- **Wie lassen sich Windows-Optionen anpassen?**
  (Indem Sie im Startmenü über *Einstellungen/Systemsteuerung* das Ordnerfenster der Systemsteuerung öffnen, das gewünschte Symbol per Doppelklick anwählen und dann die Optionen auf der angezeigten Registerkarte anpassen.)
- **Wie lässt sich die Bildschirmauflösung ändern?**
  (Mit der rechten Maustaste auf eine Stelle des Desktop klicken und im Kontextmenü den Befehl *Eigenschaften* wählen. Dann auf der Registerkarte *Einstellungen* den Schieberegler *Bildschirmbereich* in Richtung »Hoch« oder »Niedrig« ziehen und die Registerkarte über die *OK*-Schaltfläche schließen.)
- **Wie halten Sie Windows aktuell?**
  (Über die Funktion *Automatische Updates* oder über den *Windows Update*-Befehl des Internet Explorer.)
- **Wozu dient das Windows-Sicherheitscenter?**
  (Es zeigt vorhandene Sicherheitsprobleme oder potentielle Schwächen wie abgeschaltete Update-Funktion, veraltete Virenschutzprogramme etc. an.)

- **Was ist bei den Windows-Benutzerkonten zu beachten?**
  (Diese sollten durch ein Kennwort geschützt werden. Normale Anwender sollten eingeschränkte Benutzerkonten zum Arbeiten benutzen.)
- **Wie schütze ich den Computer vor Viren?**
  (Indem Sie ein Virenschutzprogramm wie AntiVir installieren und dieses aktuell halten.)

Anhang A: Kleine Pannenhilfe

In diesem Abschnitt finden Sie einige Tipps, um kleine Pannen zu beheben.

Probleme beim Rechnerstart

Nach dem Einschalten tut sich nichts

Prüfen Sie bitte folgende Punkte:

- Sind alle Stecker an Steckdosen angeschlossen?
- Ist der Bildschirm eingeschaltet?
- Fließt überhaupt Strom?

Der Rechner meldet: Keyboard Error, Press <F1> Key

Prüfen Sie bitte folgende Punkte:

- Ist die Tastatur angeschlossen?
- Liegt ein Gegenstand auf der Tastatur?
- Klemmt vielleicht eine Taste der Tastatur?

Drücken Sie anschließend die Funktionstaste [F1].

Der Rechner meldet: Kein System oder Laufwerksfehler...

Vermutlich enthält das Diskettenlaufwerk A: noch eine Diskette. Entfernen Sie die Diskette und starten Sie den Rechner neu.

Probleme mit Tastatur und Maus

Nach dem Start funktionieren die Tasten auf der nummerischen Tastatur nicht richtig

Am rechten Rand enthält die Tastatur einen Tastenblock (den so genannten **Zehnerblock**), über den Sie **Zahlen eingeben** können. Lassen sich mit diesen Tasten keine Zahlen eingeben, drücken Sie die Taste [Num]. Diese wird auch **NumLock**-Taste genannt und befindet sich in der oberen linken Ecke des Zehnerblocks. Sobald die Anzeige *Num* auf der Tastatur leuchtet, können Sie Zahlen eintippen. Ein weiterer Tastendruck auf die [Num]-Taste schaltet die Tastatur wieder um und Sie können die Cursortasten dieses Tastenblocks nutzen.

Beim Drücken einer Taste erscheinen plötzlich mehrere Zeichen

Die Tastatur besitzt eine Wiederholfunktion. Drücken Sie eine Taste etwas länger, wiederholt der Rechner das betreffende Zeichen. Vielleicht drücken Sie die Taste zu lange. Sie können die Zeit, bis die Wiederholfunktion von Windows aktiviert wird, ändern.

1 Doppelklicken Sie im Fenster der Systemsteuerung auf das Symbol *Tastatur*.

2 Aktivieren Sie die Registerkarte *Geschwindigkeit* und ändern Sie die Einstellungen für *Verzögerung* und *Wiederholrate*.

Sie können die Einstellungen im Testfeld überprüfen und anschließend das Fenster über die *OK*-Schaltfläche schließen. Lässt sich das Problem auf diese Weise nicht beheben, prüfen Sie bitte, ob vielleicht eine Taste klemmt oder die Tastatur beschädigt ist.

HINWEIS

Sind Sie in der Motorik eingeschränkt und können die Tastatur (z.B. Tastenkombinationen wie Alt+Strg+Entf) nur schwer bedienen? In Windows 98 lässt sich über die Systemsteuerung (Symbol *Software*, Registerkarte *Windows Setup*) die optionale Komponente *Eingabehilfen* installieren. Dann finden Sie in der Systemsteuerung das Symbol *Ein-*

gabehilfen. Doppelklicken Sie auf das Symbol, öffnet sich ein Eigenschaftenfenster, auf dessen Registerkarten Sie Optionen zur alternativen Bedienung von Windows einstellen können. Über die Direkthilfe des Eigenschaftenfensters (rechts oben zuerst auf die Schaltfläche mit dem Fragezeichen und dann auf die Option klicken) können Sie zusätzliche Informationen zu den einzelnen Optionen abrufen.

Der Mauszeiger bewegt sich gar nicht oder nicht richtig

Prüfen Sie bitte folgende Punkte:

- Ist die Maus korrekt am Rechner angeschlossen?
- Liegt die Maus auf einer Mausunterlage (Mauspad)?
- Ist die Kugel an der Maus vielleicht verschmutzt?

Bei längerem Gebrauch der Maus verschmutzt der Teil zum Erkennen der Mausbewegungen. Entfernen Sie die Kugel an der Unterseite der Maus. Sie sehen dort einige kleine Rädchen. Sind sie schmutzig, säubern Sie sie (z.B. mit einem Wattestäbchen). Sie sollten die Maus übrigens nicht auf eine glatte Unterlage stellen, da dann die Kugel nur schlecht rollt. Bei einer Funkmaus sollten Sie prüfen, ob ggf. die Batterie leer ist bzw. ob die Verbindung durch andere Geräte (Funknetzwerk, Telefon, Mikrowelle) gestört wird.

Maustasten vertauscht, Doppelklicks klappen nicht richtig

Es ergibt sich folgendes Fehlerbild: Klicken Sie mit der linken Maustaste, erscheint ein Kontextmenü, die rechte Taste markiert dagegen etwas. Die Funktionen der linken und der rechten Taste sind also vertauscht.

- Nehmen Sie die Maus wie in Kapitel 2 gezeigt in die Hand. Der Handballen muss auf der Unterlage ruhen, damit sich die Maus beim Doppelklicken nicht bewegen kann. Drücken Sie ganz locker und entspannt die linke Maustaste beim Doppelklick.

- Als Rechtshänder nehmen Sie die Maus in die rechte Hand! Ein Linkshänder nimmt die Maus in die linke Hand und stellt die Tasten entsprechend um (siehe Abschnitt »Mauseinstellungen« in Kapitel 8).
- Lesen Sie ggf. in Kapitel 8 im Abschnitt »Mauseinstellungen« nach, wie Sie die Doppelklickeinstellung anpassen können.

  Wenn Sie neu am Computer sind, sollten Sie den Doppelklick etwas üben, um ein Gefühl dafür zu bekommen.

TIPP

Arbeiten Sie mit einem Notebook oder haben Sie Schwierigkeiten, den Mauszeiger zu erkennen? Dann aktivieren Sie die Registerkarte *Zeigeroptionen* und markieren Sie das Kontrollkästchen »Mausspur anzeigen«. Weiterhin können Sie auf dieser Registerkarte auch einstellen, wie schnell sich der Mauszeiger bewegt. Auf der Registerkarte *Zeiger* können Sie über das Listenfeld *Schema* einen anderen Satz an Mauszeigern wählen. Sind Ihnen die normalen Zeiger zu klein, setzen Sie das Schema beispielsweise auf »Windows-Standard (extragroß)«.

Probleme mit dem Windows-Desktop

Die Symbole lassen sich auf dem Desktop nicht verschieben

Falls die Desktop-Symbole nach dem Verschieben per Maus automatisch an die alte Position zurückspringen, führen Sie folgende Schritte aus:

1 Klicken Sie mit der rechten Maustaste auf eine freie Stelle des Desktop und wählen Sie im Kontextmenü den Befehl *Symbole anordnen (nach)*.

2 Heben Sie die Markierung des Befehls *Automatisch anordnen* im Untermenü mit einem Mausklick auf.

Jetzt können Sie die Symbole verschieben.

Die Windows-Elemente sind zu klein und schlecht zu erkennen

Haben Sie Schwierigkeiten, die Symbole auf dem Windows-Desktop zu erkennen? Können Sie die Texte in Menüs oder unter Symbolen nur schlecht lesen? Vielleicht ist die Grafikauflösung für den Bildschirm zu hoch gesetzt. Dann passt zwar viel auf den Bildschirm, aber das Arbeiten am Computer strengt die Augen ziemlich an. Probieren Sie, ob eine andere Grafikauflösung hilft. Wie das funktioniert, wurde in Kapitel 8 beschrieben.

Die Taskleiste fehlt, ist verschoben oder zu groß

Die Taskleiste lässt sich auf dem Desktop verschieben. Sie können sie mit der Maus an eine der vier Seiten des Bildschirms ziehen. Weiterhin lässt sich die Taskleiste an den Rand schieben. Dann sehen Sie nur noch einen grauen Strich. Ziehen Sie die Taskleiste per Maus an die gewünschte Position. Manchmal verschwindet die Taskleiste, sobald Sie ein Fenster auf volle Bildschirmgröße setzen. Sie können diese Einstellungen der Taskleiste über den Befehl *Einstellungen/Taskleiste und Startmenü* im Startmenü anpassen. Markieren Sie auf der Registerkarte *Allgemein* das Kontrollkästchen *Immer im Vordergrund*.

HINWEIS

In Windows XP können Sie eine freie Stelle der Taskleiste mit der rechten Maustaste anklicken. Wählen Sie im Kontextmenü den Befehl *Taskleiste fixieren,* wird diese an der aktuellen Position verankert. Über den Befehl *Eigenschaften* lässt sich das Eigenschaftenfenster mit der Registerkarte *Taskleiste* öffnen.

Der Desktop ist »verschwunden«

Sie sehen die Symbole des Windows-Desktop nicht mehr, sondern nur noch Dateisymbole, Texte, eine Grafik oder sonst etwas. Vermutlich haben Sie ein Fenster im Vollbildmodus geöffnet, welches dann den Desktop verdeckt. Klicken Sie in der rechten oberen Ecke die Schaltfläche *Wiederherstellen* an, um das Fenster zur vorherigen

Größe zu verkleinern. Bei Windows-Ordnerfenstern und beim Internet Explorer hilft es auch, die Funktionstaste F11 zu drücken, um zwischen Vollbild- und Normalbildmodus umzuschalten.

Die Symbolleiste fehlt im Ordner-/Explorer-Fenster

Bei vielen Programmen können Sie Symbol- und Statusleisten über das Menü *Ansicht* ein- und ausblenden.

Ein Programm lässt sich nicht mehr bedienen

Manchmal kommt es vor, dass sich ein Programm nicht mehr bedienen lässt. Es reagiert weder auf Tastatureingaben noch auf Mausklicks.

1 Drücken Sie gleichzeitig die Tastenkombination Strg+Alt+Entf.

2 Klicken Sie im Fenster *Anwendung schließen* (bzw. auf der Registerkarte *Anwendungen* in Windows XP) auf die betreffende Anwendung.

3 Klicken Sie anschließend auf die Schaltfläche *Task beenden*.

Windows versucht jetzt, das Programm zwangsweise zu beenden. Geht das nicht, erscheint ein weiteres Fenster mit dem Hinweis, dass das Programm nicht reagiert. Sie müssen dann die Schaltfläche zum Beenden des Programms wählen.

Ordner und Dateien

Dateierweiterungen erscheinen nicht

Fehlen in den Ordnerfenstern oder im Explorer die Erweiterungen für einige Dateinamen?

1 Wählen Sie im Menü *Extras* den Befehl *Ordneroptionen* (bei einigen Windows-Versionen finden Sie den Befehl auch im Menü *Ansicht*).

2 Auf der Registerkarte *Ansicht* löschen Sie die Markierung des Kontrollkästchens *Dateinamenerweiterung bei bekannten Dateitypen ausblenden.*

3 Schließen Sie die Registerkarte über die *OK*-Schaltfläche.

Diskette oder CD-ROM lässt sich nicht lesen

Beim Doppelklicken auf das Symbol des Laufwerks erscheint ein Meldungsfeld mit dem Hinweis, dass das Laufwerk nicht bereit ist. Überprüfen Sie in diesem Fall die folgenden Punkte:

- Befindet sich eine Diskette oder eine CD-ROM im Laufwerk?
- Bei einer CD-ROM öffnen und schließen Sie das Laufwerk und warten einige Sekunden. Meist erkennt Windows dann den Wechsel der CD.
- Ist die Diskette oder CD-ROM auch mit der richtigen Seite in das Laufwerk eingelegt? Sehen Sie notfalls in Kapitel 4 nach, wie eine Diskette in das Laufwerk eingelegt wird.

Auf eine Diskette lässt sich nichts speichern

Beim Versuch, eine Datei auf eine Diskette zu speichern, erscheint ein Fenster mit der Fehlermeldung, dass die Diskette schreibgeschützt ist.

Entfernen Sie die Diskette aus dem Laufwerk und deaktivieren Sie den Schreibschutz (siehe Kapitel 4).

Eine Datei lässt sich nicht ändern

Sie haben zum Beispiel eine Dokumentdatei in einem Programm geladen, den Inhalt geändert und die Funktion *Speichern* gewählt. Das Programm öffnet jedoch das Dialogfeld *Speichern unter* und schlägt einen neuen Dateinamen vor. Geben Sie den Namen der alten Datei ein, meldet das Programm, dass die Datei schreibgeschützt ist. Bei den Dateien einer CD-ROM ist das immer so, da Sie den Inhalt einer CD-ROM nicht ändern können. Werden Dateien von CD-ROM kopiert, erhalten die Dateien einen Schreibschutz. Sie können diesen Schreibschutz bei solchen Dateien aufheben.

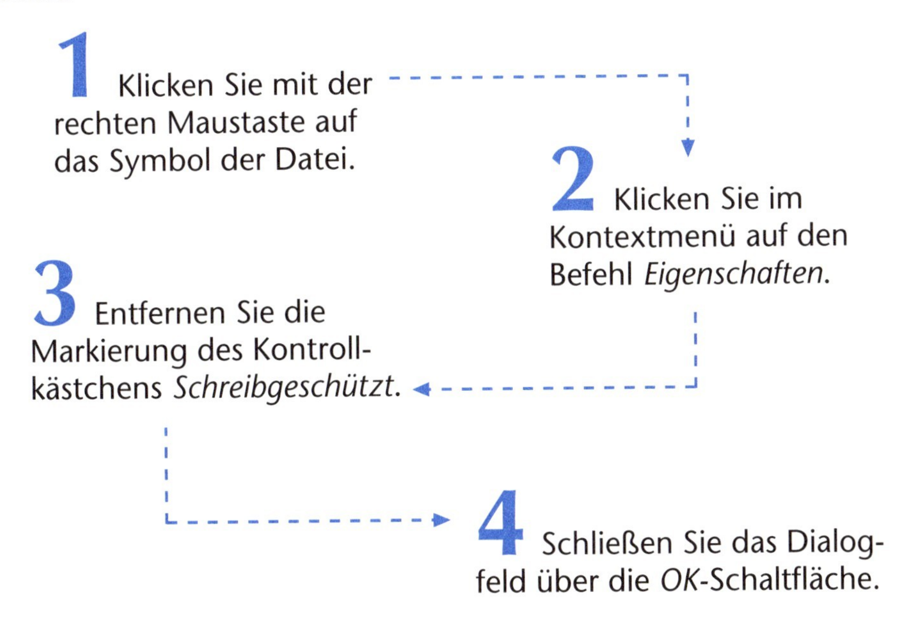

Probleme beim Drucken

Der Drucker funktioniert nicht

Beim Ausdruck erscheint vielleicht die hier gezeigte Meldung. Die Druckausgabe ist gestört. Beheben Sie die Störung (siehe unten) und wählen Sie die Schaltfläche *Wiederholen.*

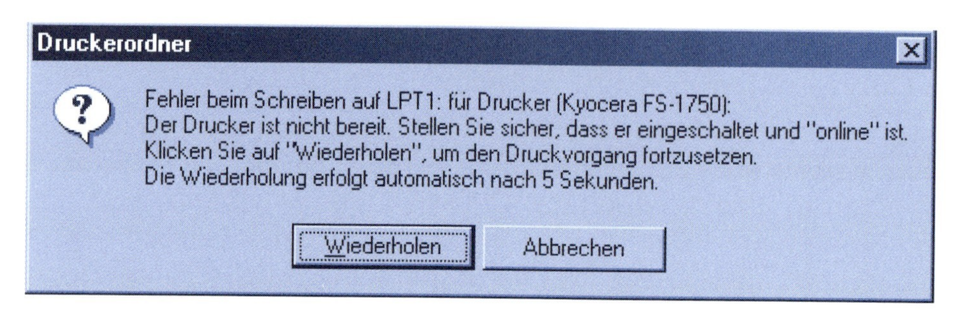

Sie können den Ausdruck auch über die Schaltfläche *Abbrechen* beenden. Zum Beheben der Druckerstörung sollten Sie die folgenden Punkte überprüfen:

- Ist der Drucker eingeschaltet und erhält er Strom?
- Ist das Druckerkabel zwischen Rechner und Drucker richtig angeschlossen?
- Ist der Drucker auf online gestellt?
- Hat der Drucker genügend Papier und Toner bzw. Tinte?
- Gibt es eine Störung am Drucker (z.B. Papierstau)?

Prüfen Sie bei einem neuen Drucker oder bei Änderungen an Windows, ob der Druckertreiber richtig eingerichtet ist.

Querdruck beheben

Die Druckausgaben erfolgen quer auf dem Blatt. In diesem Fall müssen Sie die Druckoptionen von Querformat auf Hochformat umstellen. Sie können dies auf der entsprechenden Registerkarte umstellen, die Sie aus dem Dialogfeld *Drucken* über die Schaltfläche *Eigenschaften* erreichen.

Internetprobleme

Die Verbindung zum Internet klappt nicht

Überprüfen Sie die folgenden Punkte:

- Sind alle Kabel richtig angeschlossen und ist das Modem eingeschaltet?
- Ist die DFÜ-Verbindung richtig konfiguriert?
- Ist der Browser auf online gestellt?

Die angewählte Webseite wird nicht geladen

Prüfen Sie, ob der Internet Explorer online ist (Menü *Datei*, Befehl *Online*). Überprüfen Sie, ob die Adresse richtig geschrieben ist – geben Sie ggf. die Adresse einer anderen Webseite zum Test ein. Wird diese Seite angezeigt, liegt eine Störung im Internet vor; probieren Sie es zu einem späteren Zeitpunkt nochmal mit der Adresse.

Der Internet Explorer versucht beim Start online zu gehen

Sie haben vermutlich eine Webseite als Startseite eingestellt. In Kapitel 7 wird gezeigt, wie Sie das ändern.

Windows-Sicherheit

Wer mit einem Computer im Internet surft, ist durch Viren, Würmer, Dialer und sonstige Schädlinge bedroht. Allerdings lassen sich Computer, wie Häuser, Autos oder andere persönliche Dinge, vor Missbrauch schützen. Ähnlich wie Autos immer auf dem neuesten Stand sein sollten und gelegentlich zum TÜV müssen, braucht der Computer auch etwas Aufmerksamkeit. Hier einige Punkte, wie Sie die Sicherheit Ihres Systems erhöhen und Risiken vermeiden können.

- Legen Sie unter Windows XP für jeden Benutzer ein eigenes eingeschränktes Konto an und weisen Sie diesem ein Kennwort zu. Zum Arbeiten mit dem Computer sollten immer eingeschränkte Konten benutzt werden (siehe Kapitel 8).

- Schützen Sie Ihren PC, indem Sie die Microsoft-Internetseiten (*www.microsoft.com/germany*) besuchen und sich über Aktualisierungen für Ihr Windows bzw. für Programme informieren. Zum Prüfen auf Windows-Aktualisierungen starten Sie den Internet Explorer und wählen im Menü *Extras* den Befehl *Windows Update*. Sie gelangen zu einer Internetseite, auf der Sie das System auf fällige Aktualisierungen überprüfen können.
- Aus Sicherheitsgründen sollten Sie nach Möglichkeit auch die neuesten zu Ihrem Windows passenden Versionen vom Microsoft Media Player, E-Mail-Programm Outlook Express und Internet Explorer installiert haben. Die Aktualisierungen lassen sich kostenlos von den Microsoft-Webseiten (*www.microsoft.com/germany* dort nach den Begriffen suchen lassen) herunterladen.
- Installieren Sie ein gutes Virenschutzprogramm, welches einen Befall mit Viren (und teilweise Trojanern oder Dialern) erkennt und meldet. Antiviren-Programme gibt es im Handel. Unter *www.avira.de* können Sie das für private Zwecke kostenlose Programm Antivir herunterladen. Aktualisieren Sie den Virenschutz nach den Vorgaben des Herstellers.

Zudem können Sie durch Ihr Verhalten beim Internetsurfen die Sicherheit bestimmen. Wenn Sie nur seriöse Seiten ansurfen, keine unbekannten Programme aus obskuren Quellen herunterladen, E-Mails von unbekannten Absendern ungelesen löschen und die Sicherheitseinstellungen Ihres Systems ggf. von einem Fachmann überprüfen lassen, wird das Risiko extrem reduziert. Eine detaillierte Behandlung von Sicherheitsfragen finden Sie in dem von mir bei Markt+Technik veröffentlichten Titel »Sicherheit für Windows XP« in der Buchreihe »Leichter Einstieg für Senioren«.

Anhang B: Lexikon

Access

Microsoft Access ist der Name für eine **Windows-Datenbank**.

Account (Zugang)

Berechtigung, sich an einen Computer per Datenleitung anzumelden und z.B. im WWW zu surfen.

Adresse

Speicherstelle im Adressbereich (Hauptspeicher) des Computers oder Angabe zur Lage einer **Webseite** bzw. zum Empfänger einer **E-Mail**.

ANSI-Zeichen

ANSI ist die Abkürzung für American National Standards Institute. ANSI-Zeichen definieren die unter Windows verwendeten Zeichen.

Anwendungsprogramm

Programme, die zum Arbeiten am Computer benutzbar sind (z.B. Word für die Textverarbeitung, Excel für die Tabellenkalkulation etc.).

Arbeitsspeicher

Dies ist der Speicher (RAM) im Computer. Die Größe wird in Megabyte angegeben.

Arithmetikprozessor

Spezieller Rechenbaustein für mathematische Rechenoperationen.

ASCII-Zeichen

ASCII ist die Abkürzung für American Standard Code for Information Interchange. Der ASCII-Zeichensatz legt 127 Zeichen (Buchstaben, Ziffern und einige Sonderzeichen) fest, enthält jedoch keine Umlaute (ä, ö, ü und ß).

Ausgabeeinheit

Gerät, das Ausgaben des Computers vornehmen kann (z.B. Bildschirm, Drucker).

Backslash

Der Schrägstrich \ (wird z.B. zum Trennen von Ordnernamen benutzt).

Backup

Bezeichnung für die Datensicherung (Dateien werden auf Diskette/Band gesichert).

Baud

Geschwindigkeitsangabe bei der Datenübertragung über serielle Leitungen.

Befehl

Eine Anweisung an den Computer.

Benutzeroberfläche

Darunter versteht man die Art, wie der Rechner Informationen vom Benutzer annimmt und seinerseits Informationen anzeigt. Windows besitzt zum Beispiel eine grafische Oberfläche mit Symbolen und Fenstern.

Betriebssystem

Dies ist das Betriebsprogramm (z.B. Windows Millennium, Windows 2000), das sich nach dem Einschalten des Computers meldet.

Bildauflösung

Dieses Maß gibt die Zahl der Punkte zum Aufbau einer Grafik an (die als Punktreihen angeordnet sind). Die Bildauflösung bestimmt die Zahl der Punkte pro Zeile und die Zeilen pro Bild, es gilt: je höher, desto besser.

Bildschirmschoner

Programm, das ein »Einbrennen« des Bildschirminhalts in den Monitor verhindert, wenn man den Rechner gerade nicht benutzt.

Bit

Kleinste Informationseinheit in einem Computer (kann die Werte 0 oder 1 annehmen). 8 Bit = 1 Byte.

Bitmap

Format, um Bilder oder Grafiken zu speichern. Das Bild wird wie auf dem Bildschirm in einzelne Punkte aufgeteilt, die zeilenweise gespeichert werden.

Booten

Starten des Computers.

Browser

Dies ist das Programm, mit dem der Computer die Seiten im World Wide Web anzeigt.

Bug

Englische Bezeichnung für einen Softwarefehler in einem Programm.

Byte

Ein Byte ist die Informationseinheit, die aus 8 Bit besteht. Mit einem Byte lassen sich Zahlen von 0 bis 255 darstellen.

Cache

Schneller Zwischenspeicher, in dem Daten zwischengespeichert werden.

Chat

Englischer Ausdruck für »schwatzen« oder »plaudern«. Bezeichnet einen Internetdienst, bei dem sich Teilnehmer in so genannten Chaträumen unterhalten können.

Chip

Allgemeine Bezeichnung für einen elektronischen Baustein.

Client

Rechner oder Programm, die mit einem Server Kontakt aufnehmen und Daten austauschen.

COM

Name der seriellen Schnittstellen des Computers (z.B. COM1:).

CPU

Englische Abkürzung für Central Processing Unit, die Recheneinheit des Computers.

Cursor

Dies ist der Positionszeiger auf dem Bildschirm (Symbol: Pfeil, Hand, senkrechte Linie, Sanduhr etc.).

Datei

In einer Datei (englisch File) werden Daten auf Disketten oder Festplatten gespeichert.

Datenbank

Programme zur Speicherung, Verwaltung und Abfrage von Daten.

Desktop Publishing (DTP)

Aufbereitung von Dokumenten (Prospekte, Bücher etc.) am Rechner.

DFÜ

Abkürzung für Datenfernübertragung.

Dialogfeld

Fenster in Windows, in dem Eingaben abgefragt werden.

Download

Herunterladen von Daten per Modem z.B. aus dem Internet auf Ihren Rechner.

DSL

Technologie für einen schnellen Internetzugang.

Editor

Programm zum Erstellen und Bearbeiten einfacher Textdateien.

Electronic Mail (E-Mail)

Nachrichten, die auf elektronischem Wege verschickt werden.

Error

Englische Bezeichnung für einen Programmfehler.

Ethernet

Technik zur Übertragung von Daten in Netzwerken.

Excel

Name eines Tabellenkalkulationsprogramms von Microsoft.

FAT

Abkürzung für File Allocation Table. Besagt, wie Windows Dateien auf der Diskette oder Festplatte ablegt.

Floppy-Disk

Dies ist ein andere Name für eine Diskette.

Font

Englischer Name für eine Schriftart.

Freeware

Software, die kostenlos benutzt und nur kostenlos weitergegeben werden darf.

FTP

FTP steht für File Transfer Protocol. Dies ist eine Funktion im Internet, mit der sich Dateien zwischen Computern übertragen lassen.

Gbyte

Abkürzung für Gigabyte (entspricht 1.024 Megabyte).

GIF

Grafikformat, das für Grafiken in Webseiten benutzt wird.

Gopher

Name für einen Suchdienst im Internet.

Grafikkarte

Steckkarte in einem PC zur Ansteuerung des Bildschirms.

Hardware

Als Hardware werden alle Teile eines Computers bezeichnet, die sich anfassen lassen (das Gegenteil ist Software).

Homepage

Startseite einer Person/Firma im World Wide Web. Von der Startseite führen Hyperlinks zu weiteren Webseiten.

HTML

Steht für Hypertext Markup Language, dem Dokumentformat im World Wide Web.

HTTP

Abkürzung für Hypertext Transfer Protocol, ein Standard zum Abrufen von Webseiten.

Hyperlink

Verweis in einem HTML-Dokument zu einer anderen Webseite.

IMAP

Standard (wie POP3) zur Verwaltung von E-Mail-Konten.

Internet

Weltweiter Verbund von Rechnern in einem Netzwerk.

Joystick

Ein Joystick ist eine Art Steuerknüppel zur Bedienung von Spielprogrammen.

JPEG

Grafikformat, das für Grafiken in Webseiten benutzt wird.

Junk-Mail

Unerwünschte E-Mail, die meist Müll enthält.

Kbyte

Abkürzung für Kilobyte (entspricht 1.024 Byte).

LAN

Abkürzung für Local Area Network; bezeichnet ein Netzwerk innerhalb einer Firma.

LCD

Spezielle Anzeige (Liquid Crystal Display) auf Laptop-Computern.

Linux

Unix-Betriebssystem, welches von einer internationalen Gemeinde weiterentwickelt wird und frei verfügbar ist. Konkurrenz bzw. Alternative zu Microsoft Windows.

Mailbox

Englischer Name für einen elektronischen Briefkasten.

Mbyte

Abkürzung für Megabyte (1 Million Byte).

Modem

Zusatzgerät, mit dem ein PC Daten über eine Telefonleitung übertragen kann. Wird z.B. zum Zugriff aufs Internet benötigt.

MP3

Standard zur Komprimierung und Speicherung von Musik in Dateien.

MS-DOS

Von Microsoft vertriebenes älteres Betriebssystem.

Multimedia

Techniken, bei denen auf dem Computer Texte, Bilder, Video und Sound integriert werden.

Netzwerk

Verbindung zwischen Rechnern, um Daten untereinander austauschen zu können.

Newsgroups

Diskussionsgruppen zu bestimmten Themen im Internet.

Onlinedienst

Dienst zum Zugang zum Internet, z.B. T-Online, AOL oder CompuServe.

Outlook Express

Windows-Programm zum Erstellen, Versenden, Lesen und Empfangen von E-Mails.

Parallele Schnittstelle

Anschluss zwischen einem Computer und einem Gerät (meistens ein Drucker).

Path (Pfad)

Gibt den Weg von einer Festplatte zu einer Datei in einem bestimmten Ordner an (z.B. C:\Text\Briefe).

Prozessor

Anderer Name für die CPU.

Public Domain

Public Domain ist Software, die öffentlich zugänglich ist und mit Erlaubnis des Autors frei kopiert oder weitergeben werden darf (siehe auch Freeware).

QWERTY-Tastatur

Dieser Name bezeichnet die englische Tastatur (die ersten sechs Tasten der zweiten Reihe ergeben das Wort QWERTY).

RAM

Abkürzung von Random Access Memory; bezeichnet die Bausteine, aus denen der Hauptspeicher eines Rechners besteht.

Scanner

Ein Zusatzgerät, mit dem sich Bilder oder Schriftstücke in den Computer einlesen lassen.

Schriftart

Name einer Schrift, zur Darstellung der Buchstaben eines Texts (Arial, Times, Courier etc.).

Schriftgrad

Größe eines Buchstabens in einem Text.

Serielle Schnittstelle

Schnittstelle zum Anschalten eines Geräts (Modem, Maus).

Server

Hauptrechner in einem Netzwerk.

Shareware

Software, die kostenlos weitergegeben und zum Prüfen ausprobiert werden darf. Bei einer weiteren Benutzung muss die Software beim Programmautor gegen eine meist geringe Gebühr registriert werden. Damit hat der Benutzer die Möglichkeit, die Software vorher ausgiebig zu testen. Der Autor kann auf aufwändige Vertriebswege verzichten und daher die Software meist preiswert anbieten.

Software

Das ist ein anderer Name für Programme.

Tabellenkalkulation

Das sind Programme, mit denen sich Berechnungen in Tabellenform sehr einfach vornehmen lassen.

Textverarbeitung

Das sind Programme für das Schreiben von Briefen, Berichten, Büchern und so weiter (z.B. WordPad oder Microsoft Word).

Trojaner

Programme zum Ausspionieren eines Rechners. Gaukeln im Vordergrund dem Benutzer eine Funktion vor und übertragen im Hintergrund Kennwörter an eine Internetadresse.

URL

Abkürzung für Uniform Resource Locator (Adresse einer Webseite).

USB

Universal Serial Bus, Technik zum Anschließen von Geräten (Maus, Modem etc.) über eine serielle Leitung.

VGA

Grafikstandard (16 Farben und 640 x 480 Bildpunkte). Heute wird Super-VGA mit mehr Farben und Bildpunkten benutzt.

Viren

Programme, die sich selbst verbreiten und in andere Programme kopieren, wobei häufig Schäden an anderen Programmen, an Daten oder an der Hardware auftreten. Meist werden Viren durch ein bestimmtes Ereignis ausgelöst (z.B. an einem bestimmten Tag).

Webseite

Dokument im HTML-Format.

WLAN

Abkürzung für wireless LAN, also ein Funknetzwerk.

Word

Ein Textverarbeitungsprogramm von Microsoft, welches wesentlich leistungsfähiger als WordPad ist.

WWW

World Wide Web, Teil des Internet, über den sich Texte und Bilder mit einem Browser sehr leicht abrufen lassen.

XML

Abkürzung für Extended Markup Language, eine Spezifikation zur Speicherung von Daten in Webseiten.

Zeichensatz

Die Zeichencodes, die auf dem Rechner zur Verfügung stehen (ASCII, ANSI).

Zertifikat

Dient im Web zur Bestätigung der Echtheit eines Dokuments.

Schreibmaschinen-Tastenblock

Diese Tasten bedienen Sie genauso wie bei der Schreibmaschine.
Mit der Eingabetaste schicken Sie außerdem Befehle an den Computer ab.

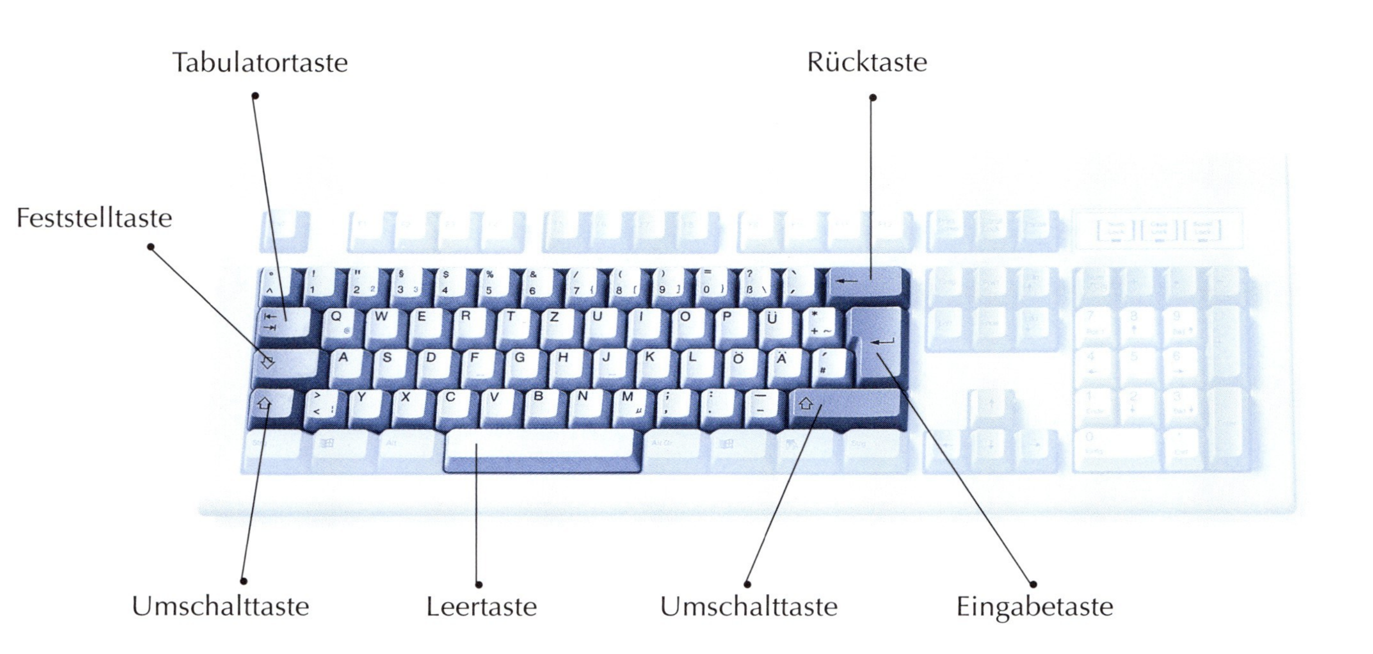

Sondertasten, Funktionstasten, Kontrollleuchten, Zahlenblock

Sondertasten und Funktionstasten werden für besondere Aufgaben bei der Computerbedienung eingesetzt. Strg-, Alt- und AltGr-Taste meist in Kombination mit anderen Tasten. Mit der Esc-Taste können Sie Befehle abbrechen, mit Einfügen und Entfernen u.a. Text einfügen oder löschen.

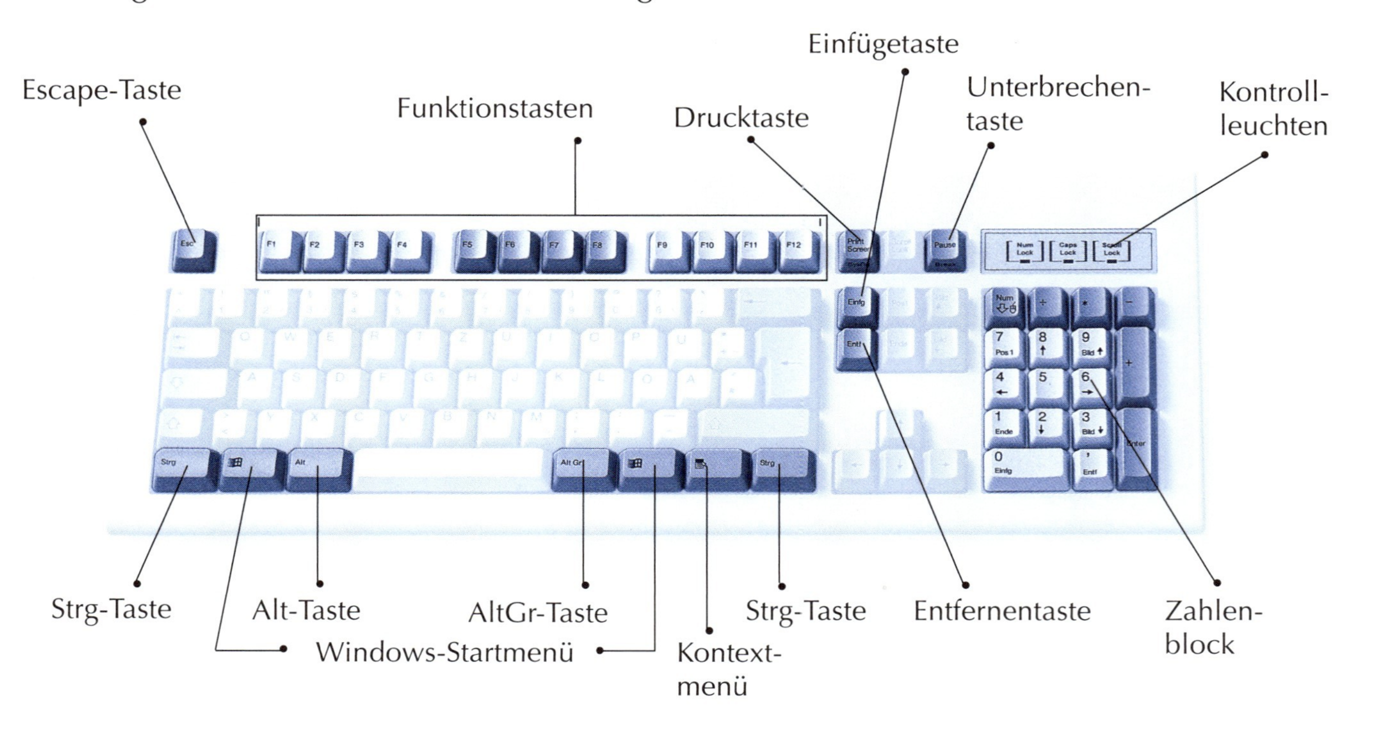

Navigationstasten

Mit diesen Tasten bewegen Sie sich auf dem Bildschirm.

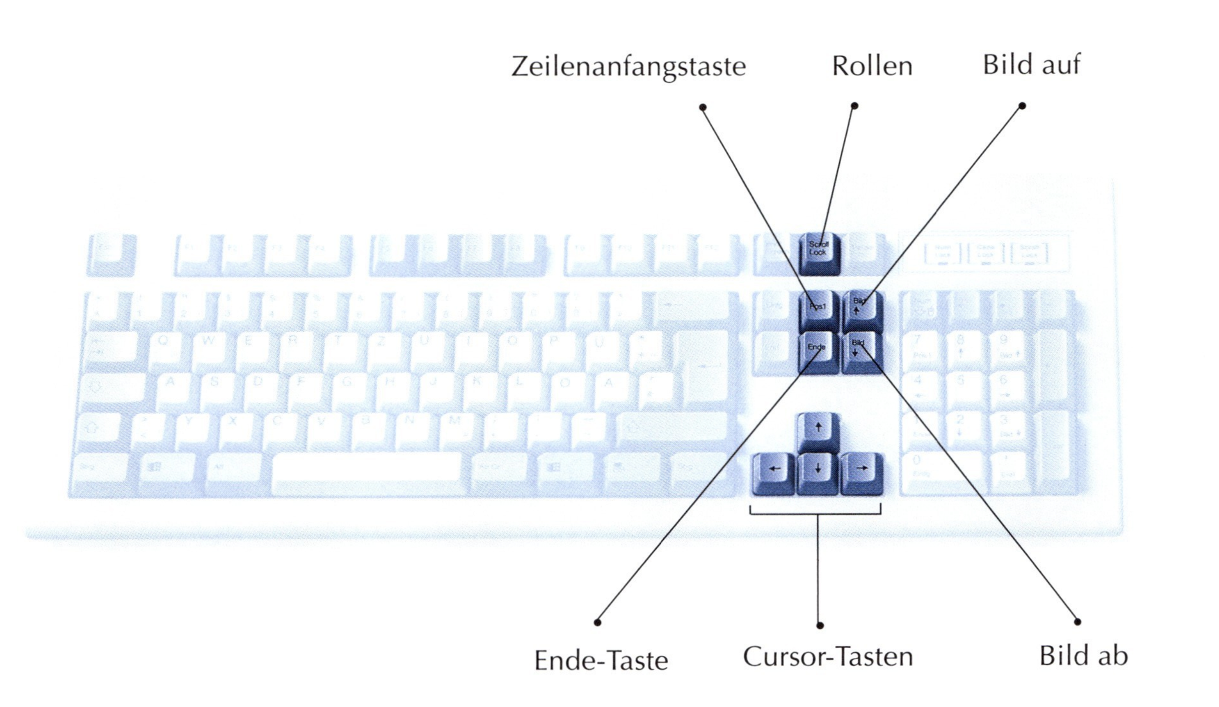

Stichwortverzeichnis

Symbole

A

B

E

F

G

H

N

O

T

U

V

W

Z